Erich von Däniken · Habe ich mich geirrt?

Erich von Däniken

Habe ich mich geirrt?

Neue Erinnerungen an die Zukunft

Mit einem Beitrag des Sanskritgelehrten
Prof. Dr. Dileep Kumar Kanjilal, Kalkutta

C. Bertelsmann

Bearbeitung: WILHELM ROGGERSDORF

© Erich von Däniken
C. Bertelsmann Verlag GmbH, München/5 4 3 2 1
Layout-Gestaltung: Heidrun Nawrot
Satz: Filmsatz Schröter GmbH, München
Druck und Bindung: Mohndruck Graphische Betriebe GmbH,
Gütersloh
ISBN 3-570-03059-8. Printed in Germany

Inhalt

Gespräch mit meinen Lesern   7

I. Neue Erinnerungen an die Zukunft   15
Im US Space-Command bei Colorado Springs – Das Auge ins Weltall – 2. 8.1984 um
10.33 Ortszeit: Raketenstart in Rußland – 5312 Satelliten auf dem Bildschirm – Star
wars? – Rail gun, das Schienengewehr – Weltraumwaffe: der nuklear-gepumpte
Röntgen-Laser: Exzimer Laser mit Ultraviolett-Strahlen – Nichts ist mehr unmöglich – Minuteman-Rakete im Flug getroffen – Der internationale Weltraumvertrag
von 1967 – Strahlenwaffen der UdSSR – Evolution drängt ins Weltall – Raumfahrer,
Gesandte der Menschheit – Flugzeugtyp vom Jahr 2000 – Fahrplanmäßig ins All –
Europa ist dabei! – Weltraumstation im Segmentbau – Wo werden Weltraumstädte
angesiedelt? – Projekt Mondfabrik – Umweltschutz: Industrie ins All – Fahrplan in
die Zukunft von 1986-2005 – Aufgaben der Weltraumkolonisten – Kosten-Nutzen-
Rechnung von Weltraum-Habitaten – Spekulationen

II. Phantastische Wirklichkeit   105
Steinzeitmenschen begegnen der Technik – 1930: der erste Weiße auf Neuguinea –
Eingeborene berichten – Cargo-Kulte zu allen Zeiten – John Frum und sein neues
Reich – 100mal Cargo-Kult in den letzten 150 Jahren – 1943: Als die Götter kamen –
Wie ein Russe zum Gott wurde – Kolumbus und James Cook – Eibl-Eibesfeldt in
West-Guinea – Wo sich der Geist im »Geist« irrt – Meine Alternativen – Krondoku-
ment Nazca – Meine Hypothese

III. Indien – Land der tausend Götter   173
Zu Gast bei Indiens akademischen und anderen Göttern – Warum die Inder
Farbmale auf der Stirn tragen – Felsentempel Mahabalipuram – Krischna, der Steine
wie Butter knetete – Götterwagen Modell Ratha – Pantheon mit 40 000 Göttern –
Maruts, die himmlischen Jünglinge – Lingam, mehr als ein Phallus-Symbol – Die
Theosophische Gesellschaft – War die »Geheimlehre« der Blavatsky ein Schwindel?
– Kosmische Evolution – Verborgene Texte – In der Tempelstadt Kanchipuram –
Vimanas – Die Wette mit dem Eisverkäufer – Wie Seide entsteht – Gibt es
Tempelhuren? – Auge in Auge mit Schiwa – Ganescha, der Beseitiger von Hinder-
nissen – Warum gibt es keine Überbleibsel der »fliegenden Apparate«? – Auf dem
Borobudur – Licht am Ende des Tunnels

Bibliographie   275

Bildquellennachweis   281

Register   283

Gespräch mit
meinen Lesern

EINE DER FRÖHLICHSTEN ERFAHRUNGEN IM
LEBEN IST, ALS ZIELSCHEIBE ZU DIENEN, OHNE
GETROFFEN ZU WERDEN.

WINSTON CHURCHILL (1874-1968)

Vor ziemlich genau 20 Jahren schrieb ich mein erstes Buch. In den
beiden Jahren danach bot ich es 25 – i. W. fünfundzwanzig –
deutschsprachigen Verlagen an. Mit schöner Regelmäßigkeit lag dann
nach einer Weile das Manuskript samt stereotypen Briefen –»Wir
bedauern...«,»Nicht für unser Programm geeignet...« – wieder im
Briefkasten. In meiner Verzweiflung kratzte ich alles Geld zusammen,
setzte mich in meinen klapprigen VW und fuhr nach Hamburg, um
Herrn Dr. Thomas von Randow, damals Wissenschaftsredakteur von
Die Zeit, wenigstens Teile meines Buches zum Abdruck anzubieten.
Herr Dr. von Randow avisierte mich telefonisch beim Econ-Verleger
Erwin Barth von Wehrenalp, und vor dessen großem Schreibtisch saß
ich einige Tage später in Düsseldorf. Er sah mich über den Brillenrand
skeptisch an und meinte:»Mit einer kleinen Auflage, sagen wir 3000
Exemplare, können wir es versuchen.« – Im Februar 1968 erschien
Erinnerungen an die Zukunft.

Damals war der inzwischen verstorbene Dr. Rolf Bigler Chefredak-
teur der Schweizer Wochenzeitschrift *Die Weltwoche*, der junge Jürg
Ramspeck für Serien zuständig. (Ramspeck ist heute stellvertretender
Chefredakteur der *Weltwoche*). – Die beiden Herren faszinierte meine
Arbeit, sie druckten das ganze Buch in Fortsetzungen ab.

Damit war eine Lawine losgetreten. In kurzer Zeit wurden allein in
der Schweiz 20 000 Exemplare verkauft, der Erfolg schwappte über die
Grenzen nach Deutschland und Österreich. Der Econ-Verlag druckte im
März 1970 die 30. Auflage, insgesamt waren damit 600 000 Exemplare
erreicht. Mit Buchclub- und Taschenbuch-Ausgaben kam *Erinnerungen
an die Zukunft* allein im deutschsprachigen Raum auf 2,1 Millionen
Exemplare. – Das Buch wurde in 28 Sprachen übersetzt, erschien in 36
Ländern, auf seiner Basis wurde der Film *Erinnerungen an die Zukunft*
gedreht; nachdem er im amerikanischen Fernsehen gezeigt wurde, brach
in der Neuen Welt die»Dänikitis« (*Time*) aus. Mein Thema wurde

zum Gesprächsstoff: Hatten unsere Vorfahren Besuch aus dem Weltall? Mit der Erfolgswelle kam die Kritik. Professor Ernst von Khuon sammelte Beiträge von 17 Wissenschaftlern im Buch *Waren die Götter Astronauten?* Sie waren teils strikt ablehnend, teils sanft wohlwollend.

Seitdem sprießten in buchstäblich allen Erdteilen – als wäre ein warmer Regen niedergegangen – »Gegenbücher« aus dem Boden, rangelten sich an meinem Erfolg hoch; es waren manche Sumpfblüten darunter. In Fernsehdiskussionen, die sinnigerweise in der Sparte »Wissenschaft« geführt wurden und werden, ging es oftmals nicht so sehr wissenschaftlich zu. »Bei manchen Kritikern hat man den Eindruck – sagt Norman Mailer –, daß sie die Schreibmaschine mit dem elektrischen Stuhl verwechseln!« Ich habe ihn überlebt.

Habe ich mich in *Erinnerungen an die Zukunft* in entscheidenden Punkten geirrt?

Ich war – wie es das gute Recht jeden Anfängers ist – unbefangen, vom Thema angetan und bei weitem nicht so selbstkritisch, wie ich es durch eigene Erkenntnisse wurde und wie es mir das Heer der Kritiker einbleute. Oftmals ging die Begeisterung mit mir durch, nur zu gern akzeptierte ich Informationen, die mir dienlich schienen, beim späteren Verifizieren erlebte ich manchmal böse Überraschungen. Oder ich verließ mich auf die Texte eines seriösen Wissenschaftsautors, um hernach belehrt zu werden, daß die Ansichten dieses hochwohllöblichen Herrn längst widerlegt seien. Auf der Wegstrecke solcher Erfahrungen wurde ich alsdann lauthals als »widerlegt« an wackligem Haken aufgehängt. Der Haken an solchen Widerlegungen war und ist allerdings stets von gleichem Übel: Der Ankläger vertritt – wie ich – seine ganz persönlichen Ansichten, sein gutes Recht wie das meine, auch einen Standpunkt zu behaupten.

Beispiele:

Damals schrieb ich über die Landkarten des türkischen Admirals Piri Reis, die im Topkapi-Palast in Instanbul zu bewundern sind: »Die Küsten von Nord- und Südamerika sind präzise eingezeichnet.« Diese Aussage wurde widerlegt; tatsächlich sind die Konturen von Nord- und Südamerika nur rudimentär zu erkennen. Diese akzeptierte Korrektur nimmt indessen den Piri Reis-Karten keineswegs ihren sensationellen Charakter, weil sie die Küstenlinie der Antarktis zeigen, die immer noch unter ewigem Eis und Schnee liegt. Es bleibt eine der unbeantworteten Fragen, wie solche Kartographien in kolumbianischer Zeit entstehen konnten.

Seinerzeit übernahm ich die aktuelle Meldung, in China wären in einem Grab bei Chou-Chou Teile eines Gürtels aus Aluminium gefunden worden, während es sich bei diesem Fund de facto – wie ich aus China erfuhr – um eine speziell gehärtete Silberlegierung handelte. Gleichermaßen wurde die Nachricht aus Delhi von einem uralten Eisenpfeiler, der durch Witterungseinflüsse nicht korrodiere, durch die Zeitläufe korrigiert: Inzwischen rostet das Ding an einigen Stellen, ich hab's gesehen. In Zusammenhang mit Gestalten, Bildern und Fakten des sumerischen Gilgamesch-Epos, um 2000 v. Chr. verfaßt, spekulierte ich, ob das dort erwähnte Sonnentor nicht in Konnex mit dem berühmten Sonnentor von Tiahuanaco im bolivianischen Hochland stehen könnte, was ein Beleg für die Überbrückung großer Entfernungen durch unsere Vorvorderen gewesen wäre. Daß diese Spekulation blanker Unsinn war, wurde mir bald klar: Das Sonnentor in Tiahuanaco bekam erst von neuzeitlichen Archäologen seinen Namen, wie es vor Jahrtausenden hieß, weiß kein Mensch.

Während meiner ersten Ägyptenreise anno 1954 erzählte mir mein Internatsfreund Mahmud Grand, der in Kairo zu Haus war, die kleine Nilinsel Elephantine bei Assuan werde so genannt, weil sie aus der Luft gesehen die Umrisse eines Elefanten aufweise. Diese Mitteilung setzte sich in den grauen Zellen des Neunzehnjährigen fest – wohl weil sie, damals schon, so gut in sein späteres Weltbild paßte. Heute weiß ich, daß an dieser südlichen Grenzfestung Ägyptens Expeditionen nach Nubien vorbeizogen – mit Elefanten.

Das sind Beispiele für meine Irrtümer, von dieser Art standen noch mehr in meinem Erstling, ich habe sie eingestanden, aber es ist kein Eckpfeiler meines Denkgebäudes zum Einsturz gebracht worden. Was die Irrtümer angeht: Ich stellte seinerzeit Fragen in die noch unbeackerte Landschaft. Sehr redlich, meine ich, denn ich versah alle Fragen mit den ihnen zukommenden Fragezeichen: 323 gab es davon. Das übersahen meine sonst so peniblen Kritiker.

Ich habe es mir zum Prinzip gemacht, so weit wie irgend möglich nur von Dingen zu berichten, die ich gesehen, angefaßt – und fotografiert habe, eine Methode, die nicht in allen Fachwerken geübt wird. Wie ich inzwischen weiß.

Es gibt auch Bücher von Wissenschaftlern und Technikern, die mich – ganz oder partiell – bestätigen, ungern, aber immerhin! Wie einer vom Saulus zum Paulus werden kann, erzählt Josef F. Blumrich, der zur Zeit seiner Bekehrung Leiter der Abteilung Projektkonstruktion bei der NASA in Huntsville war. – Blumrich erzählt:

»Die ganze Sache fing mit einem Telefongespräch zwischen Long Island und Huntsville an. Unser Sohn Christoph erzählte uns unter anderem – so nach dem Motto ›ja, was ich noch sagen wollte . . .‹ – er habe eben ein unerhört interessantes Buch gelesen, das wir unbedingt auch haben müßten; es handle von außerirdischen Besuchern unserer

9

Erde. Der Titel sei ›Erinnerungen an die Zukunft‹. Verfasser? – Ein gewisser von Däniken. – Als gehorsame Eltern folgten wir dem dringenden Rat unseres sehr belesenen Sohnes und bestellten das Buch.

Was mich betrifft, so war ich mit dieser Bestellung einverstanden, weil ich weiß, daß solche Bücher immer spannende Literatur sind. Manchmal sind sie geradezu aufregend. Es geschehen tolle Dinge in Zeiten, Gegenden und Ländern, die weit weg sind und die man nicht kontrollieren kann. Als Ingenieur, der 1934 im Flugzeugbau zu arbeiten begann und seit elf Jahren Großraketen und Satelliten konstruierte, wußte ich natürlich ohnehin, daß das alles Unfug ist. – Klarer Fall! Und so kam denn sechs oder sieben Wochen später das Buch aus Deutschland. Zusammen mit ein paar anderen. – Na, der Däniken kann warten.

Als seine Zeit herankam, fing meine Frau ihn an zu lesen. Ich weiß heute nicht mehr, was ich damals tat oder las. Ich kann mich aber sehr genau daran erinnern, daß sie mich unzählige Male in meinen natürlich immer wichtigen Gedankengängen unterbrach; mit einfachen Ausrufen und mit begeisterten Feststellungen, daß ich das lesen müsse – unbedingt lesen müsse! Und mit Zitaten.

Ich – der Wissende – lächelte nur.

So kam der November in unseren schönen amerikanischen Süden und mit ihm der Tag, an dem ich mich vor dem Däniken-Buch nicht mehr retten konnte. Ich mußte wenigstens kurz hineinschauen und es zumindest stückweise lesen.

Das war an einem Abend, so ungefähr am 2. oder 3. November. Wie könnte ich jene Stunden je vergessen!

Ich las also, lächelte und lachte und begann mich so langsam ein wenig zu ärgern. Ich hatte doch gewußt, was da auf mich zukommt!

Dann traf ich auf die Stelle, an der von Däniken über die Erlebnisse des Propheten Ezechiel schreibt. Ich war entzückt: hier war etwas Technisches, etwas, bei dem ich aus eigener Berufserfahrung mitreden konnte. Allem Anschein nach gab es ausreichende Details, so daß ich prüfen konnte! Ich brauchte nur zum Bücherschrank gehen, eine Bibel nehmen und würde meiner Frau und auch mir selbst wieder einmal beweisen, daß und warum jener von Däniken nicht recht habe.

Ich machte das Buch zu, legte es nicht gerade geräuschlos auf den Tisch und erklärte meiner erstaunt aufblickenden Frau, was ihr nun bevorstünde.

Dachte ich.

Ich begann wieder zu lesen – diesmal den Propheten Ezechiel, von dem ich bis zu jenem Abend nichts als seinen Namen gewußt hatte. Gleich im ersten Kapitel traf ich auf eine Feststellung: ›Ihre Füße waren gradlinig und ihre Fußsohlen abgerundet; sie funkelten wie poliertes Erz.‹ Es ist der 7. Vers.

Zum Verständnis des nun folgenden muß ich kurz aus meiner beruflichen Arbeit erzählen. – In den Jahren 1962/63 leitete ich eine Gruppe mit der Aufgabe, konstruktive Lösungen für neue, bisher nicht aufgetauchte Forderungen und Bedingungen zu entwickeln. Eine dieser Aufgaben war die Untersuchung von Landehilfen einer hypothetischen Mondlandestufe. Wir entwarfen Federbeine für einmaligen Einsatz und ›Füße‹, deren Form und Größe eine ausreichende Lastverteilung und Gleitfähigkeit auf dem Boden der Landestelle ermöglichen sollten. Wir haben sie anschließend im Detail auskonstruiert, sie wurden in den Werkstätten gebaut, und wir haben eingehende Versuche mit ihnen gemacht. – Durch diese Arbeit, die sich mit Unterbrechungen über etwa eineinhalb bis zwei Jahre erstreckte, war ich demnach mit dem Aussehen solcher Bauelemente engstens vertraut. Landehilfen ganz ähnlicher Konstruktion hat unterdessen jeder in Bildern oder Fernsehaufnahmen der Apollo-Mondlandestufe gesehen.

Wie mir erst später wirklich klar wurde, mußte Ezechiel alles, was er sah, als Bild beschreiben. Er spricht von Wolken, Lebewesen und Antlitzen, denn dies ist seine einzige Ausdrucksmöglichkeit. Er kann die technischen Erkenntnisse nicht besitzen, um zu wissen, was er wirklich beobachtet und schildert. Wenn er dann gerade Beine und runde Füße sieht, kann er sie leicht auch so beschreiben – und liefert damit, ohne es zu wissen, eine technische Beschreibung in direkter Form.

Was ich also im 7. Vers gefunden hatte, war zum ersten Mal eine technisch mögliche und zumindest scheinbar richtige Darstellung.

Ich lächelte nicht mehr. Ich war mächtig neugierig geworden: gesetzt den Fall, diese Beschreibung wäre tatsächlich ›echt‹ – was ließe sich weiter finden? Es ging erst einmal für einige Zeit schnell und leicht. Waren die Beine wirkliche Beine, dann ergab sich zwangslos, daß die Flügel wirkliche Flügel waren, und zwar die Rotoren von Hubschraubern – und die Arme waren einfach mechanische Arme. Und wenn man das alles – Flügel, Arme, Beine und Füße – mit einem Stück zylindrischen Körpers zusammen skizziert, dann hat man ein Gebilde vor sich, das die Verwirrung des Propheten erklärt, der zuerst von Menschenähnlichkeit spricht und diese Bezeichnung dann in ›lebendige Wesen‹ ändert.

Die große Frage blieb schließlich das Aussehen des Hauptkörpers jenes Raumschiffes. Hesekiel beschreibt ihn nur in seinem optischen Zusammenhang mit den Hubschraubern. – Ich suchte und versuchte. Meine Frau und ich verglichen die Texte der Bibeln, die wir im Hause hatten, und entdeckten noch weitere Beschreibungen in anderen Kapiteln des Prophetenbuches. Aber bessere Anhaltspunkte für die gesuchte Lösung waren nirgends zu finden.

Ich hatte nun genügend Feuer gefangen, um nicht gleich aufzugeben *und mich auf meine bisherige negative Einstellung zurückzuziehen. Es war lange nach Mitternacht, als ich mich plötzlich an eine neue Flugkörperform erinnerte, deren Beschreibung ich vor Jahren gelesen hatte. Es war geradezu ungeheuerlich: diese Form löste buchstäblich schlagartig alle Probleme der Gesamtformgebung! – Wir waren aufgeregt und fanden immer neue Textstellen, die mit dem eben gewonnenen Gesamtbild des Raumschiffes übereinstimmten. Aber noch war die wirkliche Bestätigung nicht erbracht. Die verbleibende Frage war – ist dieses Ding flugfähig? Die Sache war nun doch sehr ernst geworden. Für's erste machte ich gleich am nächsten Tag mit geschätzten Gewichten eine Leistungsrechnung. Diese erste Berechnung war entscheidend, denn ihr Ergebnis ließ keinen Zweifel an einer tatsächlichen Ausführbarkeit. Was nun nur noch zu tun blieb, war die viele Arbeit, die zur vollen Beweisführung notwendig war. Mit zunehmendem Eindringen in die Materie erwiesen sich Ezechiels Aussagen mehr und mehr als ungemein präzise. Es wurde eine aufregende, eine unbeschreiblich faszinierende Zeit.*

Auch von Dänikens Buch habe ich zu Ende gelesen.

Lächelnd. Aber der Inhalt meines Lächelns hatte sich geändert.«

In *Erinnerungen an die Zukunft* schrieb ich:»Zugegeben, die Spekulation ist noch ein Gespinst, das viele Löcher aufweist. ›Es fehlen Beweise‹, wird man sagen. Die Zukunft wird zeigen, wie viele dieser Löcher gestopft werden können.«

Einige dieser Löcher konnten gestopft werden. Das wäre mir ohne Mithilfe und Ermunterung, ohne freundschaftliche Ratschläge und manchen Beistand nicht gelungen. Ganz besonders danke ich Herrn Professor Dr. Harry Ruppe, Ordinarius für Raumfahrttechnologie an der Technischen Universität München, für viele wertvolle Hinweise. – Herrn Professor Wilder-Smith danke ich für Bekanntmachen mit seinen Forschungen vom Entstehen allen Lebens, die mich mit völlig überraschenden Konsequenzen für meine Hypothese vertraut machten. Ich danke Herrn Professor Ernst von Khuon für seine Initiative, meine Theorie der wissenschaftlichen Diskussion zugeführt zu haben. – Bei diesem Buch gilt mein besonderer Dank Herrn Professor Rolf Ulbrich von der Freien Universität Berlin für Übersetzungen aus dem Russischen und Herrn Professor Dileep Kumar Kanjilal, Kalkutta, für seinen hervorragenden Beitrag.

In mein 12. Buch gehört aber vor allem der Dank an meine treuen Leser, deren 120000 Briefe mir Mut machten und viele Anregungen gaben, gehört der Dank an 42 Verleger in aller Welt, die nach Courage am Anfang nun Freude an meinen Büchern haben, gehört der Dank an den Bertelsmann-Verlagsleiter Peter Gutmann, unter dessen Fittichen ich wieder gelandet bin. – Ich danke meinem Mitarbeiter Willi Dünnenberger, der sich als Reisebegleiter und zuverlässiger Spurensucher in vielen Bibliotheken bewährte. Ich danke Ulrich Dopatka von der Hauptbibliothek der Universität Zürich, der mir auch die unerreichbarsten Bücher auf den Schreibtisch zauberte. – Ich danke meiner Frau Elisabeth, die auch nach mehr als 25 Ehejahren alle Aufregungen in unserem Hause immer noch mit heiterer Gelassenheit erträgt.

Der erste Satz in *Erinnerungen an die Zukunft* lautete:

»Dieses Buch zu schreiben ist eine Mutfrage – es zu lesen nicht minder.«

Es ist auch das Motto der *Neuen Erinnerungen an die Zukunft*. Vor allem möchte ich Ihnen noch ein Goethe-Wort mit auf den Weg geben:

»Gegner glauben uns zu widerlegen, wenn sie ihre Meinung wiederholen und auf die unsrige nicht achten!«

Feldbrunnen
Im Juni 1985   Erich von Däniken

I.

Neue Erinnerungen
an die Zukunft

DIE ZUKUNFT HAT VIELE NAMEN. FÜR DIE
SCHWACHEN IST SIE DAS UNERREICHBARE. FÜR
DIE FURCHTSAMEN IST SIE DAS UNBEKANNTE.
FÜR DIE TAPFEREN IST SIE DIE CHANCE.

VICTOR HUGO (1802-1885)

Er war nicht eben gesprächig, der junge Mann in US-Air-Force-Uniform; knapp und spürbar ein wenig ungern beantwortete er meine neugierigen Fragen. Das war morgens um acht Uhr am 2. August 1984. Wir fuhren auf dem Colorado-Highway 115. Mein schweigsamer Wagenlenker chauffierte den Chevrolet in eine asphaltierte, kurvenreiche Bergstrecke. Ohne zu fragen, las ich vom Tachometer ab, daß wir fünf Kilometer gefahren waren, als wir vor einem unscheinbaren Gebäude – CHEYENNE MOUNTAIN COMPLEX – anhielten. Vor dem kleinen Gebäude dehnte sich ein riesiger Parkplatz. Wo steckten nur die Fahrer der zahllosen Autos?

Im Eingang des mikrigen Hauses begrüßte mich Mrs. K. Cormier, Vize-Chefin der Division für Medien-Kontakte des US-SPACE-COMMAND; sie ergriff meine Umhängetasche und Kameras und gab sie einem Sergeanten, der meine ständigen Utensilien – wie beim Sicherheitscheck auf Flughäfen – durchleuchten ließ. Mein Paß wurde geprüft, dann heftete man eine Plakette mit Nummer und Datum auf mein Buschhemd. Nach Passieren eines Röntgentunnels und zweier Drahtgittertüren, die sich lautlos öffneten und schlossen, kletterten wir in einen grünen Militärbus, der nach einer eleganten Kurve in einen taghell erleuchteten Felstunnel eintauchte. Er stoppte bald vor der vermutlich größten und dicksten Tresortür der Welt: drei Meter hoch, vier Meter breit, einen Meter dick, fest im Granit verankert, wiegt das Stahlmonstrum 25 Tonnen! Nach neuerlicher Ausweiskontrolle öffnete sich, nur 30 Meter weiter, eine zweite Tür gleichen Kalibers. Fasziniert beobachtete ich das geräuschlose Öffnen und Schließen.

»Binnen sieben Sekunden schließen die Türen luftdicht ab, hydraulisch und elektromagnetisch«, erklärte Mrs. Cormier.

Staunend stand ich in einem unterirdischen Felsenhangar, in dem mehrere Jumbos gleichzeitig hätten gewartet werden können. Ich erfuhr, daß 700000 Tonnen Granit aus dem Bergmassiv herausge-

Vor der vermutlich größten und dicksten Tresortür der Welt

Teilansicht des unterirdischen Süßwasser-Reservoirs

sprengt worden waren, eine Angabe, die man im Zweifelsfalle getrost nach oben revidieren darf, denn hier befleißigt man sich liebenswürdiger Untertreibungen. – Damit nichts umkommt, wurden die Steinmassen nach draußen bugsiert: Sie lieferten den Untergrund für den Parkplatz im felsigen Gelände.

Wände und Decken der Tunnels, Verbindungsstollen und Hallen sind mit Stahlnetzen gegen Steinschlag gesichert, und um den Fels selbst »immun« zu machen, wurden 110 000, bis elf Meter lange, Stahlbolzen in den Granit getrieben.

Hier wurde eines der imposantesten und unbekanntesten Bauwerke der Moderne geschaffen. Es besteht aus 15 dreistöckigen Stahlgebäuden, die auf 1319 mächtigen Stahlfedern ruhen, deren jede 500 Kilo wiegt.

Die Gebäude ruhen auf 500 Kilogramm schweren Federn

Die »Häuser« dieses stählernen Technikdorfes haben keinen direkten Kontakt mit dem Felsen und sind auch untereinander nicht verbunden. Flexible Verbindungen sollen bei Erdbeben oder Atombombenexplosionen jede Erschütterung abfangen, das freie Schweben der Bauten garantieren.

Beim Rundgang wurde mir dann auch klar, wem die zahllosen Autos draußen gehörten: Ihre Besitzer gehören zur 6000-Mann-Armee des

Die dreistöckigen Stahlhäuser haben keine direkte Verbindung mit dem Felsen. Rechts und links erkennbar: die bis zu 11 Meter langen Stahlbolzen, die den Felsen stabilisieren

Command Post. *Ein großer, farbiger Bildschirm zeigt die Umrisse der Kontinente*

SPACE COMMAND, von denen einige hundert im unterirdischen Komplex in den Cheyenne-Bergen bei Colorado Springs tätig sind; sie sind im Nervenzentrum der amerikanischen Weltraumkontrolle beschäftigt.

Mrs. Cormier führte ein Telefonat. Wie mit Ali Babas Zauberspruch aus Tausendundeiner Nacht »Sesam öffne dich!«, glitt eine Tür zurück, wir betraten einen abgedunkelten Raum. In zwei Ebenen saßen ein Dutzend Männer vor Bildschirmen und Computertastaturen. Von einer leicht geneigten Wand leuchteten die Umrisse der Kontinente, mit feinen, sich verlängernden Kurven überzogen.

Wo ist SALJUT 6?

W as passiert hier?« fragte ich den diensthabenden Offizier, nachdem sich meine Augen in der seltsamen Welt zurechtgefunden hatten.
»Wir kontrollieren hier die Bahnen aller Satelliten, die um den Globus kreisen.«
»Aller Satelliten? Nicht nur der eigenen . . . ?«
»Nein, Sie haben richtig gehört: aller Satelliten!«schmunzelte der Offizier.
»Darf ich eine Probe aufs Exempel machen?«
»Bitte. Sie können uns nicht überraschen!«
»Dann sagen Sie mir, wo sich SALJUT 6 derzeit befindet!«
Der Offizier beugte sich zu einem Kollegen, flüsterte ihm ein paar Worte zu. Nur wenige Tasten klapperten, dann erschien auf der großen Leinwand eine Kurve, die sich im Schneckentempo verlängerte.
»SALJUT 6 ist kein Satellit, sondern eine Raumstation, die von anderen sowjetischen Raumfahrzeugen schon mehrfach angeflogen wurde«, erläuterte mein Offizier, während wir auf die Kurve schauten. »Die Station wurde am 29. September 1977 gestartet.« – Die Kurve hielt an. – »Sehen Sie, die Kurve zeigt die derzeitige Position von SALJUT 6 – er befindet sich gerade über Ungarn!«
»Sind das Hochrechnungen über die mutmaßliche Bahn oder zieht SALJUT 6 wirklich daher, wo die Kurve langsam weiterläuft . . . ?«
»Das ist die Jetzt-Zeit und die Jetzt-Position«, sagte der Offizier und lächelte ein wenig nachsichtig.
Ich erfuhr, daß sich »dort oben« über 15 000 Objekte befinden, darin sind Raketenteile und anderer Weltraummüll mitgezählt. Aber: 5312 Satelliten umkreisen derzeit die Erde in geregelten Bahnen. Stolz zeigte mein Offizier den einzigen *Space Catalogue* der freien Welt, den

Weltraum-Katalog, der fast wie ein altertümliches Register aussieht; darin ist jeder Satellitenabschuß mit seinem Wiedereintritt in die Atmosphäre penibel festgehalten.

Freilich sitzen da keine Beamten mit Ärmelschonern hinter den Pulten. Alles ist computerisiert. Die Datenbank im US-SPACE COMMAND katalogisiert nicht etwa nur die Satelliten, sie kennt auch alle Charakteristika: Ist er ein ziviles oder militärisches Objekt? Was für eine Funktion hat er? Ist seine Bahn stabil? Funktioniert an Bord jedes Gerät? Und die Bildschirme zeichnen auf Knopfdruck alle augenblicklichen Bahnen von 5312 Satelliten am 2. August 1984! Seitdem sind es ein paar mehr geworden . . .

Aber die Computer zeigen nicht nur den Ist-Zustand an. Auf Abruf mit einem Code liefern sie auch künftige Bahnen, gleich, an welchem Datum die Standorte gewünscht werden. Als Anfang 1983 der radioaktive russische Satellit KOSMOS 1402 im Weltraum zu torkeln begann, berechneten die Computer-Galerien des SPACE COMMAND im Handumdrehen seine Wiedereintrittsposition und den möglichen Ort des Aufschlags. – Gegenstände mit etwa einem Meter Durchmesser, erfuhr ich, haben eine fünfprozentige Chance, den Wiedereintritt in die Erdatmosphäre zu überstehen. Größere Objekte brechen auseinander; das sieht dann auf den Radarschirmen aus, als wäre ein Raketenangriff ausgelöst worden.

Die erste Dimension des Menschen war das Land, danach das Meer, dann der Luftraum, heute wird das Weltall zu seinem »Element«. Darin haben die Sowjets ungleich mehr Erfahrung als die Amerikaner. Zählt man Stunden und Tage, haben die Russen seit 1977 rund sechs Jahre Kosmonauten im Weltraum gehabt, die Amerikaner nur 300 Tage.

Wo Utopien Wirklichkeit wurden

Im stählernen Nervenzentrum in den Bergen von Cheyenne sind Utopien längst Wirklichkeit geworden. Ein ganzes Heer noch so brillanter Mathematiker – und bestünde es aus lauter Einsteins – könnte in Jahren nicht leisten, was Computer in Sekundenschnelle zuwege bringen. Fliegt ein sowjetischer Himmelsspion in die Nähe eines US-Satelliten, gibt der beobachtende Computer mit der Schnelligkeit eines Lidschlags Alarm.

Vom SPACE COMMAND aus werden auch alle befreundeten Nationen, die Satelliten in Umlaufbahnen haben, gewarnt – von Japan über Europa bis Indien. Hier werden kollisionsfreie Bahnen errechnet und den zivilen und militärischen Stellen zugeteilt. Auch der SPACE SHUTTLE erhält aus dem Granitberg Starttermine und Bahndaten. Weil im Weltall bereits ein ziemliches Gedränge herrscht, sind kollisionsfreie Bahnen gefragt. Dank schneller Informationen kurvte STS 4 zwölf Kilometer an einem alten Raketenkörper vorbei und STS 9 konnte durch rechtzeitige Warnung in nur 1300 Meter Entfernung an einer russischen Satellitenruine vorbeitauchen.

Die Kontrolle des erdnahen Weltraums ist lückenlos. Im Sommer 1984 verlor die NASA zwei von SPACE SHUTTLE ausgesetzte, relativ kleine Satelliten. SPACE COMMAND hatte sie im Nu wiedergefunden.

Ich wurde einem anderen Offizier übergeben. »Herzlich willkommen«, sagte er, »die Mannschaft hier trägt eine große Verantwortung. Bitte, stören Sie niemanden bei der Arbeit... und sprechen Sie nicht laut!« Wir standen im Frühwarnraum. Er hatte die Atmosphäre einer großen Universitätsbibliothek, nur gab es keine Bücher, er war voll von Computern und Bildschirmen, abgedunkelt und mit gefilterter, bakterienfreier Luft versorgt, reiner als die Atemluft irgendwo auf der Welt.

Bis zu dieser Stunde war ich der irrigen Meinung, getauchte U-Boote wären vor Entdeckung sicher. Hier wurde ich klüger gemacht: So, wie sich die Position jedes Satelliten oder eines Bruchstücks davon genau orten läßt, kennt man auch den Standort jedes U-Bootes, ob es in einem

Blick in die mit Elektronik dicht befrachtete Frühwarnzentrale, tief drin in den Cheyenne Mountains

21

Es war eine Atmosphäre wie im Lesesaal einer großen Universitätsbibliothek...

Hafen vor Anker liegt oder irgendwo auf den Weltmeeren auf Tauchstation ging. Es gibt eine Ausnahme: Sehr kleine, etwa Ein-Mann-U-Boote, die keine strategischen Geschosse abfeuern können, blieben bisher unbemerkt. Ich bin sicher: nicht mehr lange.

»Unser System von Sensoren«, erläuterte mir der Offizier, »ist auf allen Kontinenten unter Wasser und im Weltall stationiert. Den Sensoren – Fühler wie bei Radaranlagen oder Infrarotmeßgeräten in Satelliten – entgeht kein Raketenstart, selbst dann nicht, wenn ein Teil der Sensoren ausfallen sollte. Allein die im Weltall stationierten Sensoren liefern täglich, rund um die Uhr, etwa 20 000 Informationen. Sobald ein Sensor etwas Außergewöhnliches registriert – das kann auch ein Vulkanausbruch oder ein Buschbrand sein –, meldet er das Ereignis mit Lichtgeschwindigkeit dem Zentralcomputer, also direkt hierher, in diesen Frühwarnraum. Der Zentralcomputer analysiert die Meldungen und wirft die Einzelheiten direkt auf die fünf großen Bildschirme! Ich gebe Ihnen ein Beispiel als Zeitvorstellung. Ein ballistischer Raketenangriff dauert, je nach Standort der abgefeuerten Rakete, rund 1800 Sekunden, dann haben die Geschosse den amerikanischen Kontinent erreicht. Angenommen, Raketen werden von U-Booten abgefeuert, dann kann die Frühwarnzeit, wieder je nach Standort des Schiffes, auch nur 600 Sekunden betragen. Die Computer sagen uns sofort, welche Sensoren das Ereignis gemeldet haben, sie teilen die Startzeit mit, die genaue Position der Abschußstelle, die Startgeschwindigkeit, die Richtung des Geschosses, um was für einen Raketentyp es sich handelt und vieles andere mehr. So, wie hier der Alarm ausgelöst wird, müssen wir absolut sicher sein können, daß es sich weder um eine technische Störung noch einen Fehlalarm handelt...«

»Wie stellen Sie das fest?«

»Wir haben hier Sicherheitstelefone. Es muß keine Nummer gewählt werden. Wenn wir abheben, ist der Partner schon am Apparat. Wir sind auf diese Weise mit allen wichtigen Kommandostellen verbunden. Schon während die Computer weitere Daten auf die Bildschirme projizieren, sind wir an den Telefonen. Wir wollen uns versichern, ob die Kommandostellen in Grönland, Alaska oder Saudi-Arabien die gleichen Informationen haben wie wir. Zugleich fragt der Computer, das ist alles vorprogrammiert, andere Sensorentypen ab, die beispielsweise nicht auf Infrarot, sondern auf Radioaktivität oder optisch reagieren...«

»Wollen Sie damit sagen, daß Sie wissen, ob eine Rakete geladen ist oder nicht?« fragte ich.

»Müssen wir doch! Wie sollen wir sonst Attrappen von echten Bomben unterscheiden?«

Mir verschlug es die Sprache. Fehlinformiert, fürchtete ich, eine einzige, irrtümlich abgefeuerte Rakete könnte einen Weltkrieg auslösen, und ich hatte bis zu diesem Augenblick angenommen, ein einzelner, verrückt spielender Computer könnte die Welt mit Krieg überziehen. Nun weiß ich, daß Menschen und Computer und Sensoren unter einer Sicherheits-Check-Liste agieren, ehe SPACE COMMAND überhaupt den ersten Alarm an das strategische Einsatzkommando gibt... und einen zweiten nachschickt, der die »Echtheit« des Angriffs bestätigt.

In Rußland wurde eine Rakete gestartet

Während wir uns unterhielten, während ohne Stop Daten über die Bildschirme flimmerten, ertönte in kurzen Intervallen ein Signal, eine rote Lampe – Aufschrift: Classified-GEHEIM – leuchtete auf. Wie von einem Zauber weggewischt, waren plötzlich alle Bildschirme leer. Einen Augenblick lang. Dann warfen die schnellen Diener menschlicher Gehirne Zahlenkolonnen, Grafiken und Bilder auf die Monitore, zugleich spien Hochgeschwindigkeitsdrucker endlose Papierbänder aus. Einige Offiziere griffen zu Telefonen, sprachen ruhig mit irgendwelchen Partnern auf dem weiten Erdenrund. Was war geschehen?

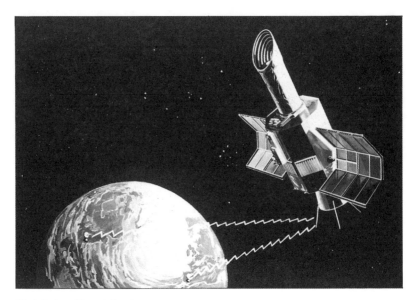

Modell eines Ultraviolett-Sensors

Den Augen am Himmel entgeht nichts

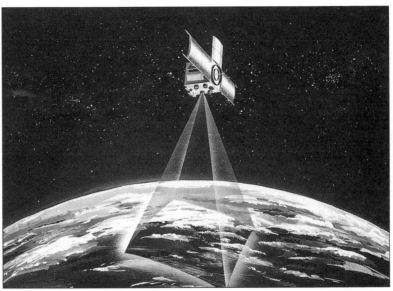

Soeben, um 10.33 Uhr Ortszeit am 2. August 1984, war von einem sowjetischen Testgelände aus eine Rakete gestartet worden, für die Männer vom SPACE COMMAND eine Routinesache, für mich ein eindrucksvolles Erlebnis.

Denn: Nur Sekunden nach dem Start irgendwo in Rußland wußte man in Colorado Springs, daß eine Rakete gezündet worden war, sofort war auch der genaue Abschußort bekannt, der Raketentyp identifiziert, dessen Flugrichtung und Geschwindigkeit in genauer Kurve berechnet, das Ziel kein Geheimnis, die Beschaffenheit des Objekts – ob scharf oder nicht – ausgemacht. Serien weiterer Daten liefen blitzschnell ein, zeigten sich auf den Bildschirmen, wurden ausgedruckt.

»Wie genau läßt sich der Einschlagort bestimmen?«

»Auf etwa hundert Meter«, sagte der Offizier mit großer Selbstverständlichkeit.

Unheimlich und trotzdem in gewissem Sinne beruhigend. Dabei gehören die Computer, die hier mit so enormer Schnelligkeit arbeiten – wie Brigade-General Earl S. van Imwegen mir erzählte – quasi schon einer überholten Generation an; es gäbe bereits ungleich schnellere Rechner mit geradezu unvorstellbaren Fähigkeiten. Auf meine Frage, weshalb die jüngste Computer-Generation noch nicht im Einsatz wäre, sagte er, daß SPACE COMMAND neue Apparaturen erst dann verwende, wenn diese sich in jeder denkbaren und theoretisch vorstellbaren Situation bewährt hätten.

SPACE COMMAND, eine militärische Institution, hat weder über strategische noch Weltraum-Waffensysteme Verfügungsgewalt; seine einzige Aufgabe ist die Überwachung des erdnahen Weltraums, die Identifizierung und Klassifizierung von Weltraumobjekten. Hier, in dem stählernen Dorf unter den Bergen von Cheyenne, arbeiten keine politischen Fanatiker oder Weltraumfreaks, weder SF-Jünger noch Phantasten. Hier »dienen«, vom Sergeanten bis zum General, alle an ihrem Platz, der Beobachtung des Weltraums mit dem einen Ziel und Auftrag: Amerika und die ganze freie Welt rechtzeitig vor einem Überraschungsangriff zu warnen.

Trotzdem: Die Gefahr eines Atombombenschlags existiert.

Star Wars – na und?

Am 23. März 1983 trat Präsident Ronald Reagan vor die Fernsehkameras und verkündete die »Initiative zur Stärkung der strategischen Verteidigung« *(Strategic Defense Initiative)*. An diesem Abend forderte

Ronald Reagan Amerikas Wissenschaftler auf, »uns die Mittel in die Hand zu geben, Kernwaffen hinfällig und überholt erscheinen zu lassen«.

Ronald Reagans Aufruf an die Wissenschaftler seines Landes wird in den Geschichtsbüchern vielleicht einst den Appell John F. Kennedys vom Jahre 1961, der den Mond als erstes Ziel der Raumfahrt postulierte, übertreffen. Kennedys Initiative brachte am 3. März 1966 die Landung der unbemannten Landefähre LUNA 9, am 20. Juli 1969 die weiche Landung der bemannten APOLLO 11.

Auch Reagans Auftrag wird seine Zeit brauchen, aber die Erfüllung hat nichts mit einem Krieg-der-Sterne-Programm *(Star Wars)* zu tun. Bis zu den Sternen im All ist es noch ein weiter, weiter Weg. Das, was Reagan initiiert, wird von den Wissenschaftlern und Technikern – irgendwann – realisiert werden. Aber das Ergebnis wird mit einem Krieg der Sterne nichts zu tun haben. Die *Star-Wars*-Rede wurde nur bruchstückhaft zitiert und in einem griffigen Schlagwort um die Welt gefunkt. Ich halte es für geboten, die relevanten Passagen im Wortlaut zu zitieren:

»Ich möchte mit Ihnen einen Zukunftstraum, auf den wir alle hoffen, teilen. Wir müssen der furchterregenden sowjetischen Raketenbedrohung mit defensiven Mitteln begegnen. Wie wäre es, wenn ein freies Volk sicher leben könnte, im Wissen, daß diese Sicherheit nicht auf einem sofortigen amerikanischen Vergeltungsschlag gegen einen sowjetischen Angriff basieren würde, sondern daß wir strategisch-ballistische Raketen schon abfangen und zerstören könnten, bevor sie unser Gebiet oder jenes unserer Verbündeten erreichen könnten? Ich weiß, daß es eine gewaltige technische Aufgabe ist, die wir vielleicht nicht vor dem Ende dieses Jahrhunderts lösen werden. Doch hat die Technologie einen Stand von Raffiniertheit erreicht, daß es für uns sinnvoll ist, diese Anstrengungen anzufangen... Ich rufe die Wissenschaftler auf, die uns die Atomwaffen bescherten, ihre großartigen Talente in den Dienst der Menschheit und des Weltfriedens zu stellen und uns Mittel an die Hand zu geben, die diese Atomwaffen wirkungslos und überflüssig machen... Heute abend tue ich einen wichtigen ersten Schritt. Ich erteile den Auftrag, in umfassenden und intensiven Anstrengungen ein langfristiges Forschungs- und Entwicklungsprogramm mit dem Fernziel zu erstellen, daß die von den Atomraketen ausgehende Bedrohung beseitigt wird.«

Wird es möglich sein, Raketen beim Flug im Weltraum abzufangen, zu »neutralisieren«, bevor sie ihr Ziel erreichen? Ist es überhaupt wünschenswert, daß Reagans Traum Wirklichkeit wird? Provoziert er am Ende die andere Seite, nur noch gefährlichere Raketen zu produzieren, um eine Chance zu haben, den Schutzschirm zu durchbrechen?

Was hat die politisch-militärische Kontroverse mit meinen Theorien zu tun?

Viel, sehr viel!

Techniken, die am Horizont der fernen Zukunft erkennbar werden, fanden bereits einmal Anwendung... in der weit zurückliegenden Vergangenheit der Menschheit. Ich muß mich mit künftigen Weltraumwaffen beschäftigen, damit der Leser später nachvollziehen kann, was es in sehr frühen Zeiten schon einmal gegeben hat.

Geheimprojekt LM

1943 wurde in Deutschland am Geheimprojekt LM gearbeitet. »LM« stand für Linear-Motor. Bis dahin wurden Geschosse mittels explodierendem Treibgas aus dem Geschützrohr gefeuert. Beim Linear-Motor wird das Geschoß von Magnetfeldern angezogen/abgestoßen, angezogen/abgestoßen und ans nächste Magnetfeld weitergegeben. Die Magnetfelder – wie auf einer Schiene hintereinander geschaltet – beschleunigen Geschosse schneller als die stärkste Ladung Treibgas – und geräuschlos, ohne Detonation. Den deutschen Technikern gelang – 1943! – die Beschleunigung eines zehn Gramm schweren Projektils auf 1050 Meter in der Sekunde. Ziel war, ein sieben Kilogramm schweres Geschoß per Magnetfeldbeschleunigung auf 2000 Meter je Sekunde zu bringen.

Die Amerikaner haben dieses technische Prinzip *rail gun*, Schienengewehr, weiterentwickelt; in ihren Versuchsanstalten jagen zwei Kilo schwere Geschosse mit einer Startgeschwindigkeit von 20 Kilometer je Sekunde aus dem Lauf – zehnmal so schnell wie die deutschen Versuche von 1943. Das *rail gun* beschleunigt ein Plasma, das Plasma* das Geschoß. Die Geschosse sind so schnell, daß sie auf ihrer ballistischen Linie von Luftreibung weder verlangsamt noch abgelenkt werden. Allein aus ihrer kinetischen (Bewegungs=) Energie bekommen die Geschosse ihre Sprengwirkung, »tödlich« sogar für Raketen.

Die derzeit – vermutlich! – wirkungsvollste, aber sehr komplizierte Weltraumwaffe ist der nuklear-gepumpte Röntgen-Laser. Ein absolut geheimgehaltenes Metall umschließt zylinderförmig einen minimal kleinen Atomsprengsatz. Mit der nuklearen Detonation bewirkt die

---

* Plasma: ein ionisiertes Gas, das neben neutralen Teilchen auch freie Ionen und Elektronen enthält. Jedes Plasma ist diamagnetisch, d.h. es nimmt in einem äußeren Magnetfeld eine diesem proportionale, aber entgegengesetzte Magnetisierung an.

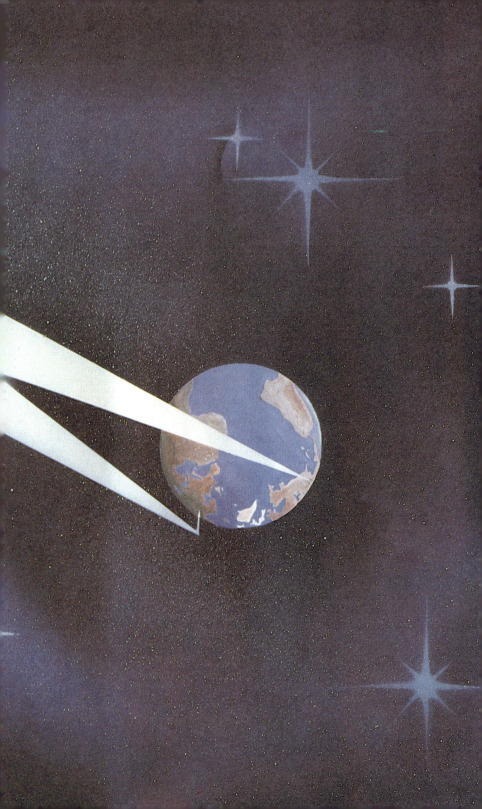

freiwerdende thermische Energie die Versendung von Röntgenstrahlen aus den Atomen der Metallfasern. Mit diesem Strahlenblitz werden einige hundert Milliarden Watt frei, die durch die zylindrisch angeordneten Metallfasern *gebündelt* ins Ziel gelenkt werden. So ein Röntgen-Laser läßt sich zwar nicht wie ein optischer Laserstrahl auf einen Punkt bündeln, doch rechnet man bei einer Entfernung über 4000 Kilometer lediglich mit einer Streuung von etwa 200 Metern. Die Strahlenwucht reicht aber auch dann noch aus, einer anfliegenden Rakete einen vernichtenden Röntgenschlag zu versetzen, die Schweißnähte der Treibstofftanks platzen zu lassen oder die Rakete völlig aus dem Kurs zu schleudern. Der Nachteil dieses Prinzips: Der nukleare Röntgen-Laser wird selbst durch die Kernexplosion zerstört. Es müßten also sehr viele dieser Röntgen-Laser abschußbereit auf der Erde gehalten oder im Weltraum stationiert werden. Die Stationierung von Kernwaffen im Weltraum ist aber, gottlob, durch Ost-West-Verträge verboten.

Vernichtende Ultraviolett-Strahlen

Die Ultraviolett-Strahlen, von denen ich nun spreche, sind zur Bräunung und Schönheitspflege gänzlich ungeeignet.

Bei der Suche nach Möglichkeiten, Atomraketen mit lichtschnellen Laserstrahlen auszuschalten, wurde mit dem *Exzimer Laser* experimentiert. Er arbeitet auf der Basis von Edelgas-Halogen-Verbindungen und erzeugt einen intensiven Ultraviolett-Strahl mit einer Wellenlänge von 0,3 Mikrometern (1 Mikrometer = $^1/_{1000000}$ m). Hier scheint das Ei des Kolumbus gefunden zu sein: Der Laserstrahl wird auf der Erde erzeugt, wirkt aber vom Weltall aus! Und so geht das vor sich:

Ein Parabol-Kampfspiegel wird in eine Umlaufbahn von 1000 Kilometer über der Erde gebracht, ein zweiter Reflektor wird in 36000 Kilometer Höhe in einen geosynchronen Orbit geschossen. Das bedeutet: Der zweite Reflektor bleibt, synchron mit der Erdumdrehung, stets am selben Ort stehen. In dem Moment, da eine fremde Rakete startet, erfassen Sensoren des Frühwarnsystems die Hitze des Raketenrückstrahls und geben Alarm. Der Spiegel in 1000 Kilometer Höhe peilt sich mit einem harmlosen optischen Laser- oder Radarstrahl auf das fliegende Objekt ein und folgt ihm. Der geosynchrone Reflektor in 36000

◄ *Von der Erde aus schießt der Laserstrahl in 36000 Kilometer Höhe, wird reflektiert und zerstört das rasant fliegende Ziel*

Kilometer Höhe ist permanent in »Sichtverbindung« mit dem »Kampfspiegel« in 1000 Kilometer Höhe. Nahe der Bodenstation wird die Energie eines Kraftwerks bereitgehalten: Sie kann in Sekunden dem Laserstrahl zugeleitet werden. Wenn und sobald SPACE COMMAND das Geschoß definitiv als feindliche Angriffswaffe ausgemacht hat und die allerhöchste Kommandostelle den Abschuß befiehlt, geht alles in Nanosekunden. Der *Exzimer-Laser* bekommt Energie. Mit Lichtgeschwindigkeit (300000km/sec) rast der intensive Ultraviolett-Strahl zum geosynchronen Reflektor und wird von dort zum »Kampfspiegel« geschickt, der das Ziel längst erfaßt hat. Es wird mit einer Energie, die mit 160 Mega-Joule errechnet wurde, vernichtet. Die dabei aktiv werdende Energiemasse könnte einen Eiswürfel von 142 Kilogramm »umgehend« wasserflüssig machen. Lautlos. Ein Blitz von Menschenhand. – Freilich würden die beiden, hier exemplarisch benannten Spiegel, zur Vernichtung eines Raketengeschwaders nicht ausreichen. In Gedanken und Planung rechnet man mit etwa 400 »Kampfspiegeln«, die ständig die Erde umkreisen müßten, beziehungsweise abschußbereit auf Raketen montiert, binnen Sekunden in ihre Umlaufbahn geschossen werden könnten.

Die überholte Vokabel UNMÖGLICH

W as Science-Fiction-Autoren schrieben und seriöse Wissenschaftler für reine Utopie hielten und mit überlegenem Lächeln abtaten, ist Wirklichkeit geworden.

Das obskure Wort UNMÖGLICH wurde oft *ad absurdum* geführt, aber es ist noch im Schwange.

Als UNMÖGLICH galt, daß Meteore vom Himmel fallen.

Als UNMÖGLICH galt der uralte Traum, Menschen könnten sich in die Luft erheben.

Die UNMÖGLICHKEIT, die Schallmauer wäre zu durchbrechen, war quasi physikalisches Gesetz.

Der Gedanke, ein Atom, kleinstes Teilchen eines Elements, könnte gespalten werden, galt als UNMÖGLICH.

Wer es für möglich hielt, Menschen könnten je den Mond, gar den Mars erreichen, wurde als UNMÖGLICHER Phantast abqualifiziert.

UNMÖGLICH war vor gar nicht so langer Zeit die Vorstellung, Lichtwellen, die sich nach allen Richtungen hin ausbreiten, könnten auf eine Wellenlänge zentriert und in eine Richtung auf einen winzigen Punkt geleitet werden.

UNMÖGLICHE Phantasterei war die »Spekulation«, den genetischen Code programmäßig ändern zu können.

UNMÖGLICH, hieß es, wäre die Übertragung von Gedanken von Gehirn zu Gehirn.

UNMÖGLICH sei es, die Schwerkraft aufzuheben oder jemals Überlichtgeschwindigkeit zu erzeugen.

UNMÖGLICH, alles UNMÖGLICH, doch schon teilweise Realität.

Wer schon den realistischen Propheten nicht traut, hätte zumindest die Bibel genauer lesen sollen. Da steht nämlich in der Genesis: »Und dies ist erst der Anfang ihres Tuns; nunmehr wird ihnen nichts unmöglich sein, was immer sie sich vornehmen.« (1. Mos. 11,6)

Die chinesischen Bauern haben einen treffenden Spruch: »Wer den Himmel im Wasser sieht, sieht die Fische auf den Bäumen!«

Wie eine Fliege im dunklen Zimmer

In Forschungszentren der Großmächte sind Strahlenwaffen in Entwicklung, die über Entfernungen tausender Kilometer unsichtbare, subatomare Partikelstrahlen mit vernichtender Wirkung aussenden werden. Trotz Geheimhaltung sickerte durch, daß in den Livermore-Laboratorien in Kalifornien mit Teilchenstrahl-Waffen experimentiert wird, die energetisch geladene Protonen und negativ geladene Elektronen als »Munition« abfeuern; diese Strahlen brennen keine Löcher, zerstören keine Raketen, durchdringen aber jede Wand . . . und legen Computer lahm. Unmöglich? *Wait and see.*

Angeblich ist es UNMÖGLICH, eine Gewehrkugel auf ihrer ballistischen Bahn mit einer anderen zu treffen. Am 10. Juni 1984 strichen amerikanische Techniker dieses UNMÖGLICH.

An diesem Pfingstmontag um 10.58 Uhr startete vom Luftwaffenstützpunkt Vandenberg aus eine *Minuteman*-Rakete. Ihr Ziel: die kleine Insel Meck, 8000 Kilometer von Kalifornien entfernt im Kwajalein-Atoll im Stillen Ozean. Schon während der Startphase ortete SPACE COMMAND die Rakete, zeichneten Computer ihre Bahndaten auf die Monitore und leiteten sie an die Radarstation auf Kwajalein weiter. Dort errechnete ein Hochgeschwindigkeitscomputer jüngster Generation den Kollisionskurs. Eine Abfangrakete wurde dem »Feindgeschoß« – das mit 25 000 Kilometer Stundengeschwindigkeit dahinraste – entgegen geschickt. Der Fühler im Kopf der Abfangrakete arbeitet derartig sensibel, daß er noch die »Wärme« eines Eisblocks vor der viel niedrigeren Hintergrundkälte des Weltalls anpeilen kann; seine Messungen gingen an den Bordcomputer, der im Moment der Eingabe

Advanced Fighter-Modell. Er soll mit dreifacher Schallgeschwindigkeit 40 Kilometer Höhe erreichen

die Steuerdüsen regulierte. In 200 Kilometer Höhe entfaltete die Abfangrakete ein schirmartiges Metallnetz von fünf Metern Durchmesser, das garantieren sollte, daß die sich nähernden Geschosse sich nicht noch im letzten Moment verpaßten. Das Netz war unnötig. *Direct impact.* Volltreffer, meldeten die Computer im SPACE COMMAND. Mit diesem Übungsschuß war bewiesen, daß sich eine mit mehrfacher Schallgeschwindigkeit rasende Rakete von einer ebenso schnell fliegenden Rakete treffen läßt. UNMÖGLICH!, dachte man noch vor wenigen Jahren. Ist eine Rakete weg von der Startrampe, kann nichts mehr sie aufhalten. Treffen? UNMÖGLICH. Und wieder purzelte ein UNMÖGLICH in den Papierkorb.
Das US-Kampfflugzeug F-15 erreicht heute schon 30 Kilometer Höhe. Die Maschine *Advanced Fighter* ist in der Planung; sie soll bei dreifacher Schallgeschwindigkeit in 40 Kilometer Höhe fliegen können – Flugzeuge, die fast schon die Qualität von Satelliten haben. Solche Flugzeuge können unter den Tragflächen mehrere Abfangraketen transportieren, in großer Höhe ausklinken und »feindlichen« Raketen entgegenschicken. Jetzt schon könn(t)en Jagdflugzeuge Raketen in die Stratosphäre tragen und Satelliten – und Orbitalstationen vernichten. Die Größenordnung des finanziellen Aufwands für die größte technologi-

33

sche Schlacht der Weltgeschichte ist unvorstellbar. Bis zum Ende dieses Jahrhunderts sollen nach offiziellen Nennungen 500 Milliarden Dollars in derartige Rüstungsforschung investiert werden. – Sind die angepeilten Ziele zu erreichen? Warum gibt man soviel Geld aus, steckt man soviel menschlichen Verstand, soviel Arbeitskraft in solche Projekte? Ist die Aufrüstung des Weltalls unvermeidlich? Wohin führt das alles?

Löcher im Schirm

Bisher wurde noch jede Waffe durch eine Gegenwaffe übertrumpft. Laut haben kluge Naturwissenschaftler ihre Stimme gegen die Militarisierung des Weltraums erhoben. – In ihrer Studie »Raketenabwehr im Weltraum«[1] deckten vier mit der Materie vertraute Wissenschaftler Lücken des geplanten Schutzschirms auf, wiesen auf (unvermeidliche) Löcher hin, durch die der Schirm durchbrochen werden kann.
– Völkerrechtler machen auf juristische Probleme aufmerksam: Die Großmächte und 80 weitere Staaten unterzeichneten am 27. Januar 1967 den Weltraum-Vertrag, in dessen Artikel 2 es heißt:
»Der Weltraum, einschließlich des Mondes und anderer Himmelskörper, unterliegt keiner nationalen Aneignung durch Beanspruchung der Hoheitsgewalt, durch Benutzung oder Okkupation oder durch andere Mittel.«
Der gestirnte Himmel über uns soll nicht zum Schlachtfeld gemacht werden, seine Sterne sollen nicht durch imperialen Kolonialismus degradiert werden.
Was die Stationierung von Waffen im Weltraum angeht, hält Artikel 4 des Vertrages von 1967 fest:
»Die Vertragsstaaten verpflichten sich, keine Gegenstände, die Kernwaffen oder andere Massenvernichtungswaffen tragen, in eine Erdumlaufbahn zu bringen und weder Himmelskörper mit derartigen Waffen zu bestücken noch solche Waffen im Weltraum zu stationieren.
Der Mond und die anderen Himmelskörper werden von allen Vertragsstaaten ausschließlich zu friedlichen Zwecken benutzt. Die Errichtung militärischer Stützpunkte, Anlagen und Befestigungen, das Erproben von Waffen jeglicher Art und die Durchführung militärischer Übungen auf Himmelskörpern sind verboten. Die Verwendung von Militärpersonal für die wissenschaftliche Forschung oder andere friedliche Zwecke ist nicht untersagt. Ebensowenig ist die Benutzung jeglicher für die friedliche Erforschung des Mondes und anderer Himmelskörper notwendige Ausrüstung oder Anlagen untersagt.«[2]

Gestern vereinbart – Heute schon überholt

Nach dem technischen Status von 1967 schien mit diesem Vertrag alles klar zu sein – doch: Nichts ist klar! Der Vertrag verbietet lediglich den Einsatz von »Kernwaffen und Massenvernichtungsmitteln« im Weltraum. Ein Laser – gegen eine kernwaffentragende Rakete eingesetzt – ist weder das eine noch das andere. Dem Kreml gelang eine, man muß schon sagen: geniale, Desinformation: In Moskau nämlich wurde die Parole von der *Star Wars*-Rede Präsident Reagans ausgegeben, und die westlichen Medien übernahmen die griffige Formel. Seitdem geht die Meinung um, Amerika wolle vernichtende Waffensysteme im Weltall »installieren«, Strahlenwaffen mehrerer Varianten, derweil die Sowjets ihre Bestrebungen ausschließlich einer friedlichen Zukunft zuwenden. – Damit der Nebel nicht undurchdringlich wird, sollte man von der erwiesenen Tatsache Kenntnis nehmen, daß die Sowjets als erste Killersatelliten in eine Erdumlaufbahn gebracht haben... und für die Erforschung von Strahlenwaffen bis 1983 mehr Geld als die Amerikaner ausgaben. In Klammern: Die USA waren schon mal zweiter Sieger: Fliegermajor Jurij Gagarin führte am 12. 4. 1961 den ersten bemannten Weltraumflug aus.

Der Leiter des US-Forschungsprogramms zur Strategischen Abwehr, General James A. Abrahamson, sagte am 1. Dezember 1984 in einem Interview[3]:

»Die Sowjets haben schon lange Zeit im Bereich der Strahlenwaffen geforscht. Mir liegt ein Artikel aus sowjetischen Quellen vor, geschrieben 1982, sehr interessant. Darin wird die gesamte Architektur dessen, was wir jetzt versuchen, entworfen, und das lange vor der Rede des Präsidenten.«

»Die Weltgeschichte ist die Summe dessen, was vermeidbar gewesen wäre«, schrieb Nobelpreisträger Bertrand Earl Russell (1872–1970).

Ist es eine Spirale ohne Ende? Seit der Erfindung der Armbrust gab es Abrüstungsverhandlungen: Die Feinde versicherten sich, die böse Waffe im Kampf nicht zu benutzen. Und warum dreht sich die Spirale? Weil die Menschen Angst voreinander haben, weil sie sich nicht über den Weg trauen. Und warum trauen sie sich nicht? Weil der eine vom anderen nicht weiß, was er hinterm Schilde führt. Was war zuerst da, das Ei oder die Henne? So wird stets nach einer neuen Waffe die neueste erfunden werden, und weil eine Kontrolle der Arsenale unmöglich ist, dreht sich die Spirale der Rüstung – als einziges Perpetuum mobile.

Überlegungen eines Unpolitischen

Ich bin kein Agent des State Departement und, obwohl sogar als Schweizer Leidtragender des Ost-West-Konflikts, bin ich – meine Leser wissen es – politisch zwar nicht uninteressiert, doch auf keinen anderen Punkt fixiert als den des Friedens und der technischen Entwicklung im Dienste der Menschheit. Aber ich war zu oft und zu lange in den USA, als daß ich glauben könnte, dieses Volk sehne sich weniger nach dem Frieden als irgendein anderes.

Zwischen 1820 und 1977 – das sind die letzten, mir bekannten Ziffern – nahm Amerika 48,06 Millionen Einwanderer aus Europa (75,2%), aus Asien (5,4%), aus Kanada, Mittel- und Südamerika (18,3%) auf. Keine andere Nation hält die Tore Einwanderern so weit geöffnet. Wollen diese Millionen, die freiwillig immer noch zuwandern, Krieg? Sie wollen arbeiten und in Freiheit leben; beide Anliegen erfüllt nur der Frieden, nicht der Krieg. Nach der sogenannten Star Wars-Rede wählte 1984 eine überwältigende Mehrheit der 220 Millionen Amerikaner Reagan zum Präsidenten, und sie wollen ihren Wohlstand in Frieden bewahren.* – Ich unterstelle den Sowjets keine geringere Friedensliebe – nur, ich kann sie ihnen nicht mit solcher Sicherheit attestieren. Segen und Fluch der Demokratie – alles wird bekannt. Eigenart und Nachteil einer Diktatur: nichts wird bekannt, was geheim bleiben soll.

Darum nehme ich den Amerikanern ab, daß sie die Welt vom nuklearen Terror erlösen, Atomraketen überflüssig machen wollen, indem sie sie nicht mehr zur vernichtenden Wirkung kommen lassen: Sie werden schon im Weltraum eliminiert.

In einer Fernsehdiskussion[4] vom 6. September 1984 sagte Professor Edward Teller, der an der Entwicklung der Atom- und Wasserstoffbombe mitwirkte, der auch einer der Initiatoren des Star-Wars–Projekts ist:

»Wie vermeidet man den Krieg? ... Wenn du mich schlägst, dann schlage ich zurück, und mein Schlag wird so fürchterlich sein, daß du es nicht wagst, zuzuschlagen. Schön war das niemals, es war nicht einmal akzeptabel... Wir glauben, die Abschreckung durch Vergeltung, durch Mord, abschaffen zu können, weil wir statt Vergeltung eine Abwehr haben... Das Wichtigste ist, daß man statt Angriff Schutz hat, und es ist dieser Schutz, für den ich eintrete.«

---

* Reagan bekam die Mehrheit in 49 von 50 Staaten.

Teller setzte sich für die Entwicklung von Waffen ein, die nicht gegen Menschen, sondern gegen Waffen des Gegners gerichtet sind; auf die Vorhaltung, all diese Zukunftstechnologien würden noch nicht funktionieren, meinte Teller mit beachtenswerter Gelassenheit:»Wir haben weit bessere Möglichkeiten, über die ich aber leider nicht sprechen darf...«

Vor Jahrtausenden bekriegten sich, Auge in Auge, einzelne Menschen; schon die Höhlenbewohner gruppierten sich. Aus ersten Siedlungen traten Horden mit Lanzen und Pfeilen gegeneinander an. Stadtstaaten und Königreiche organisierten geordnete, unterschiedlich bewaffnete Truppen. Schiffe wurden zu bemannten Festungen. Als Vorläufer der Panzer tauchten waffenbestückte Kriegswagen an den Fronten auf. Neue Metallegierungen für Schwerter und Rüstungen waren plötzlich letzter Schrei. Immer grübelten irgendwann irgendwo Menschen über neue Mordtechniken, und Städte und Staaten verbündeten sich unter dem Signum gemeinsamer Interessen. Kanonen, Revolver, Maschinengewehre kamen auf den Markt, mit denen noch mehr Menschen noch schrecklicher getötet werden konnten. Eines Tages wurden Kriege mit Flugzeugen in die Luft getragen, unter Wasser mit U-Booten fortgesetzt. Zu Lande, zu Wasser und in der Luft zu perfekten Killern geworden, suchten menschliche Gehirne die vierte Dimension der Auseinandersetzung – und»entdeckten« das Weltall. Und immer wurde zugleich über Abrüstung und Frieden verhandelt, die Zahl der sogenannten Friedensschlüsse ist Legion. Trotz aller Abrüstungsverhandlungen eskalieren die Waffen im Zuge einer offenbar unaufhaltbaren Evolution der technischen Erfindungen. Das hat – man möge nicht erschrecken – so paradox es klingt, auch sein Gutes.

Die Evolution drängt ins Weltall

Die Geschichte der großen politischen Auseinandersetzungen ist zugleich die Geschichte der epochalen technischen Entwicklungen – ob es uns paßt oder nicht. Und so, wie in jeder Zeit gefragt wurde, dürfen auch wir wieder fragen: Was kommt morgen, was übermorgen?

Die Vorstellung, eine der Supermächte könne die andere besiegen, ist absurd. Kontinuierliche Entwicklungen neuer Waffen zementieren die Pattsituation, die – historisch betrachtet – nur für Sekunden aus der Waage gebracht werden kann, um sich in der entscheidenden Minute gleich wieder einzupendeln.

Da auf der Erde und im erdnahen Weltraum – um es salopp zu sagen –

kein Blumentopf mehr zu erben ist, drängt die technische Evolution in den entfernteren Weltraum. Für diese neue Dimension reichen die monetären, geistigen und technischen Ressourcen *eines* Machtblocks nicht mehr aus. Es wird die Aufgabe *aller* Nationen werden. Ich wette – und hoffe sehr, die Wetteinlage noch kassieren zu können –, daß weder Russen noch Amerikaner zum *Alpha Centauri* (mit 4.3 Lichtjahren Abstand unser nächster Stern) fliegen werden, sondern eine quasi nationalitätenlose Crew, Sendboten einer in friedlichem Auftrag handelnden Menschheit.

Erste zaghafte Erkenntnisse dieser Evolution ins Weltall klingen – sogar und schon! – im Internationalen Weltraumvertrag von 1967 an:

»Bei der Erforschung und Nutzung des Weltraums, einschließlich des Mondes und anderer Himmelskörper, lassen sich die Vertragsstaaten von dem Grundsatz der Zusammenarbeit und gegenseitiger Unterstützung leiten.«

Was im Artikel 5 steht, sollte Postulat und Botschaft für den Weg zurück zu den Sternen sein:

»Raumfahrer sind als Gesandte der Menschheit zu unterstützen!«

Langsamer, viel langsamer funktioniert die Evolution technischer Entwicklungen auch ohne den Druck der Angst vor Krieg. In der freien Welt zwingt die tägliche Konkurrenz zu Innovationen. Immer bessere, immer praktischere und das Leben vereinfachende Produkte mit immer neuen Anwendungsmöglichkeiten herzustellen, ist der Antrieb für Erfinder. Mehr verkaufen bringt mehr Wohlstand und soziale Sicherheit. Der Anreiz für alle im Wirtschaftsleben Tätigen heißt mehr Verdienst, der Katalysator ist Konkurrenz in Freiheit. Wo der Austausch von Informationen untersagt, das Reisen nach Herzenslust undenkbar ist, wo offene Gespräche von Wissenschaftlern und Technikern verboten sind, wo Konkurrenz verpönt, der Weg zu mehr Wohlstand durch den Fleiß des einzelnen abgeblockt ist, kommt Fortschritt nur per Befehl – in Richtung des gesetzten Ziels, ob das nun Clopapier oder Raketen heißt. In diesem Wettlauf ist es kein Wunder, wenn die USA im entscheidenden Rennen vorn liegen.

Im Jahr 2000 und darüber hinaus

Wie in Nordamerika Zukunftsideen geboren werden, möchte ich an einem realen Beispiel schildern:

Auf Anregung der NASA fand vom 15. bis 19. Januar 1984 auf dem Gelände der Universität Texas ein Treffen statt. Thema des Meetings:

38

Die technischen Möglichkeiten der Luftfahrt im Jahr 2000 und darüber hinaus[5]. – 21 Teilnehmer kamen von Universitäten, 28 aus der Industrie, 30 von staatlichen Stellen wie der NASA, der Air-Force oder der Navy. Man hatte vorzugsweise junge Forscher eingeladen, die ihre unverbrauchte Begeisterung einbringen sollten. Es war also kein Treff von Herren im Nadelstreifenanzug, und es ging leger zu. Beim Begrüßungscafé wurden sieben Arbeitsgruppen vorgeschlagen, denen sich der Gast nach Interesse und Kenntnissen zuwenden konnte:

- Aerodynamik
- Computer
- Navigation
- Materialien
- Triebwerke
- Strukturen
- Menschlicher Faktor.

Jede Arbeitsgruppe wählte einen Vorsitzenden, der Fragen in den Raum stellte wie diese:

1. Welcher Flugzeugtyp ist im Jahre 2000 wünschenswert?
2. Welche Fähigkeiten sollte das Flugzeug haben? Groß und langsam – schnell und klein oder eine Kombination aus beiden Varianten? Sollte es innerhalb der Atmosphäre oder bis in die Stratosphäre fliegen können?
3. Wie schnell sollte das Flugzeug sein?
4. Welche Anforderungen werden an das Material gestellt?
5. Sollte das Zukunftsflugzeug senkrecht starten und landen können?
6. Welche Werkstoffe müßten neu entwickelt werden?
7. Was für Triebwerke sind neu zu konstruieren?
8. Wo liegt die Grenze der Lärmbelastung?
9. Wie groß sollte die Reichweite sein?
10. Welche Anforderungen ergeben sich für Navigation und Computer?
11. Kann der Mensch die notwendigen Computersysteme noch beherrschen?
12. Ist eine Symbiose von Mensch und Computer vernünftig und wünschenswert?

Jeder Teilnehmer trug seine Ideen vor, konnte zu dem Gehörten Vorbehalte anmelden, im Gespräch mit Teilnehmern anderer Arbeitsgruppen die Realisierbarkeit kühner Technologien ausloten.

Die Arbeitsgruppe Materialien, beispielsweise, kam zu dem Schluß, daß neue Metallegierungen notwendig würden, um Aluminium zu ersetzen, Gewicht zu sparen und die Reibungstemperaturen bei hohen

Geschwindigkeiten auszuhalten. Vorgeschlagen wurden Legierungen aus Keramik, Glaskeramik, Graphit, Fiberglas oder zähen Kohlestoff-Verbindungen wie Kevlar. Die Computer-Fachleute brachten Vorschläge ein, wie die Landezeit und Startfreigabe durch neue Überwachungssysteme um 50 Prozent reduziert werden könnten. Rechner, hundertmal effektiver und viel kleiner als heutige, sollen selbständig Sicherheitsaufgaben übernehmen, in Gedankenschnelle die Maßnahmen des Piloten überprüfen und eventuelle Irrtümer korrigieren. Als technisch realisierbar wurde der Bau vollautomatischer Fracht- und Überwachungsflugzeuge bezeichnet, die ohne menschliche Piloten fliegen; für zu verwirklichen hielt man auch die *Artificial Intelligence*, eine Computer-Intelligenz mit menschlicher Entscheidungsgewalt.

Während sich in gewissen europäischen Ländern die Technikfeindlichkeit »zur stupiden Dampfwalze, welche die Grundlagen unserer Existenz erstickt«[6] entwickelt, hat die amerikanische Jugend begriffen, daß sie ihre Zukunft nur mit technischen Mitteln gestalten kann.

Modell eines zukünftigen superschnellen Flugzeugs im Windkanal der NASA

Amerika hat sein nachkolumbianisches *Epitheton ornans* NEUE Welt bewahrt, und es ist heute mehr als ein schmückendes Beiwort.

Beim Meeting in der Universität Austin, Texas, tauschte das resignierende Wort UNMÖGLICH in den Diskussionen nicht auf, selbst dann nicht, als die Frage gestellt wurde, ob sich ein wirtschaftliches Fluggerät bauen ließe, das innerhalb *und* außerhalb der Atmosphäre zu fliegen imstande sei; dabei waren jedem Teilnehmer die derzeit schier unüberwindlichen Schwierigkeiten vertraut. Innerhalb der Atmosphäre können Flugzeuge mit Propellern oder Düsen fliegen, im luftleeren Raum darüber versagen beide Techniken. Innerhalb der Atmosphäre hat die Flugzeugzelle ungleich weniger Druck auszuhalten als ein Raumfahrzeug, das absolut luftdicht im Vakuum fliegt. Beim rasanten Wiedereintritt in die Atmosphäre erglüht die Außenhaut des Raumfahrzeugs durch Reibung mit der Luft – ein Düsenflugzeug erreicht nie derartige Geschwindigkeiten. In der Weltraumkälte sind robustere Materialien zur Isolation vonnöten als beim gemächlichen Flug innerhalb der Erdatmosphäre, die den Passagieren auch Atemluft spendet. Im Weltraum gibt es keine Atemluft, man muß sie im Reisegepäck mitbringen oder unterwegs erzeugen.

Immer höher, immer schneller

Probleme wie diese stehen zur Lösung an. Sie werden gelöst werden, wenn nicht heute, dann morgen, wenn nicht morgen, dann übermorgen. Unter unserem europäischen Himmel sind gleiche Probleme bekannt, reizen Techniker und Wissenschaftler, aber die trauen sich oft nicht mehr, sie anzupacken, weil irgendein Untergangsprophet seinen Bart zupft und laut das dümmliche Wort von der Nicht-Wünschbarkeit aus seinem Lautsprechermund tönen läßt. Es wird gleichwohl die elementare Grundlage unseres Daseins nicht ändern. Zur ehrlichen, ungeschönten Wirklichkeit gehört das Phantastische, das im Augenblick Undenkbare. Eineiige Zwillinge im Geiste.

Werden die Amerikaner ein Flugzeug bauen, das innerhalb und außerhalb der Atmosphäre operieren kann? Ganz gewiß.

Das Projekt läuft unter der Bezeichnung – *Transatmospheric Vehicle* (TAV). Das Vehikel wird mehr leisten als der vielfach bewährte SPACE SHUTTLE, der – einst auch angezweifelt – mit Raketen in eine Umlaufbahn geschossen wird und antriebslos zur Erde zurückfliegt. – Dr. Jerry Arnett, Projektmanager von der *Wright Patterson-Air Force-Base* in Ohio, sagte im November 1984:

»Die grundsätzliche Machbarkeit eines TAV ist untersucht worden, und wir sind der Ansicht, daß die Technologie verfügbar sein wird, um das erste Flugzeug dieser neuen Generation zu bauen«[7].

Das »Kind« der ersten TAV-Generation hat bereits seine Geburtsdaten. Es wird ein Startgewicht von 500 bis 800 Tonnen haben, 29fache Schallgeschwindigkeit erreichen und in Höhen von 80 bis 100 Kilometern operieren können, Vorgaben, die es zum Erdsatelliten in einer superschnellen Kreisbahn prädestinieren. Eine Erdumrundung wird noch knappe zwei Stunden dauern, die Strecke Kalifornien/Europa wird es in 30 Minuten schaffen.

Doch das werden nur die Fähigkeiten des ersten TAV-Kindes sein, seine Geschwister sollen höher hinauf als »nur« 100 Kilometer! Für die größere Leistung der neuen Generation muß ein aus Düse und Rakete kombiniertes Triebwerk entwickelt werden.

Die Lösung des Problems liegt auf dem Tisch. Sie heißt SCRAM – *Supersonic Combustion Ramjet Engine*, ein Überschall-Verbrennungs-Staustrahl-Triebwerk. In einem überschallschnellen Luftstrom (Sauerstoff) wird flüssiger Wasserstoff verbrannt. SCRAM startet zunächst mit Hilfe ganz normaler Düsen, die es auf etwa zweifache Schallgeschwindigkeit beschleunigen. Dann erst schaltet der Pilot auf SCRAM um; die Triebwerke holen sich den nötigen Sauerstoff – der bei Raketen mitgeführt werden muß – direkt aus der Luft. Mit der Kraft beider Triebwerke – Düse und SCRAM – erreicht das Vehikel 3700 Stundenkilometer. In der oberen Atmosphäre angekommen, werden die Düsen abgestellt; der Sauerstoffanteil ist für Düsen bereits zu gering, reicht aber noch für SCRAM, und SCRAM beschleunigt nun das TAV auf 6400 Stundenkilometer und trägt es in 35 000 Meter Höhe.

In dieser Höhe geht auch SCRAM die Luft aus. Jetzt wird das Raketentriebwerk gestartet: Es verschafft TAV eine Reisehöhe von 150 Kilometern, mit der Zündung weiterer Raketen steigt es noch höher.

Ist das in Planung befindliche TAV-Raum/Erdflugzeug eine sinnvolle Investition? Die Männer von Mc Donnell Douglas Corporation, St. Louis, größtes Unternehmen der Luftfahrt in der Welt , wissen es:

– TAV kann blitzartig spezielle Aufklärungsmissionen in großen Höhen erledigen.
– TAV kann havarierten Astronauten zu Hilfe eilen.
– TAV kann Angriffe auf Raumstationen verhindern – oder ausführen.
– TAV kann als schneller Zubringer von der Erde zu einer Weltraumstadt dienen.
– TAV kann auf jedem, wie auch immer gearteten Flugplatz landen.
– TAV wird ungleich schneller sein und höher fliegen als SPACE SHUTTLE, und dieser Raumtransporter gewinnt in 8.34 Minuten bei 7424m/s Geschwindigkeit eine Höhe von 117 Kilometern.

So sah im April 1984 das zeichnerische Konzept des ersten TAV aus. Hersteller: McDonnell Douglas Corporation

— TAV wird der Prototyp für transatmosphärische Passagierflugzeuge sein.

Der letzte Punkt geht schon uns auf der Erde Hinterbliebenen an: Die Planer der großen amerikanischen Flugzeugfirmen gehen bereits jetzt davon aus, daß der erdnahe Luftraum im nächsten Jahrhundert hoffnungslos überfüllt sein wird, und daß die Passagierjumbos die Lebensluft nicht mehr verpesten dürfen. Der interkontinentale Jumbo der Zukunft wird ein TAV sein: Er wird in die Stratosphäre gejagt und stürzt sicher wie ein Adler auf seine Beute auf den Zielflughafen nieder. – Melvin Salvay, Projektmanager bei *Lockheed Aircraft* in Burbank, Kalifornien – mit 100 000 Beschäftigten drittgrößtes Unternehmen der US-Luftfahrtindustrie – sagt:

»*Ich habe nicht den geringsten Zweifel, daß heute in 25 Jahren alle Langstreckenflüge über den Weltraum führen werden.*«[8]

Für 1984 stellte die US-Luftwaffe den großen Flugzeugfirmen – Mc Donnell Douglas, Boeing, Lockheed, Northrop, Grumman, General Dynamics, Rockwell – eine runde Milliarde Dollar für die Entwicklung und Erprobung weltallsicherer Werkstoffe zur Verfügung. Die Firmen,

Konkurrenten untereinander, schicken ihre besten Männer an den Start, stellen ihnen modernste, zum Teil erst für diese Versuche entwickelte Hilfsmittel bereit. Denn: Jede Firma möchte nach den Tests auch den dicken Auftragshappen ins Haus holen. Die Evolutionsspirale – in jeder Drehung eine neue Erfindung – windet sich in die Dimension des Weltalls.

Lockheeds Techniker haben einen zivilen Luftgiganten auf den Reißbrettern, der mit Kernkraft betrieben werden soll – man rechnet mit 10 000 Flugstunden ohne »aufzutanken«! Diese Anmerkung wollen wir im Hinterkopf deponieren, denn es wird noch von »unmöglichen Flugapparaten« die Rede sein, die nie auftanken mußten. Es gab sie in frühgeschichtlicher Zeit.

Industrie ins Weltall

Die Militarisierung des Weltalls ist Stammgast in den Schlagzeilen. Negiert wird die ungleich wichtigere Industrialisierung des Weltraums. Alle, die über den Rand des fast leergegessenen Erdtellers sehen, machen sich Gedanken, wie Rohstoffe, die in feststellbarer Zeit auf unserem Planeten zu Ende gehen, durch andere Materialien ersetzt werden können. Kluge Zukunftsdenker fragen sich auch, wie die sich explosionsartig vermehrende Weltbevölkerung in 100 Jahren ernährt werden soll, zumal jetzt schon Millionen und Millionen unter Hunger leiden.

Diesen großen, unausweichlichen Entwicklungen ist nur mit kühner schöpferischer Phantasie beizukommen. Es ist geradezu kriminell, wenn Pädagogen die ihnen anvertraute – ausgelieferte – Jugend technikfeindlich motivieren, und Phantasie, wenn schon!, in ideologisch abgesteckte Bahnen lenken. Man sieht den Schaum vorm Mund solcher Erzieher, wenn sie hören, daß der Weltraum kommerzialisiert werden soll, werden muß. Profit wittern sie in der Nähe von Prostitution. – La Rochefoucauld (1613–1680) schrieb hellsichtig in seinen *Réflexions*: »Die Mittelmäßigkeit pflegt alles zu verurteilen, was ihren Horizont übersteigt.«

Richard L. Kline, Direktor der *US Astronautical Society*, begann am 19. Juni 1984 seine Rede vor Mitgliedern des Repräsentanten-Hauses vom Ausschuß für Wissenschaft und Technologie mit diesen Worten:

»Ich weiß die Gelegenheit zu schätzen, zu Ihnen über die Kommerzialisierung des Weltalls sprechen zu dürfen. Jetzt, da der SPACE SHUTTLE funktioniert, wird es möglich, in eine wichtige, neue Phase

des zivilen Weltraumprogramms einzusteigen, eine Phase, die auf unserer technischen Kapazität beruht und diesen Vorteil auf den kommerziellen Sektor überträgt.«[9] Kline erklärte, daß viele amerikanische Firmen »ihre Handelsaktivitäten ernsthaft ins Weltall expandieren wollen«. Seit Jahren gäbe es gute Kontakte der Industrie zur NASA und eine Reihe von Werken unterhielte bereits »Studiengruppen zur Kommerzialisierung des Weltalls«.

Aus gutem Grund, läßt sich ergänzen: Es gibt, beispielsweise, molekulare Verbindungen – für neuartige Medikamente und Werkstoffe etwa –, die nur im Hochvakuum und unter Bedingungen der Schwerelosigkeit hergestellt werden können. Es gibt eine endlose Kette wissenschaftlicher Experimente, die mit Militär nichts am Hut haben, aber nur im Weltall getestet werden können. Wie verändert sich bei Schwerelosigkeit der genetische Code? Können im Weltall Pflanzen in schnellerer Geschlechterfolge gezüchtet werden? Zwei exemplarische Fragen, die für die Weltbevölkerung des kommenden Jahrhunderts Antworten brauchen. Welche Ausblicke und Einblicke ins Universum bringen Teleskope ohne sichtbehindernde Luftschichten von Raumstationen aus?

Richard L. Kline schlug den Abgeordneten für den Anfang drei praktikable Prämissen vor:
– Die Bestallung eines hochrangig besetzten NASA-Büros, dessen Mitarbeiter in der Lage sind, Innovationen zu prüfen und rasche Entscheidungen zu treffen;
– schnellerer Zugang zu SPACE SHUTTLE-Flügen, kürzere Wartungs- und Vorbereitungszeiten am Boden;
– SHUTTLE-Starts und Landungen sollten künftig wie Fluglinien-Fahrpläne gehandelt werden.

Da der Staat die Weltraumaktivitäten unter Kontrolle halten will, muß er fahrplanmäßige Verbindungen ins All sicherstellen. Bei den notwendigen Voraussetzungen, sagte Kline, wären Industrie und Banken willens, große Investitionen in die Weltraum-Industrie zu wagen, sich auch an einer ständigen, bemannten Weltraumstation zu beteiligen.

Auf der anderen Hälfte der Erde denkt man nicht anders. Der verstorbene Generalsekretär der KPdSU, Leonid Breschnew, sagte:

»Die Schaffung von langlebigen, bemannten Weltraumstationen sind Meilensteine für die Reise des Menschen ins Weltall. Dies zum Vorteil der Menschen, zum Vorteil der Wissenschaften und zum Guten für die nationale Wirtschaft.«[10]

Zeichnung der ersten freifliegenden, autonom arbeitenden und rückführbaren Mehrzweckplattform EURECA, die im Auftrag der ESA (Europäische Weltraumbehörde) vom industriellen SPACELAB-Konsortium unter Federführung von MBB-ERNA, Bremen, entwickelt und gebaut wird. – Die wiederverwendbare Plattform wird vom Orbiter in einer erdnahen Umlaufbahn ausgesetzt und bleibt dort für einen Zeitraum von sechs Monaten. Beim ersten Einsatz 1987 wird EURECA zwölf Experimente mit in den Weltraum nehmen. Nach der Mission wird die Plattform vom Manipulatorarm des Orbiter wieder eingefangen und zur Erde zurückgebracht

EURECA Heureka!

Was – analog zur biologischen Evolution – als »Einzeller« mit einer kleinen Raumkapsel begann, schließt sich im Baukastensystem zu größeren Einheiten zusammen. So sollen unbemannte Satelliten durch Andocken und Abdocken als Dauerraumstationen Verwendung finden. Die ESA (Europäische Weltraumbehörde) läßt einen solchen Satelliten bauen – 1987 wird er gestartet. Er wird EURECA heißen – nicht nach dem Ausruf des griechischen Mathematikers Archimedes (287–212 v.Chr.), der bei der Entdeckung des hydrostatischen Grundgesetzes ausrief: Heureka! Ich habe es gefunden! EURECA steht für *European Retrievable Carrier*, Europäische wiederverwendbare Plattform. – Ein SPACE SHUTTLE wird die Novität EURECA in einer Höhe von 296

Kilometern in einer Umlaufbahn absetzen; von diesem Punkt an wird EURECA mit eigenen, von Deutschland aus ferngesteuerten Triebwerken auf ihre Operationshöhe von 500 Kilometern geschoben. EURECA wird einige Experimente erledigen, dann von SPACE SHUTTLE in die Ladeluke geholt und zur Erde zurückgebracht werden. Für neue Missionen präpariert, wird sich beim zweiten Start die Prozedur des ersten wiederholen. *Retrievable.* Wiederverwendbar. EURECA kann im Weltall mit anderen Plattformen zu größeren Einheiten verbunden werden. Dazu der Hersteller MBB:
»Ein zweites, unbemanntes und wiederverwendbares Weltraumsegment nähert sich dem Ziel. Nachdem das Segment die Orbitalhöhe von EURECA erreicht, wird es langsam an EURECA heranmanövriert und zwar so, daß es hundert Meter vor dem Ziel zum Stillstand kommt, und wenige Meter davor einen zweiten Stop vollzieht. Das Ziel des Rendezvous-Manövers ist mit einer passiven Einraster-Kupplung versehen, der ›Jäger‹ mit einer aktiven. Die beiden Plattformen docken zusammen.«[11]
Die angedockte, zweite Plattform kann die bereits stationierten Daten abzapfen, die sie, möglicherweise, durch eine Störung über Funk nicht abrufen konnte; sie kann auch Material zuliefern, Treibstoff für die kleinen Raketentriebwerke, Elektrizität für Batterien. – Es muß nicht bei diesem Pärchen bleiben; es können mehrere Plattformen zu einer größeren Einheit verbunden werden. Weltraumstationen aus dem irdischen Baukasten.

Der Traum von fernen Sternen

Die nächste Generation bringt permanent bemannte, freifliegende, koppelbare Raumfahrtsysteme.
Präsident Ronald Reagan sagte am 25. Januar 1984 in seiner Rede an die Nation:
»*Wir können unserem Traum zu fernen Sternen folgen, wir können im Weltraum leben und arbeiten für den wirtschaftlichen und ökonomischen Gewinn. Heute Nacht werde ich die NASA anweisen, innerhalb eines Jahrzehnts eine permanent bemannte Raumstation zu entwikkeln.*«[12]
In einem Artikel ergänzte Reagan am 12. August 1984:
»Die Weltraumstation wird eine Basis für wissenschaftliche und kommerzielle Aktivitäten sein, sie wird die internationale Zusammenarbeit fördern und die amerikanische Industrie ermutigen, sich über die Erde hinaus zu verlagern.«[13]

General Dynamics konstruiert diese Centaur-Rakete als Lastenschlepper in eine Erdumlaufbahn

Die amerikanische Administration – die gegen die Mehrheit des Volkes nichts durchsetzen kann – bemüht sich, die Zustimmung der Bürger für die im wahrsten Sinne hohen Ziele zu gewinnen. Weltraumfahrzeuge kommen als Spielzeuge auf den Markt, Schüler beißen sich an Denksportaufgaben in Weltraumdimensionen die Zähne aus. Im Sommer 1984 entstand das *Young Astronaut Programm*, um »die US-Weltraumkräfte zu nutzen, um die Jugend des Landes zu stimulieren, Technologie zu studieren«.[14] – Das Programm wird von der NASA und dem *National Space Institute* (NSI) entwickelt. Junge Leute, die sich zum Mitmachen entschließen, fangen mit Weltraumspielen an, werden von der Computer-Technik zur Laser-Technologie geführt; natürlich übernimmt der Staat die Kosten, selbstverständlich werden die weltbekannten Raumfahrtzentren besucht. Die Besten bekommen sogar die Chance, als *space tourists* an einem Weltraumflug teilzunehmen. Leonard W. David von NSI spricht gar von der »Weltraum-Rasse«, die man heranbilden möchte.

In der Alten Welt hört man nichts von einer gezielten Vorbereitung der Jugend auf die kosmische Dimension ihrer eigenen Zukunft. Die Alte Welt wird »überflügelt« werden. Sie erregt sich über unbedeutende Satelliten, die TV-Programme in die Wohnstuben senden sollen; sie hält

Modell aus den Konstruktionsbüros von Lockheed für die Anfangsstufen einer Weltraumstation

das Mitfliegen weniger gescheiter Männer im SPACE SHUTTLE schon für eine effektive Teilhabe an der Weltraumeroberung. Rührend!

Was in den USA in schönster Öffentlichkeit zur Begeisterung der Jugend für die Weltraumzukunft getan wird, passiert freilich auch in Rußland, nur vielleicht nicht ganz so freiwillig.

Keine Utopie!

Die erste US-Weltraumstation wird etwa 36 Tonnen Orbitalmasse bei 200 Kubikmeter klimatisiertem Innenraum haben. Eine Mannschaft von sechs bis acht Astronauten wird etwa zwei Monate in der Station arbeiten, von einem Shuttle abgeholt und durch eine frische Crew ersetzt werden. Das ist der Anfang.

Schon Ende des Jahrhunderts – in 15 Jahren! – soll die Station durch den Anbau weiterer Segmente zu einer Mehrzweck-Einheit vergrößert werden. Sie wird sein: Labor für Naturwissenschaftler und Techniker – Observatorium zur Beobachtung von Weltall und alter Erde – SOS-

SPACE SHUTTLE,　　　　　　　　Der SHUTTLE-Greifarm
der unermüdliche Lastenträger　　setzt einen Satelliten aus

Station für havarierte Astronauten aus anderen Raumfahrzeugen – Fabrik für spezielle (Weltraum–) Produkte – Startplatz für andere Raumflüge – Baugrund für größere Strukturen.

Ich möchte den Leser an die Hand nehmen und mit sehr viel größeren Strukturen vertraut machen, damit er eine Vorstellung von den Weltraumstädten bekommt, wie sie schon vor Jahrtausenden die Erde umkreisten.

Vor 17 Jahren schrieb ich in meinem Erstling *Erinnerungen an die Zukunft*:

»Das Zeitalter der Raumfahrt ist kein Zeitalter der Geheimnisse mehr. Die Raumfahrt, die zu Sonne und Sternen strebt, lotet auch die Abgründe unserer Vergangenheit aus.«

Ich wurde verlacht. Den Uninformierten sollte das Lachen vergehen, wenn ich beschreibe, wie eine Weltraumstadt für zehn Millionen Menschen gebaut werden kann. Bei dieser Darstellung gehe ich nämlich nicht von einer utopischen Technologie vom Jahre 3000 aus, sondern von jener Technik, über die wir bereits verfügen.

Vom Bau einer Weltraumstadt

Wo gebaut wird, muß Material herangeschleppt werden. Als zuverlässige Raumtransporter haben sich COLUMBIA, CHALLENGER und DISCOVERY inzwischen bewährt. Im Herbst 1985 wird ATLANTIS mit modernster Technik und um neun Tonnen leichter als COLUMBIA das Quartett ergänzen und vom Weltraumbahnhof des Pentagon in Vandenberg, 240 Kilometer nordwestlich von Los Angeles, aus die nächste militärische Mission durchführen. Jeder dieser SPACE SHUTTLE hat zwei Milliarden Dollar gekostet.

Für die nächsten Jahre stehen monatlich zwei Shuttle-Starts im Plan, ab der neunziger Jahre sollen es etwa 35 Starts p. a. werden. Das ist den Planern immer noch zu wenig: Jeder Lastenträger käme durchschnittlich nur alle sechs Wochen zum Einsatz. Die »Bodenzeit« soll deshalb gleichermaßen verkürzt werden wie der Aufenthalt im Weltraum. Es wird auch nicht bei nur vier Shuttles – die aus dem NASA-Etat bezahlt werden – bleiben. – Charles H. Eldred, Vizechef der *Vehicle Analysis*, der Fahrzeuganalyse, im NASA-Forschungszentrum Langley, prophezeit:

»Die *kommerziellen* Weltraum-Aktivitäten werden finanziell sehr schnell an das NASA-Budget herankommen, und sie werden vermutlich die staatlichen Ausgaben für zivile Weltraumprojekte rasch überflügeln.«[15]

Die Nachfolger des namhaften Quartetts sind bereits in Arbeit. Jeder Raumtransporter soll, in Serie gebaut, weniger kosten als die bisher gebauten und auf eine aktive Verwendungszeit von 15 Jahren kommen. Die Dauer einer Mission soll auf zwei, drei Tage verkürzt werden, die Wartungszeit auf maximal eine Woche. Nach dem Plan der NASA sollen die künftigen Shuttles bei jedem Wetter starten und landen können. Mit diesen Vorgaben käme jeder Lastenträger p. a. auf 40 Flüge; zehn angepeilte neue Shuttles würden mit rund 400 Einsätzen zu mehr als einem täglichen Start ausreichen. Der Schuß in den Orbit wird zur Routine.

Bei der derzeitigen Ladekapazität von 30 Tonnen je Shuttle kann ein Geschwader mit 400 Einsätzen jährlich 12 000 Tonnen Material ins Weltall schleppen – binnen zehn Jahren 120 000 Tonnen.

Wo aber ist festgeschrieben, daß nur zehn und nicht 50 Raumtransporter gebaut werden? Es ist »nur« eine Frage der Finanzierung des gigantischen Vorhabens, und die geballte Kraft der US-Industrie – nicht der Staat! – wird die nötigen Mittel bereitstellen, sobald sich Gewinnchancen zeigen. Wetten daß . . .?

Bis 1976 war die Weltraum-Besiedlung Domäne der Science-Fiction-Autoren, dann aber nahm sich Gerard K. O'Neill, Professor für Luft- und Raumfahrt am hochrenommierten MIT – *Massachusetts Institute of Technology* – der wilden Spekulationen an; er wollte akademisch genau wissen, ob die Phantasie der schreibenden Zunft auf einer auch nur annähernd realistischen Grundlage gediehen war. O'Neill zweifelte
– ob Weltraumstationen mit über 100 Bewohnern machbar wären
– ob sie ökonomisch sinnvoll wären
– ob Weltraumstädte mit 10000, 100000, gar 1000000 Menschen je finanziert werden könnten
– ob eine derartige Population im Weltall leben, sich ernähren und bewegen könnte
– ob solche monströsen Gebilde dem Heimatplaneten hilfreich wären
– ob zwischen der Erde und der Himmelskolonie Handel stattfinden könnte, womit die Welträumler von der Erde bezogene Güter bezahlen würden?

Professor O'Neill rechnete, entwarf Modelle, diskutierte mit Fachleuten, schrieb eine hochwissenschaftliche Studie... die keine Wissenschaftszeitschrift drucken mochte. Zu phantastisch schienen Lektoren und Redakteuren O'Neills Kosten-Nutzen-Berechnungen.

Die NASA wäre nicht so erfolgreich, wie sie ist, wenn sie neuen Ideen

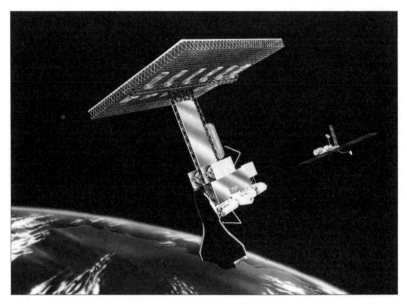

SPACE SHUTTLES transportieren vorfabrizierte Teile zur großen Baustelle im Weltraum

Die ersten Appartements der Weltraumbewohner nehmen Gestalt an

nicht stets aufgeschlossen wäre. Sie tat sich mit O'Neill zusammen und organisierte im *Kennedy-Space-Flight-Center* in Florida eine Ausstellung. Da waren Modelle und technische Zeichnungen von Weltraumsiedlungen, bar aller Science-Fiction-Phantasie, zu sehen und zu prüfen. – Ein Jahr später führte O'Neill im Auftrag der NASA seine Studie über die Besiedlung des Weltraums fort. Bald taten sich 55 Universitäten zur *Universities Space Research Association* zusammen. Arbeitsgruppen untersuchen die technischen Möglichkeiten großer Strukturen im Weltraum. Durch Publikationen interessiert, gründete man 1977 in Princeton, der berühmten Universitätsstadt im Staate New Jersey, das vom Staat als gemeinnützig anerkannte *Institute of Space-Studies*, das Institut für Weltraum-Studien. – Als Professor O'Neill schließlich seine Arbeiten in allgemeinverständlicher Form veröffentlichte, waren die Amerikaner über die Möglichkeit der Besiedlung des Weltalls so begeistert, daß sie die *L-5-Society* ins Leben riefen: Innerhalb weniger Monate hatte sie einige hunderttausend Mitglieder. – Professor O'Neill's Buch *Unsere Zukunft im Raum*[16] liegt in deutscher Übersetzung vor. In meiner Schilderung von der Realisierbarkeit gigantischer Weltraumstädte halte ich mich an O'Neill's Werk.

Drei Voraussetzungen müssen für den Bau von Weltraumstädten gegeben sein:
– Es werden Lastenträger benötigt, die Menschen und Materialien in eine Umlaufbahn bringen. Diese Prämisse erfüllen die Shuttles.
– Der ideale Standort oder die idealen Standorte müssen im Weltall festgelegt werden.
– Nie wird von der Erde herangebrachtes Material ausreichen, riesige Strukturen – mit Häusern, Werken, Freizeitanlagen für die Welträumler – zu erstellen. Wo ist das nötige Material zu beschaffen, wie ist es preisgünstig an die Bauplätze zu bringen?

Frage 2: Vor 200 Jahren beantwortet

W o kann, wo soll eine Weltraumstadt angesiedelt werden? Vor über 200 Jahren, nämlich 1772, hat der Mathematiker Joseph Louis Lagrange (1736–1813) diese Frage beantwortet. Mit 19 Jahren Professor in Turin, folgte er 1766 dem Ruf Friedrich des Großen an die Berliner Akademie der Wissenschaften. Nach Friedrichs II. Tod übersiedelte er nach Paris. Obwohl seine Zeitgenossen mit den kühnen algebraischen- und Zahlentheorien nichts anzufangen wußten, sind inzwischen längst wichtige mathematische Prinzipien mit dem Namen Lagrange verbunden: seine Variationsrechnung, seine Funktionstheorie, seine Prinzipien der Mechanik.

Jetzt, im Raumzeitalter, ist sein Werk *Über das Dreikörperproblem* brandaktuell geworden. – Auf der Basis von Isaac Newtons Allgemeinem Gravitationsgesetz interessierte Lagrange sich für die seltsamen Eigenschaften zweier »toter Punkte« in der Umlaufbahn des Jupiter. Einer dieser Punkte läuft dem Planeten Jupiter auf seiner Bahn um die Sonne stets um 60° voraus, während der zweite Punkt in gleichem Abstand folgt. Lagrange berechnete, daß diese »toten Punkte« durch Gravitationseinwirkungen anderer Planeten zustande kamen und folgerte daraus, daß Meteoriten, die an einen solchen Punkt treffen, für immer dort bleiben müßten, weil sie niemals in den Gravitationsbereich eines anderen Planeten gelangen. Die Forschung hat Lagranges Entdekkung bestätigt.

Was Lagrange berechnete, läßt sich mit modernen Teleskopen verifizieren: An den Lagrangeschen Punkten – auch Librationspunkte genannt – kleben kleine Meteoriten fest. Kein seriöses Nachschlagewerk, in dem das Prinzip nicht in verständlicher Kürze benannt wäre: Librationspunkte, Librationszentren. Punkte in der Ebene zweier umeinanderlaufender Massen, etwa Sonne und Jupiter; ihre Lage entspricht den strengen Lösungen des Dreikörperproblems nach J.L.Lagrange (Lagrangesche Punkte). Ein dritter Körper, etwa ein kleiner Planet, bleibt im Librationspunkt in Ruhe oder beschreibt periodische Bahnen*(Trojaner)*.

Die von Lagrange errechneten Punkte werden mit L-4 und L-5-Punkte bezeichnet, die winzigen Himmelskörper nennt man *Trojaner*.

Unsere Mathematiker haben mit Hilfe von Computern viel mehr als nur zwei L-Punkte errechnet. Es geht dann oft nicht mehr um ein Drei-, sondern ein Vierkörperproblem, zum Beispiel, wenn L-Punkte zwischen Erde, Sonne, Planeten und Mond bestimmt werden sollen.

Professor O'Neill errechnete mit seinen Mitarbeitern als idealen Standort für eine relativ bescheidene Weltraumstadt den Ort L-5. Daher stammt denn auch die Firmierung: L-5-Society.

Die zweite Prämisse, die Lokalisierung der Weltraumstadt, ist erfüllt.

Berlin meldet sich

Woher wird preisgünstiges Material bezogen, wie schafft man es zum »L-5«?

Der Mond bietet sich an, er liegt quasi vor der Haustür. Abbau und Transport von Mondgestein sind einfacher, als man es sich vorstellt, und die Gewinnung ist schon heute machbar. – »Um klar zu sehen, genügt

Zeichnerische Darstellung von Steinbrüchen auf dem Mond

oft ein Wechsel der Blickrichtung«, meinte Antoine de Saint Exupéry (1900–1944). In Berlin handelte man so.

Unter Leitung von Professor Heinz-Hermann Koelle vom Institut für Luft- und Raumfahrt der Technischen Universität Berlin entstand 1983 eine Fallstudie: *Entwurf eines Projektplanes für die Errichtung einer Mondfabrik*[17]. – Professoren und Studenten investierten 2000 Arbeitsstunden in die Beantwortung solcher Fragen:
- Ist die Errichtung einer Mondfabrik machbar und wirtschaftlich vernünftig?
- Was kann auf dem Mond produziert werden, wie können hergestellte Produkte abtransportiert werden?
- Welcher technische Aufwand, wieviel Menschen sind notwendig?
- Wie groß muß/sollte die Mondstation sein?
- Innerhalb welchen Zeitraums ist das Projekt realisierbar?
- Welche staatlichen oder internationalen Organisationen würden die Finanziers sein?

Aus der Fallstudie seien folgende Schlußfolgerungen genannt:
- Die technischen Probleme, die mit dem Bau und Betrieb einer Mondfabrik verbunden sind, erscheinen mittelfristig lösbar.

– Raumtransportsysteme, die in der Lage sind, alle mit einer Mondfabrik verbundenen logistischen Aufgaben wirtschaftlich zu erfüllen, können entwickelt und betrieben werden, *ohne* daß neue Technologien von Bedeutung hierzu erforderlich sind.

– Für die Erstellung einer Mondfabrik und die dafür erforderlichen Raumtransportsysteme muß mit einem Zeitraum von 15, maximal 20 Jahren gerechnet werden. Aus physikalischen und energetischen Gründen wären die Jahre 2000 bis 2005 besonders gut geeignet für den Bau der Mondfabrik.

– Die Realisierung einer Produktionsstätte auf dem Mond würde langfristig zu einer Entlastung der Biosphäre der Erde führen.

– Die Realisierung einer Mondfabrik im internationalen Rahmen wäre eine vertrauensbildende Maßnahme und würde die internationale Zusammenarbeit über mehrere Jahrzehnte hin wesentlich fördern.

Ende der Zitate

Schaufelbagger werden Mineralien abbauen, wobei sie lediglich an der Mondoberfläche kratzen müssen; die Mineralien werden gemahlen und magnetisch sortiert, »ferner findet eine elektrostatische Verdichtung anderer Elemente statt« (Prof. Koelle). In einer chemischen Aufbereitungsanlage wird das »sehr feine Material mit Hilfe von Flußsäure aufgelöst und durch verschiedene Trennungsverfahren sortiert«. Die Rohstoffe werden mechanisch bis zu einer Form veredelt, die den Transport zur Erde oder zu anderen Punkten im Sonnensystem ermöglicht.

Das sind alles Tätigkeiten, die Roboter tun könnten, doch Professor Koelle vermutet, daß sich »die Menschen das Abenteuer nicht nehmen lassen, diese Fabrik selbst zu betreiben«.

Auf dem Mond kann Gas hergestellt werden, das einen großen Anteil von Sauerstoff enthält, ein unerläßliches Lebenselement für die Weltraumbewohner, nötig jedoch auch für den Raketentreibstoff und wichtig zur Herstellung von Wasser. Projektiert ist ein großes Maß an Selbstversorgung mit Nahrungsmitteln, sind Gärtnereien mit Hydrokulturen, sogar Tiere sollen die Lebensqualität der Erdenbewohner bewahren.

Wird auch auf dem Mond die für die Produktion notwendige Energie knapp und teuer sein? Nein! »Im neutralen Punkt zwischen der Erde und Mond in einer Entfernung von rund 38 500 Kilometern von der Mondoberfläche befindet sich ein solares Weltraumkraftwerk, das Sonnenenergie in Laserenergie umwandelt und zur Mondfabrik überträgt«[17]. Das Weltraumkraftwerk wird etwa die Hälfte der zum Betrieb der Mondfabrik errechneten Energiemenge liefern, während die andere

So sieht die NASA-Planung die Siedlung auf einem Nachbarplaneten

Hälfte auf dem Mond direkt erzeugt wird. Auf dem Erdtrabanten im luftleeren Raum wird nicht das leiseste Lüftchen Windmühlenflügel bewegen, Heizöl wird mangels Sauerstoff nicht verbrennen. Bleibt nur die vielgeschmähte, vielbewährte Kernenergie!

Wer soll das bezahlen?

Die Berliner Studie kommt – unter Berücksichtigung aller Entwicklungs- und Herstellungskosten, einschließlich eines ad hoc zu bauenden Schwerlasttransporters – auf einen jährlichen Finanzbedarf von 20 Milliarden US-Dollar für den Zeitraum von 1986 bis 2002. Dann fängt die Mondfabrik bereits an, sich zu amortisieren. Sie beliefert die Erde mit Strom und wertvollen Rohstoffen. – Natur- und Umweltschützer können frohlocken! Die irdische Biosphäre wird geschont und kann sich erholen. Ist das kein Ziel, das den Aufwand lohnt? Industrie wird nie

NASA-Konzept einer neuen, großen Mondfähre ▶

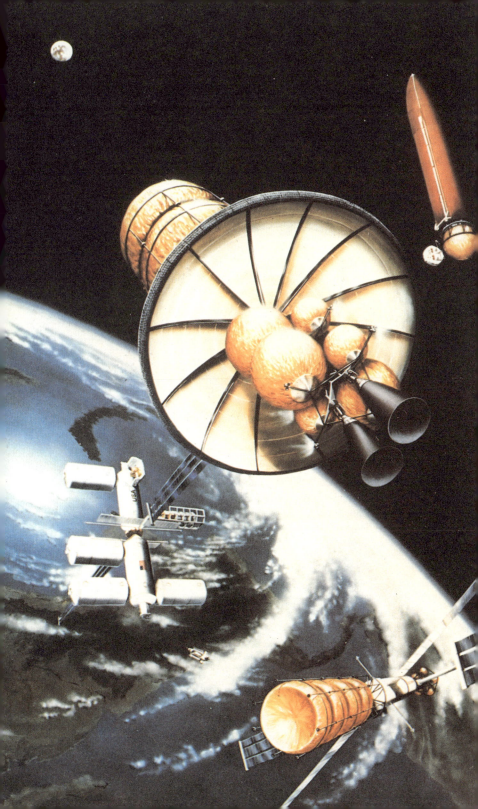

entbehrlich sein: Hinaus mit ihr ins Weltall! Allerdings ist dieses Ziel ohne Spitzentechnologie unerreichbar.

Amerikanische Forscherteams bestätigen das Resultat der Arbeit an der Berliner Technischen Universität.

Auf dem 35. Kongreß der *International Astronautical Federation*, stattgefunden vom 7. bis 13. Oktober 1984 in Lausanne, Schweiz, bestätigten die NASA-Männer M. Duke und W. Mendell sowie Mr. S. Nozette vom *California Space Institute*: »Das Resultat der Weltraumforschung wird zwangsläufig eine permanent bemannte Mondbasis sein... Diese Basis liegt innerhalb des wirtschaftlich Erreichbaren zur Jahrhundertwende... Sie wird die erste, sich selbst tragende außerirdische Siedlung des Menschen sein.«[18] In nur 30 Jahren können erdmüde Touristen den Mond besuchen. Sie werden mit den Weltraumbewohnern Ferientage in kilometerlangen Röhren aus Glas und Kunststoff verbringen und auf keine Annehmlichkeit »von da unten« verzichten müssen. In den Prospekten werden Hotels und Restaurants offeriert, paradiesische Parks und Sportplätze locken, Banken und Postämter versehen ihren selbstverständlichen Service. – Im Jahre 2020 werden erste Babys »Geburtsort: Mond« in den Pässen haben und auf dem Begleiter des Blauen Planeten, 384 400 km entfernt, ihre schwerelose Jugend verbringen. Die Golddiggerei im vorigen Jahrhundert war eine armselige Veranstaltung gegen die Chancen, die der Mond bietet. Die Mondsiedler werden reich sein. Die Schwarzen Meere enthalten viel Eisen bester Qualität. Titan, das auf der Erde jetzt schon sehr knapp ist, gibt es in Hülle und Fülle. Die Bauxitlager – unentbehrlicher Rohstoff für die Aluminiumherstellung – sind nahezu unerschöpflich. Silicon, hienieden knapp, für die Herstellung von Solarzellen notwendig, ist auf dem Mond im Überfluß vorhanden.

Der Clou: Dort oben verrostet nichts! Die Eisenerzlager der Erde werden von der Luft zerfressen, auf dem Mond gab es nie Luft. Seine Schätze lassen sich von der Oberfläche her im Tagbau gewinnen.

Infrastruktur

Die Studie der Berliner Technischen Hochschule schlägt für Transporte einen Mondbus vor, der mit einstufigen Wasserstoff-Sauerstoff-Raketen angetrieben werden kann. Dieser soll Menschen und Güter nicht von der Erde zum Mond, sondern nur in einer Mondumlaufbahn in etwa 100 Kilometer Höhe transportieren; dort wird umgestiegen und umgeladen.

Schwertransporter-Modell der NASA

Den Pendelverkehr zwischen Mond- und Erdumlaufbahn versieht ein Schwertransporter, der – trotz seiner gewaltigen Ausmaße – wenig Energie verbraucht. Er wird sich nur im schwerelosen Raum zwischen den Umlaufbahnen aufhalten. Ein kurzer, einmaliger Raketenschub bringt ihn in Fahrt, er benötigt keine Triebwerke, um von einem Planeten abzuheben; deshalb muß der Schwertransporter im Weltraum aus Teilen, die SPACE SHUTTLES dorthin tragen, zusammengebaut werden. – Eine zweite, viel größere Station wird von geschulten Weltraumarbeitern der ersten Station wie in einem Puzzle zusammengebaut werden.

Für die Gewerkschaften werden sich Probleme stellen: Auf der Erde ist der Umgang mit den schweren Teilen harte Arbeit, derweil ihre Kollegen oben in der Schwerelosigkeit wie mit Spielzeug hantieren. Alles schwebt. – In welche Lohntarifgruppen werden die Männer eingeteilt, die Gleiches verrichten?

Für regelrechte Städte im All genügt der Mondbus zum Transport von Materialien nicht mehr. Professor O'Neill ließ sich eine andere Methode einfallen:

»Wir müssen von der Voraussetzung ausgehen, daß innerhalb weniger Jahre einige Millionen Tonnen Mondmaterial zu verarbeiten sind... Das heißt mit anderen Worten, daß die lunaren Anlagen in der

61

Für Verbindungen auf kurze Entfernungen dienen die »Feuerstühle«, deren erste Generation die NASA erfolgreich testete

Raumanzüge werden leichter, bequemer, beweglicher, eleganter werden. Neuentwickelte Materialien machen es möglich

Lage sein müssen, innerhalb weniger Jahre eine etwa tausendmal größere Masse als ihre eigene vom Mond wegzubefördern. Diese Leistung kann keine der heute existierenden Raketen erbringen. Wir müssen daher ein Transportmittel entwickeln, das Nutzlasten vom Mond fortschaffen kann, ohne selbst die Mondoberfläche zu verlassen«[16].

Wie soll das erreicht werden?

Über das Prinzip eines Linear-Motors sprach ich schon in Zusammenhang mit der »elektromagnetischen Kanone«. Professor O'Neill griff dieses Prinzip auf, um seine »Elektrodynamische Materialschleuder« zu errechnen. So denkt er sich die Funktion:

Auf dem Mond wird eine 67 Kilometer lange, gerade »Magnetbahn-Schiene« ausgelegt, die nur auf den letzten Kilometern hydraulisch wie eine schwere Kanone bewegt werden kann. Auf der Schiene stehen flache Wagen mit vier Wänden, deren vordere Wand auf Funkbefehl schnellstens versenkt werden kann. Der Magnetzug wird mit Materialien beladen, und ab geht die Post. Durch magnetische Impulse beschleunigt der Zug bis auf eine »Mondentweichgeschwindigkeit«* von 2,38 Kilometer pro Sekunde. Nach einer letzten, vom Computer berechneten Richtungskorrektur bremst der Zug abrupt, die vordere Wand der Wagen versenkt sich, in der gleichen Zehntelsekunde wird die Ladung freigegeben, rast freischwebend in einem flachen Winkel von der Mondoberfläche weg, ein Vorgang, den die geringe Mondanziehung, kombiniert mit der Geschwindigkeit der Elektrodynamischen Materialschleuder, möglich macht. – Der Zug kehrt an den Start zurück.

Blick auf eine Industrie- und Wohnanlage auf dem Mond

* Die Geschwindigkeit, die ein Geschoß (eine Rakete) benötigt, um sich aus dem Anziehungsbereich des Mondes zu lösen.

Die Trans-Rapid-Magnetbahn auf der Teststrecke im Emsland

Trans-Rapid

Der Bau der von Professor O'Neill vorgeschlagenen Elektrodynamischen Schleuder wäre noch vor wenigen Jahren unmöglich gewesen. Die Probleme mit den Hochgeschwindigkeiten und dem enormen Reibungswiderstand wurden von den deutschen Firmen MBB, AEG und BBC im Konsortium *Magnetbahn Trans-Rapid* gelöst: Seit 1984 fährt sie auf einer Teststrecke von 31,5 Kilometer bei Geschwindigkeiten bis zu 400 Stundenkilometer im Emsland, nahe der Grenze zu den Niederlanden.

Allen Eisenbahnern auf der Welt waren die Probleme der Reibung von Rad und Schiene, die der höheren Geschwindigkeit Grenzen setzten,

Im Vordergrund ein Mondbus – im Hintergrund die Rohrleitung für die Elektrodynamische Materialschleuder

bekannt. Mit der Magnetbahn können sie künftig vergessen werden. Sie verfügt über ein reibungsloses Trag-, Führ-und Antriebssystem: »Bei einer berührungsfreien Magnetfahrtechnik erfolgen die Funktionen Tragen, Führen und Antreiben durch die im Fahrzeug eingebauten Elektromagnete. Die Magnetbahn funktioniert unabhängig von den Reibungsverhältnissen zwischen Rad und Schiene.«[19]

Wanderer, kommst du ins Emsland, versuche dorten zwischen den Ortschaften Dörpen und Lathen auf der lautlosen Versuchsbahn einen Blick in die greifbare Zukunft zu tun!

Auf dem Mond findet die magnetbahnartige Materialschleuder geradezu ideale Bedingungen. Es gibt keinen Luftwiderstand. Die Güter auf den Wagen werden auch bei schnellstem Tempo nicht weggeblasen. Die Modellaufnahme zeigt – damit durch den Hinweis auf die Versuchsbahn im Emsland keine falschen Vorstellungen entstehen –, wie man sich die Materialschleuder vorstellen muß: eine in eine Röhre eingebaute Magnetschiene.

Baustelle am L-5

Wohin rast das von der Mondoberfläche katapultierte Material? Zum zweiten Lagrangeschen Punkt! Wir wissen, daß Meteoriten an den Librationspunkten »kleben« bleiben. Frachtstücke, Bauteile fliegen in ununterbrochener Folge aus der Schwärze des Weltalls heran und sammeln sich in der Nähe des Mondes am L-2-Punkt. Dort dreht sich eine kleine Weltraumstation um die eigene Achse, deren Besatzung die heranschwebenden Güter sortiert, zu einem Pulk von einigen tausend Tonnen formiert, um sie mit einem Raumschlepper zum L-5-Punkt zu dirigieren. Genau dort wird die Ladung gebraucht. Hier soll die erste bescheidene Weltraumstadt entstehen.

Fahrplan der Entwicklung

Die folgende Zeittabelle für die einzelnen Baustufen ist technisch durchaus realistisch, wenn, falls und sofern die politischen Entscheidungen rechtzeitig fallen. Das tun sie in den meisten Fällen nicht – denn: »Immer wieder finden sich Eskimos, die den Bewohnern des Kongo sagen, was diese zu tun haben«, meint der polnische Satiriker Stanislaw

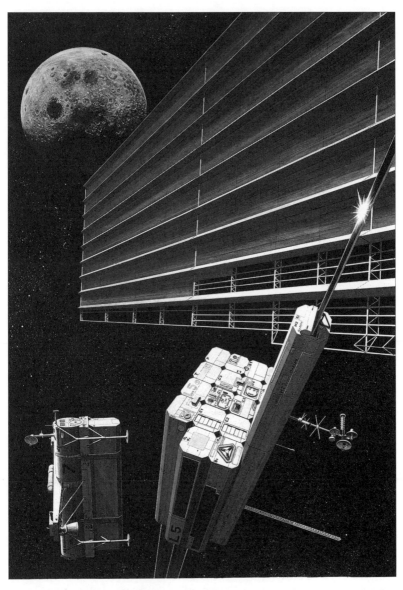

Am L-2-Punkt. Die Mondrückseite ist erleuchtet. Links: die Bauhütte mit Unterkünften und Fabrikationsanlagen. Ein Sonnenzellenfeld wir aufgebaut, das eine Fläche von 5 × 10 Kilometern haben wird

Jerzy Lem. Falls keine Eskimos daherkommen, die den Technikern ins Handwerk pfuschen, sind diese Daten gültig:

1986	SPACE SHUTTLE transportiert eine kleine Weltraumstation in einen Erdorbit. Die Mannschaften folgen.
1987-1990	SPACE SHUTTLES fliegen vorfabrizierte Bauelemente zur Weltraumstation. Sie wird vergrößert, mehr Weltraumbewohner folgen.
1990-1995	Eine zweite Weltraumstation entsteht, eventuell eine dritte und vierte.
1995-2000	Weltraumarbeiter im Erdorbit setzen aus vorfabrizierten Modulen zwei größere Stationen zusammen. Dort werden Nahrungsmittel, Wasser, Sauerstoff etc, für einen längeren Zeitraum gestapelt. 400 jährliche Shuttle-Starts wurden inzwischen erreicht.
1995-2005	Die Mondstation entwickelt sich zur Siedlung. Ein kleines Kernkraftwerk ist in Betrieb. Ein Mondraumhafen wird erstellt. Roboter beginnen mit dem Abbau von Rohstoffen. Die Elektrodynamische Materialschleuder ist in Bau.

Aus auf der Erde vorgefertigten Modulen entsteht das erste Weltraum-Habitat

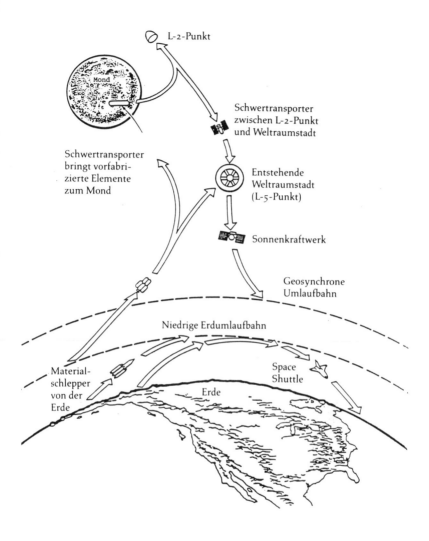

2000-2005 Eine der großen Weltraumstationen ist fertig und bestückt. Ein Raumschlepper bugsiert sie zum L-2-Punkt in der Nähe des Mondes. Zwischen dem Mond und der L-2-Station existiert ein Pendelverkehr.
Die zweite Weltraumstation verläßt den Erdorbit und pendelt sich bei L-5 ein. Sie bildet die Basis der ersten Weltraumstadt – nach Professor O'Neill INSEL I genannt.

2002 38 500 Kilometer über dem Mond wird das erste Weltraumkraftwerk in Betrieb genommen. Energie liefert es über Mikrowellen und Laser direkt in die Mondsiedlung. Im gleichen Jahr wird in der Mondklinik das erste Mond-Baby geboren, der erste außerirdische Mensch. Das TAV steht für schnelle Einsätze zur Verfügung.

2004 Die Fabriken der Mondkolonie nehmen den Abtransport der ersten Rohstoffe auf. – Es gibt inzwischen zehn Mondbabies. Auf der Erde entbrennt eine Diskussion: Sollen die Kinder auf dem Mond bleiben oder müssen sie auf der Erde erzogen werden?

2005 Auf der L-5-Station schweben immer mehr Paletten mit vorfabrizierten Teilen und Nachschub ein. Der Bedarf an Arbeitsplätzen wächst. – Die ringförmige Struktur von INSEL I ist bereits erkennbar. – Auch vom Mond her treffen regelmäßig Güter ein, die vornehmlich als Isoliermaterial gegen Weltraumkälte und Strahlung Verwendung finden.

Zwischen-Status

Legen wir auf unserer Reise in die Zukunft doch einmal eine Verschnaufpause ein.

Die Inventur der technischen Möglichkeiten ist verblüffend. Wenn ich mit der Materie nicht vertraut wäre, immer den Ball verfolgen würde, der in den Forschungsstätten der Zukunft gespielt wird, würde ich vor der Checkliste des Undenkbaren und doch Machbaren sicherlich auch Zweifel hegen. Als ich in *Erinnerungen an die Zukunft* laut nachdachte, bewirkte ich einen Schock. Weltweit. Jetzt bündle ich lediglich die Möglichkeiten des Augenblicks. Fast unbemerkt geht die Entwicklung mit Siebenmeilenstiefeln weiter.

Ob die technische Verwirklichung des Möglichen im Rahmen des Zeitplans für 20 Jahre erfolgt, ist keine Frage der Technik, sondern nur eine Frage der rechtzeitigen politischen Entscheidungen. Zukunftsgläubig wie ich bin, denke ich, daß die globale Entwicklung die Politiker zum Handeln zwingen wird. – Jean-Jacques Rousseau (1712-1778) wußte es: »Der Mensch beginnt nicht leicht zu denken. Sobald er aber erst einmal den Anfang damit gemacht hat, hört er nicht mehr auf.«

Die Länder der Erde werden *zwangsweise* zu einem Grundkonsens kommen müssen. Alle nationalen Energienöte drängen zu einer Internationale der Habenichtse. Die Umweltverseuchung macht unter einem Himmel ohne Grenzen an keiner Zollstation halt. Die Weltbevölkerung wächst, eine globale Geburtenkontrolle wird unausweichlich werden, und der Hunger schwappt über Kontinente. Weltuntergang?

Pessimistische Prognosen wie die vom *Club of Rome* oder die Studie *Global 2000*, ein Buch wie *Ein Planet wird geplündert* erfüllten – statt lähmende Resignation zu bewirken – eine Pilotfunktion: Sie projizierten ein Menetekel an den Horizont. Die Menschheit hat bisher alle Apokalypsen überlebt. Immer, wenn dem Erdenbewohner das Wasser bis zum Hals gestanden hat, begann er zu schwimmen. Gegen Katastrophen, die ohne Ankündigung hereinbrechen, ist der Mensch machtlos, aber auch nur gegen diese. Gegen langsam sich entwickelnde, seit Jahrzehnten erkennbar kommende Notstände kann er seine Abwehrkräfte mobilisieren, seine Erfinder alarmieren, seine schöpferische Phantasie spielen lassen – denn:»Phantasie ist wichtiger als Wissen«, sagte Albert Einstein.

Als die OPEC, die Organisation erdölexportierender Länder, von 1970 bis 1980 ihre Einnahmen verzwanzigfachte (!), wurde die Herausforderung angenommen: Alternative Energien wurden entwickelt und gefördert, der Ölkonsum durch neue Techniken gebremst. Was aber geschieht, wenn Erdöl um keinen Preis mehr zu haben ist, wenn die Quellen versiegen? Ich bin überzeugt, daß auch dann Autos fahren, Heizungen Wärme erzeugen – die zu unrecht verpönte Kernenergie wird, wenn schon nicht »geliebt«, dann zwangsweise die Lücke ausfüllen, und Wasserstoffmotoren werden aus den kleinen grauen Zellen der Erfindergehirne »sprießen«.

Wollen wir uns doch nicht bemitleiden! Problemkisten standen seit Ewigkeiten in den Landschaften der Menschheit herum, und die konnte die Probleme nicht unterm Deckel halten. Doch es gab und gibt außer Problemkisten auch immer Lösungskisten, und wer Lösungen sucht, muß die Lösungskiste öffnen. Aus der Lösungskiste stammt *urbi et orbi* der große Gedanke für Weltraumsiedlungen.

Unser Planet ist ziemlich verbraucht, er wird die unaufhörlich wachsende Bevölkerung nicht mehr ausreichend versorgen können. 1982 zählte die Weltbevölkerung über viereinhalb Milliarden Menschen. Im Februar 1985 prognostizierte die Weltbank bis zur Jahrtausendwende eine Verdoppelung, für das Jahr 2020 eine Verdreifachung. Dieser Zuwachs entspricht im Jahr einem neuen, großen Staat, am Tag zwei Großstädten, pro Sekunde einem Vier-Personen-Haushalt. – Die westlichen Industrienationen beheimaten rund 25 Prozent der Weltbevölkerung, liefern aber knapp 75 Prozent der Weltproduktion, die Entwicklungsländer mit rund 60 Prozent der Weltbevölkerung 10 Prozent, die Staatshandelsländer mit rund 15 Prozent der Weltbevölkerung 15 Prozent. Für das humane Obligo der Versorgung aller Menschen ist die Landfläche zu klein. Schneller als man denkt werden auch die Ozeane

»ausgepumpt« sein. Die Umweltbelastung ist gebietsweise unerträglich geworden.

Das Wasser steigt, aber es steht uns *noch* nicht bis zum Hals. Schwimmend wird die Erkenntnis reifen, daß endlich weit über den Blauen Planeten hinaus gedacht werden muß.

Ultima ratio, letztes Mittel: Industrien, Kraftwerke, Siedlungen müssen in den Weltraum verlegt werden.

Warum auch sollen wir unsere schöne Erde ramponieren, wenn Rohstoffe vom Mond, später vom Asteroidengürtel, bezogen werden können? Warum ungeliebte Kraftwerke »hier unten« bauen, wenn wir sie im Weltraum unterbringen können? – Für meinen Geschmack ist es klüger und besser, rechtzeitig freiwillig in den Weltraum zu expandieren. Vor allem: Wer den Frieden will, muß für *friedliche* Besiedlung des Alls sein.

Der Planungshorizont ist unbegrenzt. Ist die sogenannte Schwerindustrie an L-Punkte verlagert, wird Rohmaterial zu Halbfabrikaten verarbeitet. Wo es zu Diskussionen unter Uninformierten kommt, tönt mir entgegen: Im schwerelosen Raum ist das alles doch gar nicht möglich!

Technische Phantasie denkt bereits an Werke, die sich wie ein Riesenrad langsam um die eigene Achse drehen, eine künstliche Schwerkraft bewirken – eine Zentrifugalkraft wie in Mutters Wäscheschleuder. Im Fenster können wir beobachten: Je schneller sich die Trommel dreht, umsomehr pressen sich die Wäschestücke an die Trommelwände. – Nach ähnlichem Prinzip lassen sich Weltraumfabriken und Weltraumstädte je nach gewünschter Schwerkraft in Eigenrotation versetzen. – Der orbitalen Schwerindustrie steht für Schmelzvorgänge Sonnenenergie in unerschöpflicher Fülle zur Verfügung, kann ohne behindernde Wolkenschichten zum Betrieb von Hochöfen, zur Erzeugung von Laserenergie abgezapft werden. – Sauerstoffmangel ist unbekannt; er kann sogar als Nebenprodukt vieler Rohstoffe gewonnen werden. Bekannt ist, daß die Gesteine der Mondoberfläche zu 20 Prozent aus Silicon, zu 30 Prozent aus Metall, zu 40 Prozent aus Sauerstoff bestehen; die restlichen 10 Prozent sind Mixturen. Im Recycling wird verbrauchte Luft umgewälzt und aufbereitet, eine Methode übrigens, die sich in allen bisher zum Einsatz gekommenen bemannten Raumfahrzeugen bewährt hat. – Bei der Sauerstoffzubereitung aus Mondgestein bleiben Abfälle übrig, die man beim Ausbau der Weltraumstädte verwendet: Asche, Schlakken, Mineralien werden zu Humus für gärtnerische Kulturen.

Die völlig neuen Perspektiven lassen sich erst erahnen. Der Physiker Peter Vajk, viele Jahre am *Lawrence Livermore Laboratory, University of California*, tätig, derzeit an Langzeitstudien für die NASA arbeitend, schreibt:

»Angenommen, man versucht hier auf der Erde eine Legierung aus

Aluminium und antimonhaltigem Material herzustellen. Diese beiden Metalle haben eine sehr unterschiedliche Dichte. Wenn man beide schmilzt, so schwimmt das Aluminium an der Oberfläche, sobald die Metalle wieder zu erstarren beginnen. Aus diesem Grunde kann diese Legierung auf der Erde nicht in wirtschaftlichen Mengen hergestellt werden. Eine derartige Legierung würde einen neuartigen Werkstoff zur Fertigung von Sonnenzellen bilden, die eine um 35 Prozent bessere Wirkung aufweisen würde als die besten Sonnenzellen, die wir heute zu bauen imstande sind.«[20]

In Weltraumlaboratorien können pharmazeutische Produkte, Kristalle und Glasmischungen hergestellt werden, die sich nur in Schwerelosigkeit oder bei geringer Schwerkraft produzieren lassen. Die optische Industrie wird »weltallreine« Linsen und medizinische Spezialgeräte herstellen.

Vorrangige Aufgabe der Weltraumkolonisten aber wird es sein, die Erde mit Energie zu versorgen. Die Sonne, ein thermonuklearer Reaktor, liefert für Jahrmillionen ihre Strahlen, deren größter Teil im Universum versickert. Im nötigen, großen Stil wird auf der Erde gewonnene Solarenergie uns nicht aus der Klemme helfen. Zu groß ist die Distanz vom Produktionsort zum Verbraucher, zu unsicher sind die Witterungsverhältnisse, zu gewaltig ist der Energieverlust in der Lufthülle der Erde. Im Weltall kann die Strahlung der glühenden Sonne abgefangen und auf Satelliten in Elektrizität umgewandelt, mittels Mikrowellen oder in Laser gebündelt, zur Erde abgestrahlt werden. *Das* wäre eine effektive und preiswerte Hilfe für übervölkerte Entwicklungsländer, die heute noch Kraftwerke bauen, die sie sich nicht leisten können.

Einmal Mond – hin und zurück

Schließlich darf auch der Weltraumtourismus nicht unerwähnt bleiben. Wenn die Entwicklung so weiter geht, und keine Vernunft spricht dagegen, dann werden die Menschen über immer mehr Freizeit verfügen. Alle Ferienparadiese sind inzwischen abgeklappert oder überfüllt wie Ameisenburgen. – 2010 wird der Flug auf eine Mondbasis der Hit sein. Wer möchte denn nicht mal in der Schwerelosigkeit des Mondes große Sprünge riskieren? Die Faszination, die wir bislang bei der ersten Begegnung mit fremden Kontinenten empfinden, wird das »Monderlebnis« potenziert garantieren.

Krafft A. Ehrike, gebürtiger Berliner und lange Jahre als Ingenieur

Touristenziel im Jahre 2020: der 7. Saturnmond Rhea!

Mitarbeiter von Wernher von Braun in Huntsville, Alabama, plädiert sogar für einen Mars-Tourismus:

»Da sind gigantische, vulkanisch geformte Einzelberge, allen voran der 25 000 Meter hohe Olympus Mons mit 600 Kilometer Basisdurchmesser; das Chasma Marineris, ein 2500 Kilometer langes, verzweigtes System von Riesenschluchten; chaotische Landschaften von unirdischer Wildheit; Großkrater mit von Stürmen aufgetürmten Sanddünen; Landschaften mit den Skulpturen titanischer Hochplateaus. Dies und mehr können Marsbesucher unter einem Rosahimmel zwischen prachtvollen Sonnenauf- und Untergängen bewundern« [21].

Grandiose Idee

Eine grandiose Idee können Weltraumsiedler verwirklichen; die Idee ist über 20 Jahre alt und stammt vom »Vater der Raumfahrt« Professor Hermann Oberth, den Wernher von Braun zeitlebens als

seinen Lehrer verehrt hat. – Im Weltraum sollen auf einer Station riesige Spiegel mit lenkbaren Facetten aufgebaut werden. Deren Aufgabe erläutert Professor Oberth so:
»Erstens könnte man gezielt Großstädte nachts aus dem Weltraum beleuchten und so Stromkosten sparen. Zweitens kann man einzelne Facetten so steuern, daß in gefährdeten Regionen Nachtfröste vermieden werden, drittens kann man leicht die Schiffahrtswege zu den arktischen Häfen freihalten. Aber es ergeben sich noch viel tiefgreifendere Eingriffsmöglichkeiten. So könnte man später das Wetter so beeinflussen, daß Wüstengebiete fruchtbar werden oder durch Umleiten von Wolken Überschwemmungen verhindert werden«[22].

Um zu wissen, was für ein Gewicht das Statement des 91jährigen Professor Oberth hat, darf ich daran erinnern, daß er 1917 – das ist kein Druckfehler! – eine Rakete von 25 Meter Länge und einem Durchmesser von fünf Metern mit einer Nutzlast von zehn Tonnen entworfen hat, daß er 1923(!) die wesentlichen Elemente der *heutigen* Großraketen in seinem Buch *Die Rakete zu den Planetenräumen* beschrieb, von 1938 bis 1940 an der Technischen Hochschule in Wien Raketenversuche machte, ab 1941 im Team von Wernher von Braun in Peenemünde arbeitete und mit ihm von 1955 bis 1958 bei der NASA in Huntsville tätig war. 1954 erschien sein Werk *Menschen im Weltraum*. – Ich bin meinem Schicksal dankbar, daß ich Professor Oberth vor vielen Jahren kennenlernen

Spiegel für ein Sonnenkraftwerk werden zusammengebaut

durfte – und stolz, daß er am 17. Januar 1985 bei meinem Vortrag in der Meistersinger-Halle in Nürnberg im Auditorium war; ich habe ihn begrüßt, und das Publikum applaudierte ihm mit einer *standing ovation*.

Habitate

Die Weltraumsiedler brauchen Entspannung, Sport, die Nähe von Familie und Freunden in trauter Umgebung. Habitate (lat. *habitatio* = Wohnung) entstehen.

Nach den Vorstellungen von Professor O'Neill sollte INSEL I im L-5-Punkt gebaut werden. Die Schwerkraft in den Wohnsiedlungen wird die gleiche wie auf der Erde sein. Spiegel regeln das Sonnenlicht im Tag- und Nacht-Rhythmus.

Wiesen, Blumen, Bäume, auch Tiere, werden in Biotopen gedeihen. Die Luft, ständig gefiltert und neu aufbereitet, wird besser als auf dem Heimatplaneten sein. Alle, die Sehnsucht nach neuen Dimensionen hertrieb, die Manager, Techniker, Arbeiter und ihre Familien sollen nichts entbehren, was das Leben lebenswert macht. Und da der Drang,

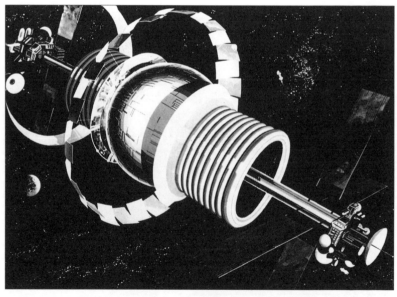

Vom NASA-Reißbrett: Darstellung eines großen Weltraum-Habitats. Der Spiegelring reflektiert das Sonnenlicht ins Innere

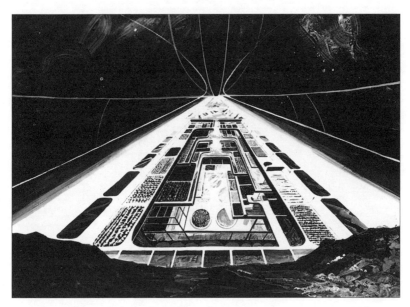

So stellen sich NASA-Planer die landwirtschaftliche Zone im Innern eines Weltraum-Habitats vor

von der Erde auszuwandern nach den ersten Postkarten mit herzlichen Grüßen aus dem All vehementer werden wird, ist es ausgemachte Sache, daß die Kolonisten von INSEL I bald den Bau von INSEL II werden in Angriff nehmen müssen. Aus den Pioniererfahrungen beim Bau von INSEL I wird INSEL II schneller, fehlerloser und größer geraten.

Das Riesenrad von INSEL II soll nach O'Neills Plänen einen Durchmesser von 1,8 Kilometer bei einem Äquatorumfang von 6,5 Kilometer aufweisen. Auf dem Terrain werden 140 000 Menschen unter angenehmen Bedingungen leben. Wälder, Parks, Bäche und Teiche, Freizeitzentren, geliebte Haustiere gehören zum selbstverständlichen Komfort.

Der Ausblick auf die funkelnden Sterndiamanten aus dem schwarzen Weltall, auf nahe Planeten und auf die um das Habitat kreisenden Weltraum-Werke ist einzigartig. Regierungen und Konzerne können dereinst Habitate wie INSEL II schlüsselfertig kaufen.

Trotz strenger Geburtenkontrolle reicht irgendwann der Raum auf INSEL II nicht mehr aus; irgendwann ist auch die Technologie überholt. Man wird sich an den Bau eines noch größeren Habitats machen. –

Die Wohnzone an einem See mit Hügeln in INSEL III ▶

NASA-Projektion eines totalen Blicks auf ein Habitat im 21. Jahrhundert

Gerard K. O'Neill, der kühne Weltraumdenker, berechnete, daß INSEL III bereits auf einen Durchmesser von 6,5 Kilometer und eine Länge von 32 Kilometer ausgelegt werden kann, nicht mehr in der Konstruktion des Riesenrades, sondern als Zylinder, der sich um seine Längsachse dreht. INSEL III böte mit 1000 Quadratkilometer Nutzfläche Lebensraum für eine Million Menschen.

Kosten/Nutzen

In den USA entstand mit der Raumfahrt eine dynamische Wachstumsindustrie. »Die Amerikaner gründeten ihre NASA als eine zivile, gemeinnützige Organisation mit der Auflage, gewinnbringende Technologien so schnell wie möglich an die Privatindustrie abzugeben.« – Der Dokumentation des schweizerischen Weltraumfachmanns Dr. Bruno L. Stanek – *Kommerzielle Raumfahrt – ›Ölboom‹ des 21. Jahrhunderts?*[33] – entnehme ich einige Früchte des Weltraumzeitalters:
– Seit ihrer gesetzlichen Gründung 1958 konnte die NASA einige tausend Patente, deren Nutznießer wir alle sind, anmelden – für:

neuartige Kunststoffe, den Klettenverschluß (an Gepäckstücken, Hosentaschen etc), Glasfaseroptiken, Sonnenzellen, Herzschrittmacher, Klimaanlagen, medizinische Überwachung in Intensivstationen, Mikroprozessoren. – Der Krieg ist nicht mehr der Vater aller Dinge, sondern die Raumfahrt. Die NASA leitete die Ergebnisse ihrer Forschungen an die Industrie für die direkte Anwendung zum Nutzen aller sofort weiter... und amortisierte damit ihre eigenen Investitionen zu erheblichem Teil.

– Mit den Kommunikationssatelliten läßt sich nachweisen, daß ein Verbindungsnetz mit Überlandleitungen und Mikrowellenverbindungen zwar möglich, doch zehnmal so teuer gekommen wäre; mit bisherigen Mitteln wäre es kaum möglich gewesen, alle 30 Minuten ein Wolkenbild für eine ganze Hemisphäre zu liefern.

– Den Farmern in Florida wurden alle 30 Minuten Temperaturkarten geliefert, wenn kalte Nächte zu befürchten waren: Die Plantagen konnten vorsorglich beheizt werden; dadurch wurden in den letzten Jahren im Durchschnitt 45 Millionen Dollar Verluste vermieden.

– Bei gleichzeitiger Verbilligung konnte, dank Telefonsatelliten, die Zahl der interkontinentalen Anrufe von drei Millionen im Jahre 1965 auf 200 Millionen im Jahre 1980 gesteigert werden.

– Satellitenfotos warnen vor Unwettern, entdecken Süßwasservorkommen, liefern rechtzeitige Vorhersagen über Erntemengen etc.

Auch die ärmeren Länder profitieren:

– Indonesien konnte seine großen und viele tausend kleine Inseln über Nachrichtensatelliten zu einem Bruchteil der Kosten verbinden, die eine Unterwasserverkabelung gekostet hätte.

– Brasilien konnte sich bei der Erschließung des schwer zugänglichen Amazonasgebietes preiswerter Fotos bedienen, die LANDSAT vom Weltraum aus machte.

– Afrikanischen Staaten ermöglichten Satellitenaufnahmen, Heuschreckenschwärme zu verfolgen und gezielt zu vernichten; dabei wurden riesige Mengen an Insektiziden eingespart.

Dr. Stanek verbucht einen eindrucksvollen Erfolg: Der Bau der Raumstation SKYLAB kostete zwei Milliarden Dollar, entdeckte aber in den USA Bodenschätze im Wert von etwa 15 Milliarden Dollar. Sie können binnen 15 Jahren abgebaut werden.

Zwischen 1968 und 1972 erfüllte die NASA das Programm, dem John F. Kennedy 1961 die höchste Dringlichkeitsstufe gegeben hatte: Die bemannte APOLLO landete auf dem Mond. Planung, Konstruktion und Bau der APOLLO – mit 5,8 Tonnen schwerer Raumkapsel, einem Basisdurchmesser von 3,9 Meter, Versorgungseinheiten von 25 Tonnen und 16 Tonnen schwerer Mondlandeeinheit – hatten 50 Milliarden Dollar gekostet.

Derzeit wird der Bau des Weltraum-Habitats INSEL II auf 200 Milliarden Dollar veranschlagt; diese Kosten verteilen sich über 20 Jahre, finanziert von einem Konsortium aus Staaten, Industrien und Banken. – Das Nachrichtenmagazin *Time* berichtete 1984 über Studien, die zum Resultat gelangten, »der technologische und ökonomische Gewinn des Weltraumprogramms übertrumpfe die Unkosten mit 14 : 1«[23].

Nach 30 Jahren kann eine Weltraumsiedlung unabhängig von der Erde existieren. Aus technologischer und finanzieller Sicht gibt es keine unüberwindbaren Hindernisse für den Bau riesiger Weltraumanlagen. Wir *können* damit beginnen. Die nächste oder übernächste Generation wird es tun *müssen*.

Fragen-Katalog

Aus der umfangreichen Literatur habe ich nur die wichtigsten Daten exzerpiert, die zum Verständnis für die große Reise in die Zukunft nötig sind. Hätte ich mit der Floskel begonnen: »Stellen Sie sich einmal vor, es gäbe eine gigantische Weltraumsiedlung!« – hätten meine Leser mich für einen Science-Fiction-Autor gehalten. Um diese Qualifikation nicht aufkommen zu lassen, gab ich die geraffte Enzyklopädie zum Bau eines Weltraum-Habitats.

Von dieser Basis aus mag sich jeder ausdenken, was in den Siedlungen im All geschehen kann. Ein Fragenkatalog wie dieser drängt sich auf:

Wem wird die Siedlung gehören? Den Finanziers, den beteiligten Staaten, den Unternehmern? Oder, nachdem die Station mit Zins und Zinseszins amortisiert ist, den Weltraumsiedlern selbst?

Wer setzt die Geburtenrate fest, wer kontrolliert sie?

Wird der im All entstehende Stadtstaat eine Demokratie oder ein Funktionärsstaat sein?

Bleibt das soziale Gefüge stabil oder werden sich erdähnliche Zustände entwickeln?

Was geschieht mit den Verstorbenen? Gibt es einen Urnenfriedhof oder Weltraumbestattungen? (Kaum. In der Schwerelosigkeit auch eine drollige Vorstellung) Werden Leichname zur Erde zurückgeflogen?

Entwickelt sich unter den besonderen Gegebenheiten ein neuer Rechtskodex?

Werden Ziele vom Heimatplaneten Erde vorgegeben oder bestimmen Weltraumsiedler sie selbst?

Können Weltraumstädte für die Erde zur Bedrohung werden?

Werden sich mit der Zeit unbekannte Bakterien oder Viren bilden, gegen die nur Weltraumgeborene immun sind?
Entwickeln »die da oben« andere Moralgesetze als »die da unten«?
Wird die Lebenserwartung kürzer oder länger sein? Werden Weltraumkolonien eine neue Währung entwickeln? Wenn ja, wie werden die Lieferungen verrechnet?
Wird es Eigentum, Grundbesitz, Erbschaften geben?
Werden Bewohner verschiedener Habitate friedlich miteinander leben oder steckt der Erdenbazillus des permanenten Streitens in der Erbmasse?
Droht ein »Krieg der kleinen Sterne«?
Wie wird sich der Planet Erde im Konfliktfall verhalten? Kann er mit neuen Waffen aus neuen Industrien unter Druck gesetzt werden?

Spekulationen?

Dieser Fragenkatalog erhebt bei weitem keinen Anspruch auf Vollständigkeit, ganze Bücher ließen sich mit Fragen solcher Art füllen. *Eine* Prognose ist sicher: Es wird dort oben keine perfekte Gesellschaft geben! Unter Menschen menschelt es immer.
Spekulieren wir ein bißchen.
Irgendwann, in 100 Jahren vielleicht, haben die Weltraumsiedler auf der Erde keine Verwandten mehr. Autark, wie sie sind, bar aller Erinnerungen an ein Auswanderungsland, stolz auf ihr freies luftiges Dasein, beschließen sie, unserem Sonnensystem Lebewohl zu sagen. Wie ihre Vorgänger kühne Pioniere, wollen sie weiter hinaus ins Universum fahren, suchen sie Abenteuer in neuen Dimensionen. Weltraum-Aussteiger.
Oder:
Die Weltraumstadt wird von einer wissenschaftlichen Elite okkupiert, und die langweilt die Achse Erde – L-X-Punkt – Mond – Planeten. Forscherische Neugierde treibt sie aus dem Habitat.
Oder:
Es hat sich eine aufgeklärte Monarchie oder eine Präsidialdemokratie entwickelt. Nachfolger von König oder Präsident wollen unbeschränkte Rechte. Sie beherrschen das Millionenvolk. Lediglich alte Verträge mit der Erde sind hinderlich. Der Regent – gleich welcher Staatsform – befiehlt »seinem Volk« die Reise in ein anderes Sonnensystem, um endlich von allen Bindungen und Verträgen frei zu sein.
Oder:

In den Weltraum-Habitaten hat sich eine neue Religion entwickelt, nennen wir sie *Sending-Mission*, Sendungsmission. Ihre Gläubigen sind von grundauf fromm, ohne Arg, beten in Kirchen, teilen indes natürlich den Drang religiöser Bekehrer, ihre *Sending-Mission* verbreiten zu müssen, diesmal im Auftrag des Geistes des Universums. Sie wollen mit Glauben und Intelligenz im Universum missionieren, das Tor für die einzig wahre Religion zum Weltall öffnen. Die *Sending-Mission* beginnt.

Vier Szenarien von vielen denkbaren Motivationen, zu neuen Horizonten aufzubrechen.

Prämissen für alle »Ausbrüche« wären ausreichend starke Triebwerke, um Riesenhabitate von einem L-Punkt aus dem Sonnensystem bugsieren zu können. – Alles, was in dieser Beziehung jetzt machbar und künftig möglich sein könnte, beschreibt Professor Harry O. Ruppe, Ordinarius für Raumfahrt-Technologie an der Technischen Universität München, in seinen beiden exzellenten und aufregenden Werken *Die grenzenlose Dimension Raumfahrt*[24]. – Nach gründlicher Lektüre begriff ich, daß sich am Horizont der Spekulationen zwar durchaus Möglichkeiten abzeichnen, daß starke Triebwerke aber vorerst ein Problem bleiben.

Immerhin muß eine große Weltraumsiedlung nicht mehr von der Erde abheben, sie operiert bereits im schwerelosen Raum. Eine gemächliche Beschleunigung, von Zeit zu Zeit ein starker Schub, wenn möglich unter Mitwirkung der Anziehungskräfte eines Planeten, wird sie auf der langen Reise weiter ins All befördern. Die interstellare Reise, von Stern zu Stern, könnte so beginnen.

Unmöglich?

Phantastisches

Vier interstellare Sonden im Kleinformat sind bereits im Weltraum unterwegs: PIONEER X und PIONEER XI starteten im März und April 1972, VOYAGER I und VOYAGER II im August und September 1977. Alle vier werden unser Sonnensystem verlassen. Diese Sonden fliegen antriebslos. Das Geheimnis: Auf der ausgeixt errechneten Bahn werden sie immer wieder in den Anziehungsbereich von Planeten geführt; die Bahnen sind so festgelegt, daß die Sonden zwar durch die Anziehungskräfte anscheinend auf die Planeten zustürzen, dann aber – bedingt durch ihre hohen Geschwindigkeiten – darüberhinaus rasen. Im Januar 1986 wird VOYAGER II den Planeten Uranus, 2,8 Milliarden

Kilometer von der Erde entfernt, passieren! Drei Jahre später hat die Viererbande unser Sonnensystem verlassen.

Das Prinzip der kleinen, antriebslosen Roboter-Raketen müßte – vorläufiger Konjunktiv! – auch auf Weltraum-Habitate anwendbar sein. Der Exodus von Weltraumstädten müßte sogar schneller vonstatten gehen, weil sie ja mit Antriebsaggregaten ausgestattet sind. Mit Triebwerken muß manövriert werden, um etwa die Bahn kreuzenden Meteoriten auszuweichen oder um dem Anziehungsbereich eines Himmelskörpers fernzubleiben.

Spekulativ kämen als Antriebsarten für den interstellaren Verkehr Lösungsmöglichkeiten in Frage, wie sie der amerikanische Physiker Robert L. Forward von den Hughes Forschungslaboratorien, Houston, ins Gespräch bringt[25]:

– Kernimpulsantrieb. – In einiger Entfernung vom Raumschiff werden Wasserstoffbomben gezündet. Der Explosionsdruck trifft auf eine Prallplatte und gibt dem Fahrzeug von Explosion zu Explosion neuen Schub. (In Klammern meine Meinung: Eine brauchbare Idee, um aus irdischen Waffenarsenalen alle Wasserstoffbomben loszuwerden.)
– Antiprotonenantrieb. – Antimaterie wird in Form von Antiprotonen oder Antiwasserstoff mit »normaler« Materie zusammengeführt und erzeugt dabei einen sehr starken Schubstrahl. (In Klammern: Im europäischen Kernforschungszentrum CERN, Genf, werden Antiprotonen bereits erzeugt und tagelang gelagert.)
– Mikrowellenantrieb. – Als Antrieb wird ein Mikrowellenstrahl eingesetzt.
– Lasertriebwerk. – Ein Laserstrahl trifft auf eine Art von Raumsegel und treibt das Raumschiff voran – wie der Wind ins Schiffssegel greift.
– Elektrisches Triebwerk. – Ein Kernfusionsreaktor erzeugt Elektrizität, die in verschiedenen Varianten als Schubstrahl wirkt.
– Staustrahltriebwerk. – Einem riesigen Parabolspiegel ähnlich, sammelt eine große Kollektorfläche Wasserstoffatome, die es im ganzen Weltall gibt. Sie sind der Treibstoff eines Kernfusionsreaktors, der seine Energie an Reaktionsprodukte, Helium etwa, weitergibt, die dann den Schub des Staustrahls auslösen. Diese Triebwerksart hat für sich, daß der Treibstoff niemals ausgehen würde. – Über Staustrahltriebwerke hat, es sei nicht vergessen, bereits der Raketen- und Raumfahrtforscher Eugen Sänger (1905-1964) nachgedacht; Versuche mit Staustrahltriebwerken machte Sänger als Leiter des Forschungsinstituts für Strahlantriebe an der Technischen Hochschule Stuttgart.

Heute noch allzu phantastisch anmutend, macht schon die Tatsache der effektiven Beschäftigung mit den Problemen Hoffnung, wenn auch bei allen denkbaren Lösungen nach kosmischen Maßstäben die Geschwindigkeiten immer noch als zu langsam erscheinen.

Kein Wunder, daß kluge Männer darüber nachdenken, ob bei der relativ langsamen Bewegung von Weltraum-Habitaten eine Kolonisation unserer Galaxis überhaupt je möglich sein kann. Das Universum, wurde uns gelehrt, sei unendlich und die Distanzen selbst zum uns nächsten Stern *Alpha Centauri* wären nicht und nie zu bewältigen. Sogar schnellste Raumschiffe würden Jahrhunderte oder Jahrtausende unterwegs sein.

Kommission 51

Die IAU – *Internationale Astronomische Union* – beschloß 1982 auf ihrer Generalversammlung die Gründung einer neuen Forschungsgruppe; sie steht im Protokoll als *Kommission 51 / Suche nach außerirdischem Leben*. Ihr trat die wissenschaftliche Elite aus Astronomie und Astrophysik bei – von Carl Sagan über John Billingham, Frank Drake, Philip Morrison bis Edward Purcell, insgesamt 210 Astronomen und 40 Wissenschaftler anderer Fachgebiete. Zum Leiter der *Kommission 51* wurde Professor Michael D. Papagiannis[27], Astronom an der Universität Boston, gewählt, und damit ein renommierter Akademiker, der Lösungen für Probleme sucht und sich nicht hinter einer Mauer, auf die UNMÖGLICH gepinselt ist, versteckt.

Professor Papagiannis setzt an den Anfang seiner Überlegungen das Faktum, daß der Mensch im Zeitraum der letzten 100 Jahre seine Reisedistanz um den Faktor 10^{16} und seine Reisegeschwindigkeit um den Faktor 4000 vergrößert hat. Er sagt:

»Es scheint daher absolut vernünftig anzunehmen, daß wir im nächsten oder übernächsten Jahrhundert in der Lage sein werden, ein Zehntel mehr zu erreichen. Dies würde uns erlauben, die Geschwindigkeit um den Faktor 400 zu steigern, das sind etwa eins bis drei Prozent der Lichtgeschwindigkeit, und die Reisedistanz um den Faktor 10^{15} zu erhöhen. Das bedeutet Distanzen von zehn Lichtjahren, die uns zu den nächsten Sternen bringen.«[26] Und: »Bei Geschwindigkeiten von 2 Prozent der Lichtgeschwindigkeit, die mit Hilfe der Kernfusion durchaus erreichbar sind, wird ein Raumschiff die Entfernung von zehn Lichtjahren zu den Nachbarsternen in ungefähr 500 Jahren zurücklegen.«[27]

Professor Papagiannis beherzigt Albert Einsteins Maxime: »Die meisten Grundideen der Wissenschaft sind an sich einfach und lassen sich in

der Regel in einer für jedermann verständlichen Sprache wiedergeben.«
So macht der Astronom aus Boston folgende Rechnung auf:

In weniger als 400 Jahren konnte Amerika vom Ochsenkarren auf den
Mond »umsteigen«. Es ist deshalb vernünftig und großzügig gerechnet,
zu unterstellen, daß eine Raumfahrerkolonie auf einem anderen Planeten Gleiches binnen 500 Jahren zuwege bringt, zumal Raumfahrern alles
technische Basiswissen zur Verfügung steht: Einmal auf dem fremden
Planeten X gelandet, haben sie Spezialisten für Rohstoffe, Metallurgie,
Atomspaltung, Treibstoffe und Triebwerke usw. in ihrer Crew, dazu
fertige Pläne für den Bau von Weltraum-Habitaten im Gepäck. Was vom
ersten SPUTNIK im Orbit bis zum Mann auf dem Mond an technischen
Problemlösungen in zehn Jahren zu bewältigen war, sollte Technologen
wie den Raumfahrern binnen 500 Jahren längst möglich sein. Für eine
Raumkolonie benötigen sie überdies keinen erdähnlichen Planeten.
Monde, Asteroide, tote Planeten sind hervorragende Rohstofflieferan-
ranten.

Man muß in großen Zeiträumen zu denken lernen. Robert S. McNamara, ehemaliger Weltbankpräsident, gab ein anschauliches Beispiel:
»Wenn wir die Geschichte des Universums als einen Strich von der
Länge einer Meile (= 1 609,34 m) darstellen, dann erscheinen die Menschen darauf nur für einen *Bruchteil* des letzten Zentimeters!«

Wenn also Raumkolonisten 500 Jahre unterwegs waren und im
nächsten Sonnensystem weitere 500 Jahre zur Industrialisierung eines
Planeten verbrachten, ehe ein kleiner Teil von ihnen weiterzieht, ob mit
dem alten oder einem fortentwickelten Raumschiff, »bedeutet dies, daß
eine Kolonisationswelle mit einer Geschwindigkeit von ungefähr zehn
Lichtjahren pro 1000 Jahre (500 für die Reise und 500 für das Wachs-
tum) voranschreitet, daß heißt mit der Geschwindigkeit von einem
Lichtjahr pro Jahrhundert« – so Professor Papagiannis.

Auf diese Weise wäre unsere gesamte Milchstraße in zehn Millionen
Jahren kolonisiert. Eine undenkbare Zeitspanne? Das Alter unserer
Galaxis wird mit zehn Milliarden Jahren angenommen. Mit zehn Millionen Jahren käme deren totale Kolonisation gerade auf ein Tausendstel
ihres Alters.

Vorsichtig wie alle Wissenschaftler geht Papagiannis bei seinen
Berechnungen keineswegs mit maximal optimistischen Ziffern um. Er
nimmt an, daß die Raumkolonie alle fünf Lichtjahre einem neuen
Sonnensystem begegnen wird. *Proxima Centauri*, der nächste Fixstern,
ist vier Lichtjahre entfernt, aber im Radius von zehn Lichtjahren gibt es
bereits zehn Sterne, im Umkreis von 20 Lichtjahren schon 75, demnach
also schon alle sechs Lichtmonate einen Stern. In der Reichweite von 100
Lichtjahren gar 400000. Sie liegen nicht aufgeschnürt hintereinander,
sie sind in der Tiefe des Raumes gestaffelt. – Eine Standorte suchende

Raumkolonie müßte jedenfalls nicht fünf Lichtjahre bis zur nächsten Sonne unterwegs sein, sie könnte auf näherliegenden Planeten vor Anker gehen.

Astronautengarn

Was alles könnte sich im Weltraum abspielen? Zum besseren Verständnis dessen, was ich später belegen will, lasse ich nun erfundene Szenarien folgen. –

Die Raumkolonisten aus den vier von mir exemplarisch aufgeführten Anlässen entstammen bereits der x-ten im Weltraum geborenen Generation. In ihrem Habitat wird geliebt, gelebt, gestorben. Sie vergnügen sich in Videoshows, trimmen sich auf Sportplätzen. Die Kleinen spielen in Kinderhorten, die Älteren bilden sich in Bibliotheken weiter. Man arbeitet durchweg nur das Nötigste.

Man hat sich durchgerungen, eine Führungsmannschaft zu tolerieren, die das Stadtstaatswesen führt, die allgegenwärtige Technik im Lot hält, von der Kommandokanzel aus an Meteoriten vorbeimanövriert, den besten Kurs beibehält. – Trotzdem knistern Spannungen. Die, die arbeiten, halten die Schmarotzer für überflüssig. Nach einer Bordrevolution gibt es neue Gesetze. Wer sich nicht daran hält, wird bei nächstmöglicher Gelegenheit auf einem erdähnlichen Planeten ausgesetzt. Durch Unzufriedene, Unbotmäßige entstehen so erste Kleinkolonien. – Die Elite besucht ihr vorbehaltene Gaststätten und Bibliotheken; ihre Kinder absolvieren strenge Grundschulen, die Älteren Universitäten mit ausgezeichneten Fakultäten für Astronomie, Astrophysik, Navigation, Gravitationslehre, Genetik und Computerologie. – Wissenschaftler diskutieren synergetische Phänomene, reden sich über Strukturen von Anfang und Ende des Universums die Köpfe heiß, streiten über totales Ende oder Wiedergeburt nach dem Tode. – Schließlich: Im Alltag gibt es keinen Müll mehr, alles wird im Recycling wiederverwendet.

So wird Gegenwart im typischen Weltraumdasein zur Vergangenheit. Stets aber liegt erwartungsvolle Spannung in der Luft. Jede Generation erfährt Außergewöhnliches. Eine wird Zeuge des ersten Computers mit eigenem Bewußtsein, eine andere nimmt an astronomischen Entdeckungen teil, von denen es vorher keine blasse Vorstellung gibt, weil die Ziele in keinem uns bekannten Sternenkatalog auch nur angedeutet sind; eine andere erlebt den Einflug in ein fremdes Sonnensystem, eine weitere rast in einem pfeilschnellen TAV-Vehikel auf Erkundungsfahrt. – Es ist immer was los an Bord, auch ohne Traum-

Modellzeichnung eines großen Weltraum-Habitats in der Form eines Riesenrades

schiff-Animateure. Es wird an neuen Energiearten getüftelt. Neue Triebwerksarten werden erfunden. Neues Obst, neue Gemüse werden von einem genialen Gregor Johann Mendel* des Habitats in genetisch verblüffenden, hervorragend schmeckenden Züchtungen auf den Markt gebracht. – Der alljährliche vergebene Habitat-Preis für jene Erfindung oder Entdeckung, die den Bewohnern den größten Nutzen brachte, wird in einer Zeremonie, verbunden mit Nationalfeiertag, Volksfest und einem Laserlichtkonzert, vergeben. – Es ist kein Weltraumparadies ausgebrochen. Vom Hominiden über den Menschen hat sich bis zum Weltraumkolonisten die üble Veranlagung zu Streit, Eifersüchteleien und Neid fortgeplanzt. Doch laut Spielregeln mit Gesetzeskraft müssen diese negativen Eigenschaften in offenen Gesprächen aus der Welt, pardon!, aus dem Habitat geschafft werden.

In den Labors der Wissenschaftler entstehen Bio-Roboter, die selb-

---

* 1822–1884. Entdecker der Vererbungsgesetze; machte Kreuzungsversuche an Erbsen und Bohnen.

ständig Reparaturen außerhalb des Raumschiffs durchführen. Planer machen sich Gedanken, wie ganze unwirtliche Planeten in Lebenszonen umgewandelt werden können. – Die Kommunikation mit der Erde, anfänglich dauernd praktiziert, wurde mit zunehmender Distanz immer spärlicher, in der neunten Generation brach sie ganz ab. Man fühlte sich auch derartig fortschrittlich und überlegen, daß die Erde nichts mehr zu bieten hatte. So ist schließlich die Erde nicht mehr als eine im Computer gespeicherte galaktische Position, eine Chip-Erinnerung an die Urheimat. Ein Komitee hat sich gebildet, das einen Erdenbesuch in 10000 Jahren vorbereitet, doch auch ein Gegen-Komitee, das fragt: Lohnt sich denn der Aufwand? Was kann an dem alten Blauen Planeten noch interessant sein? Man sah sich als die Größten im Universum, die Krone der Schöpfung.

In dieser Hybris entwickelte sich eine Regenten-Tyrannei. Kasten bildeten sich. Ein Teil der Bewohner, als Arbeitskräfte für niedere Tätigkeiten nötig, wurde dumm gehalten. Ärmste verrichteten gefährliche Arbeiten am Reaktor, ihre Lebenserwartung war ziemlich gering. – Eine Mittelklasse aus Beamten, Wissenschaftlern und Ingenieuren schließt sich zusammen, um den Befehlen des Regenten Paroli zu bieten, doch seine Macht ist zu fest etabliert: Er straft, erlaubt Forschungen nur unter frustrierenden Auflagen, Experimente nur unter argwöhnischer Kontrolle; die Medien hält er an direkter, kurzer Leine, Kritik ist ihnen untersagt. Der »große Bruder« ist überall, horcht Wohnungen und Arbeitsstätten ab. Waffen tragen nur Angehörige und Bodyguards des Regenten. – Wo immer die Weltraumkolonisten gehen, überall taucht plötzlich das dreidimensionale Laser-Hologramm des Regenten auf. So schafft er sich die Aura der Allgegenwärtigkeit: Sah man ihn nicht gleichzeitig an vielen Orten?

Im Habitat der *Sending-Mission* obwaltet das Ambiente eines Klosters. Diese Kolonisten knien in den Startlöchern, bereit, ihren Glauben auf anderen Planeten auszubreiten. Sie lobpreisen den Allgeist des Universums. Alle fühlen sich gleich, für jeden wird gesorgt. Wer sich nach der Grundschule weiterbilden will, kann das unter Bewahrung der Ordensregeln tun. Experimente für den Fortschritt finden in gesicherten Räumen statt, Hallen lebenswichtiger Systeme des Habitats dürfen nur von Spezialisten betreten werden. Für Normalkolonisten gibt es, heiligen Bezirken aller Religionen ähnlich, Tabuzonen. – Bevorzugte Wissenschaften gelten den Komplexen: Molekularbiologie, Genetik und Radioastronomie. Einig im Drang zu missionieren, versenden sie Sonden mit ihrem genetischen Material ins Universum. Liebevoll werden die beim Start mit Feststoffraketen verbundenen Sonden »biologische Bomben« genannt. Sie zielen die reizenden Spielzeuge auf den Rand von Sonnensystemen, die oben und unten, links und rechts an ihrem Habitat

So erleben Kolonisten eines Habitats den Vorbeiflug an Saturn, die Planetenoberfläche des Saturnmondes Titan

vorbeischwirren. Zwischen Singen und Beten errechnen Brüder im Allgeist den Zeitpunkt des Eintreffens ihrer Bombe im angepeilten Ziel: Auf den Zeitpunkt X ist eine Isotopenuhr programmiert. Sie wird einen harmlosen Sprengsatz der Bio-Bombe auslösen – das genetische Material freigeben. Die Brüder der *Sending-Mission* wissen, daß zwar ein Großteil der Lebenskeime auf den Sonnen verbrennt oder auf lebensfeindliche Planeten fällt, aber sie hoffen, daß ein Bruchteil erdähnliche Himmelskörper erreicht, damit dort der Same ihrer Intelligenz aufgeht und den Neubeginn einer Evolution erzwingt. Damit wäre die Aufgabe von *Sending-Mission* erfüllt. – Während der Exerzitien zwölf gelehrter Äbte der 26. Generation wurde diskutiert: Was kann man besser machen? Wie die Ausbreitung des Intelligenz-Spermas beschleunigen? Was haben wir übersehen, versäumt? Wie können wir dem Geist des Universums effektiver dienen? – Es wurde eine neue Idee kreiert: Schafft neue Erden! Laßt uns aus lebensfeindlichen Planeten lebensfreundliche Landschaften machen! Besser, war man sich eins, können wir unserer *Sending-Mission* nicht dienen. – »Dort, wo wir primitives Leben antreffen«, resümierte der Äbte-Sprecher, »werden wir ihm

Weltraumstädte passieren das Sonnensystem

durch eine künstliche Mutation zu einem Evolutionssprung verhelfen!«

Zugegeben, die Darstellungen vom Leben in den Weltraum-Habitaten habe ich phantasievoll gewoben, doch dienen sie Denkanstößen in dieser Richtung: Ich verließ den Pfad der Tugend bislang nicht, schrieb nichts, was wissenschaftlich und technisch nicht machbar wäre. Die vorgestellten technischen Systeme von der kleinen Raumstation über den TAV, die Mondstation und INSEL I bis zu den Weltraum-Habitaten sind möglich. Ich konstatiere:

– Früher oder später treibt Evolution die Menschheit ins All.
– Zur Verbreitung intelligenter Lebensformen sind superschnelle Raumschiffe unnötig.
– Bewohner von Weltraum-Habitaten sind keine Übermenschen. Sie haben Tugenden, Fähigkeiten und Laster wie alle Menschen des ausgehenden 20. Jahrhunderts. – Bislang wird argumentiert, Außerirdische, sogenannte Götter, müßten dem Menschen um Jahrtausende voraus, in allem überlegen sein, sie müßten ein völlig »unmenschliches« Verhalten zeigen. Für solche Argumentationen gibt es keinen zwingenden Grund.
– Außerirdische Besucher von fremden Weltraum-Habitaten sind verletzlich, ihre Wohnlandschaften sind von außen und von innen her angreifbar.

Interessante Themen für die Forschung

In zwölf Büchern trug ich Indizien zusammen, die den Besuch Außerirdischer vor Jahrtausenden belegen und vorstellbar machen sollten. Mit dem Brückenschlag in die Zukunft soll unsere früheste, im Dunkeln liegende Vergangenheit erhellt und auch vorstellbar werden. An dieser Vorstellung ist nichts unlogisch außer unserer Überheblichkeit, anzunehmen, wir wären die einzigen intelligenten Lebensformen im Universum. Ich vermute, daß es immer noch zu viele Akademiker gibt, denen Nabelschau die zentrale Lieblingsbeschäftigung ist.

Die Realität unserer Vergangenheit gehört zu unserem Erbe. Was aber nützen Abstammungstheorien – wie die Darwinsche, wenn sie – wie die Wissenschaft zunehmend feststellt – nicht stimmen, das Unvereinbare, das Unbegreifliche nicht zu fassen vermögen? Kommt die Verdrängung von Tatsachen hinzu – nur weil sie in keine, am wissenschaftlichen Markt gehandelte Theorie passen. Immanuel Kant (1724-1804) meint: »Es gibt nichts Praktischeres als eine gute Theorie«, doch gewiß nicht zu dem Zweck, ungeklärte Fragen unter den Teppich zu kehren.

Die bei weitem nicht nur von mir ins Gespräch gebrachten Gedanken sollten mit den den Hochschulen zur Verfügung stehenden modernsten technischen Hilfsmitteln geprüft werden. Aus Disputen mit Studenten erfahre ich laufend, wie sehr sie am Thema interessiert sind, weiß aber auch, daß sie sich in ihren Seminaren nicht durchsetzen können: Die neuen Ideen sind im zementierten Gedankengebäude zuständiger Wissenschaftler nicht unterzubringen. Gesucht ist Wohnrecht, Raum, für neue Aspekte unserer Herkunft und Zukunft.

Dabei könnten die Mutmaßungen vom Erdenbesuch Außerirdischer zugleich mehreren Wissenschaftszweigen frische Impulse geben. Von tradierten »Lösungen« frei, sollten solche Fragen unvoreingenommen untersucht und – wenn möglich – gültige Antworten gefunden werden:

- Wie entstand erstes Leben auf der Erde? Kein ernstzunehmender Wissenschaftler behauptet mehr, diese Frage sei abgehakt.
- Wie wurde der Mensch intelligent? Durch die – bisher angenommene – Evolution, Selektion und Anpassung oder durch Spontanmutationen aus dem Weltall? (Nobelpreisträger Francis Crick vermutet, das Leben auf der Erde sei – gezielt oder zufällig – entstanden, indem Lebenskeime von außerhalb auf die Erde kamen. Der britische Astrophysiker Sir Fred Hoyle hält es gar für möglich, Spontanmutationen seien durch genetisches Material aus dem Weltall entstanden.)

- Was waren die Anlässe für das Entstehen ältester Religionen? Naturereignisse? Psychologisch deutbare Verhaltensweisen? Oder/ und mißgedeutete, unverstandene technische Phänomene, die zur postumen Verehrung außerirdischer Besucher anregten?
- Wie entstand, woraus bildete sich der global einheitliche Kern, die Substanz aller Mythologien?
- Aus welchem Grunde wurden in überlieferten heiligen Schriften Gotteserscheinungen stets mit Feuer, Beben, Rauch und Lärm in Verbindung gebracht?
- Was besagen Namenslisten »gefallener Engel«, was die Bezeichnungen »Himmelssöhne« nicht nur im apokryphen Buch des Propheten Henoch, der im Alter von 365 Jahren, ohne zu sterben, »in den Himmel entrückte«?
- Warum sind Schilderungen von »göttlichen Strafgerichten« mit der Vernichtung ganzer Länder identisch?
- Was darf man sich unter religiösen oder mythologischen Gestalten der Überlieferung vorstellen, die mit Getöse »gen Himmel« verschwanden?
- Aus welchen Antrieben entschlossen sich Völker vor- und frühgeschichtlicher Zeiten zum Bau bis heute unverstandener Bauten wie Pyramiden in vielen Ländern, des Monumentalparkplatzes in Stonehenge, der Menhir-Gehege in der französischen Bretagne?
- Wie sind die in vielen Überlieferungen dargestellten Zeitverschiebungen zu verstehen? Weshalb galten für »Götter« andere Zeitabläufe als für Menschen?
- Weshalb ist allen Religionen der Wiederkunftsgedanke des Gottes oder der Götter eigen? Weshalb fürchten sich Menschen vor dieser Wiederkehr?
- Warum suchten Menschen Gottesnähe immer auf hohen Bergen? Warum errichteten sie ihnen Altäre vorzugsweise auf hohen Gipfeln? Welchem Zweck dienten die dort dargebrachten Opfer?
- Woher kam die Anregung zu uralten religiösen Symbolen, woher die Initiative zu Sonnen- und Sternenkulten, zum Kult der »fliegenden Barken«?
- Wie kam der Kult um rein technische Geräte auf – um die israelitische Bundeslade, um Salomons Flugwagen? Wie entstand die hinduistische Vielgötterei, deren jeder Gott über spezifische Fähigkeiten verfügt?
- Warum stellten, rund um den Globus, so viele Völker, unabhängig voneinander, Götterfigürchen als »behelmte Wesen« dar? Weshalb gleichen sich allerorten die Motive der Felszeichnungen?
- Warum unterzog sich die frühe Menschheit der Mühe, an nur aus der Luft erkennbaren Plätzen Scharrbilder anzulegen?

- Warum schufen Menschen Tempel, in denen »Götter« wohnten? Weshalb stellen Tempelbauten oft den »himmlischen Residenzen« nachempfundene Duplikate dar oder fliegende Behausungen der »Götter«?
- Woher bezogen alte Kulturvölker wie die Maya ihre verblüffenden astronomischen und mathematischen Kenntnisse? Aus welcher Quelle entnahmen die Maya ihre »Finsternistafel«, die jede Sonnen- und Mondfinsternis der Vergangenheit und der Zukunft aufzeigt? Wer lieferte ihnen die Bahndaten der Venusumlaufbahn, die so präzise sind, daß sie nach 6000 Jahren nur um einen Tag korrigiert werden mußten?
- Wie können alte Chronisten und Propheten felsenfest behaupten, gewisse Kenntnisse von »himmlischen Lehrmeistern« bekommen zu haben?
- Wieviel Wahrheit steckt in den Beteuerungen uralter »Götter«, sie hätten die Erde in Etappen mitsamt den Lebewesen »erschaffen«?

Die Wissenschaft hat das Wort. Beantwortet sie die Fragen, wird ein neues, rundes Weltbild entstanden sein. Es werden manche Ansichten revidiert werden müssen, doch: »Zu erkennen, daß man sich geirrt hat, ist ja nur das Eingeständnis, daß man heute schlauer ist als gestern«, sagte mein Landsmann Johann Kaspar Lavater (1741-1801). – Nachdem ich auflistete, was technisch machbar wäre, möchte ich demonstrieren, was zusätzlich an Phantastischem möglich sein könnte.

Terraforming

James Edward Oberg arbeitet als *Mission Flight Controller*, Flugkontrolleur, im Johnson-Raumfahrt-Zentrum der NASA in Houston. 1981 veröffentlichte er das bemerkenswerte Buch *New Earths*, Neue Erden[28]. Darin macht er auf phantastische Möglichkeiten aufmerksam, ganze Planeten mit künstlichen Mitteln erdähnlich umzugestalten. »Vielleicht klingt es verblüffend«, sagt Oberg, »aber das Konzept, ganze Planeten mit künstlichen Mitteln umzuformen, ist teilweise nichts Revolutionäres. Es war seit Jahrtausenden Thema der Literatur und Mythologie.«

In der Fachsprache wird der Vorgang der Umwandlung lebensfeindlicher Welten in für Menschen brauchbare Planeten *Terraforming* genannt. Der Begriff tauchte 1930 erstmals im Science-Fiction-Roman *Die ersten und die letzten Menschen* von W. Olaf Stapledon auf und bedeutet Erdumformung oder die Erschaffung neuer Welten. – Oberg wird konkret[29]:

»Als erste Kandidatin für das Terraforming bietet sich die Venus an. Einst glaubte man, sie sei eine Zwillingsschwester der Erde. Heute wissen wir, daß es auf ihr zugeht wie auf mittelalterlichen Visionen der Hölle. Für ›irdische‹ Verhältnisse ist die Venus viel zu heiß. – Ihre Atmosphäre enthält zuviel Kohlendioxyd und Schwefelsäuredampf. Außerdem dreht sie sich viel zu langsam.«

Um diese Gegebenheiten zu ändern, denken die Terraforming-Planer nicht zimperlich; man könnte, spekulieren sie, Kometen durch Atomsprengungen derart aus ihrer Bahn schleudern, daß die Trümmer mit der Venus zusammenprallen. Kometen bestehen zum Teil aus Eis, und das schmilzt auf der glühendheißen Venus, so entsteht lebensnotwendiger Wasserdampf. Auch könnten gezielte Einschläge von Kometen oder Asteroiden eine schnellere Umdrehung der Venus im Tag- und Nachtzyklus bewirken. – Oberg: »Die neue Drehzahl des Planeten erzeugt ein stärkeres Magnetfeld und verringert dadurch die Sonneneinstrahlung.«

Nächste Maßnahme wäre die Erzeugung von Blaualgen in Gen-Laboratorien, von denen einige tausend Tonnen in die Venusatmosphäre abgeblasen werden müßten. Die einzelligen (Spalt-)Algen besitzen die wirklich phänomenale Eigenschaft, auch bei hohen Temperaturen leben zu können. Zum Überleben unter ungünstigen Lebensbedingungen entwickeln sie große, dickwandige, Reservestoffe führende Dauerzellen. Und: Sie vermehren sich massenhaft! Durch ihren Stoffwechsel reduzieren sie den hohen Anteil an Kohlendioxyd in der Venusatmosphäre; dabei wird, als Nebenprodukt, Kohlendioxyd in Sauerstoff umgewandelt, auch die Venusatmosphäre ändert sich total.

Aber es wäre auf unserem Nachbarplaneten für eine menschliche Existenz dennoch viel zu heiß, außerdem müßte der Treibhauseffekt gestoppt werden. James Oberg ist um eine Lösung nicht verlegen, er schlägt »schattenspendende, künstliche Staubwolken« vor, die die Sonneneinstrahlung dämpfen und die Wasserdampfmassen zu Ozeanen abregnen lassen. Nach einigen Jahrhunderten, errechnete Oberg, herrsche in gewissen Venusbreitengraden ein Klima, das etwa dem unserer Südsee entspräche.

Das wird nicht so glatt und einfach vor sich gehen, wie ich verkürzt diese phantastischen Ideen skizzierte. Da ist das echte Problem des Drucks der Venusatmosphäre, der etwa hundertmal stärker ist als der Erdluftdruck in Meereshöhe. Der Mensch braucht einen atmosphärischen Druck von rund 215 Gramm pro Kubikzentimeter; etwas darunter, etwas darüber verträgt er ohne Druckanzug. Der Druck der gegenwärtigen Venusatmosphäre würde ihn jedoch »erdrücken«.

Alle solche Überlegungen stecken noch in den Kinderschuhen.

Immerhin nahmen und nehmen sich gestandene Wissenschaftler wie der verstorbene Schweizer Astrophysiker Professor Fritz Zwickly, der am *California Institute of Technology* lehrte, oder der durch seine TV-Sendungen weltbekannte Professor Carl Sagan von der Cornell Universität bei New York der Thematik des *Terraforming* an.

Von der heißen Venus zum kalten Mars

Wie ist die Situation auf dem Mars, dem vierten Planeten unseres Sonnensystems? – Der Druck am Marsboden beträgt nur etwa sechs Millibar, was für uns einen Luftdruck in 31 000 Meter ü. M. entspräche. Diese sehr dünne Marsatmosphäre besteht hauptsächlich aus Kohlendioxydgas. Durch den größeren Abstand zur Sonne ist es auf dem Mars sehr viel kälter als auf der Erde: Die durchschnittliche Distanz Sonne/Erde = 150 Millionen Kilometer, Sonne/Mars = 228 Millionen Kilometer. Schließlich fehlt es auf dem Mars am lebenswichtigen, flüssigen Wasser. Deshalb müßte die Marstemperatur erhöht werden, damit das Eis an den Polkappen abschmölze und das unter der Oberfläche vermutete Eis auftauen könnte. Dazu könnte man:
– mit Raumspiegeln von 1000 Kilometer Seitenlänge zusätzliches Sonnenlicht auffangen, um den Planeten langsam aufzuwärmen;
– die Marsmonde Phobos und Deimos zu schwarzem Staub machen und diesen auf dem Mars verteilen, dadurch würden Dauerfrostgebiete, staubbedeckte Gletscher, zu Flüssen und Seen auftauen;
– bei konstantem Wassermangel Eiskometen oder Eisasteroiden auf Kollisionskurs zum Mars bringen;
– mit starken Mikrowellensendern in Marsumlaufbahnen die Aufheizung des Marsbodens unterstützen. Die dafür nötige Energie würde von der Sonne direkt bezogen.
James E. Oberg[29] berichtet von Berechnungen, wonach ein Asteroid von 67 Kilometer Durchmesser mit einer Dichte von drei Gramm je Kubikzentimeter, der auf dem Mars einschlüge, einen 41 Kilometer tiefen Krater aufreißen würde; im Krater entstände ein atmosphärischer Druck von 500 Millibar, die Hälfte dessen, was der Mensch braucht.

Wie beim Venus-Projekt würden auch auf dem Mars einige tausend Tonnen genetisch gezüchteter Blaualgen das Dioxydgas in Sauerstoff umwandeln. Es wird unterstellt, daß mit der erhöhten Temperatur der Kreislauf von Eis zu Wasser, von Wolken zu Regen in Gang käme. Nach einigen Jahrtausenden könnten Lebensformen vieler Arten – von Bodenbakterien über Pilze bis zu nützlichen Insekten und Fischen – in einem sich selbst regulierenden Ökosystem angesiedelt werden. Der Auftrag an die ersten Marssiedler würde wohl lauten: »Wachset und mehret Euch, herrschet über Planzen und Tiere, macht Euch den Mars untertan.«

Der Mensch widersteht, verträgt oder genießt unterschiedlichste Klimaten; er lebt in grönländischer Kälte, in trockener Wüstenhitze, am Äquator im feuchten Dschungel, in der dünnen Luft der Anden-Hochtäler. Er paßt sich an. Wenn heute auch nur Theorie, zeigen die spekulativen Überlegungen – von technologisch und biologisch gesichertem Wissen ausgehend –, daß heiße (Venus) und kalte (Mars) Planeten letztendlich zu erdähnlichen Himmelskörpern umgebildet werden könnten.

»Ratlosigkeit und Unzufriedenheit sind die ersten Vorbedingungen des Fortschritts«, sagte Thomas Alva Edison (1847-1931) und machte »unglaubliche«, die Welt verändernde technische Entdeckungen.

Die Position der Erde

Ein Sonnensystem besteht aus einer Sonne und einem bis mehreren Planeten. Im Vergleich zu den 200 Milliarden Sonnen unserer Milchstraße ist unsere Sonne ein ganz gewöhnliches Durchschnittssternchen. Mit einem Durchmesser von 1,4 Millionen Kilometer ist sie »nur« 109 mal größer als die Erde.

Von den neun Planeten, die unsere Sonne umkreisen, liegt die Erde in geradezu idealem Abstand: Nie ist es zu kalt, nie zu heiß, traumhafte Bedingungen für die Entwicklung aller denkbaren Lebensformen.

Auf Mars und Venus sieht es, wir wissen es, kritisch aus, doch auf allen anderen Planeten käme erdähnliches Leben wegen extrem hoher oder niedriger Temperaturen überhaupt nicht in Betracht. Der Idealabstand von der Sonne macht die Erde zum »menschlichen Planeten«.

Welchem Umstand verdanken wir die günstige Lage im Weltraum?

Im Altertum war man der Überzeugung, die Erde sei der Mittelpunkt des Universums und die Sonne drehe sich um die Erde. 280 v. Chr. stellte der junge Naturforscher Aristarchos aus Samos (300-230) die kühne These auf, Sonne und Fixsterne stünden unbewegt, die Erde aber umkreise die ruhende Sonne; Aristarchos wurde verlacht und verhöhnt, aber heute ist bekannt, daß seine Annahme richtig war: Die Sonne steht im Mittelpunkt unseres Sonnensystems. – Rund 400 Jahre später, nämlich 150 n. Chr., ergänzte der ägyptische Astronom Claudius Ptolemäus aus Alexandria (120-180) das damalige Wissen um sein »ptolemäi-

Von verschiedenen Satelliten aus fotografierte Planeten und Monde unseres Sonnensystems – zusammengestellt von der NASA

sches Weltsystem«, in dem die Erde im Mittelpunkt steht, um die herum sich Erdmond, Planeten und Sonne bewegen, und sehr weit draußen ein Kreis mit vielen Sternchen. Das Weltsystem des Alexandriners enthielt das ganze Wissen von Astronomie und Mathematik der Antike.

Kein Wunder, daß es anderthalb Jahrtausende gültig blieb, bis der geniale Nikolaus Kopernikus (1474-1543) aus dem ostpreußischen Thorn sein Hauptwerk *Sechs Bücher über die Umläufe der Himmelskörper* im Jahre 1543 der Öffentlichkeit übergab. Kopernikus postulierte: Nicht die Erde, die Sonne ist der Mittelpunkt unseres Planetensystems – die scheinbare Bewegung des gestirnten Himmels resultiert aus der Drehung der Erde. Auch Kopernikus irrte sich, indem er die Planetenbahnen *kreisförmig* um die Erde sah. – Erst die drei Gesetze des Johannes Kepler (1571-1630), die seinen Namen tragen, enthüllten,
- daß die Planetenbahnen in Ellipsen um die Sonne laufen,
- daß die Planeten sich am sonnennächsten Punkt am schnellsten, am entferntesten am langsamsten bewegen,
- daß sie die Sonne umso langsamer umkreisen, je weiter sie von der Sonne entfernt sind.

Die drei Gesetze ergänzte Isaac Newton (1643-1727), der bei seinem Studium in Cambridge auf Keplers Werke stieß. Newton, Theoretiker und aufmerksamer Beobachter alltäglicher Vorgänge, stellte sich Fragen wie: Weshalb fällt ein in die Luft geworfener Gegenstand auf die Erde zurück? Die Antwort steht in seinem Lebenswerk *Mathematische Grundlagen der Naturwissenschaft*, es enthält das Newtonsche Gravitationsgesetz; es besagt, daß »zwei Massepunkte sich mit einer Kraft anziehen, die dem Produkt der Masse direkt, dem Quadrat ihrer Entfernung indirekt proportional ist«. – Vereinfacht ausgedrückt: Zwischen der Distanz eines Planeten zur Sonne, seiner Masse und seiner Geschwindigkeit besteht ein kausaler Zusammenhang.

Unser Sonnensystem hat sich eingependelt, wie nach Fahrplan ziehen die neun Planeten gemächlich ihre elliptischen Bahnen. Was würde passieren, wenn sich plötzlich durch urgewaltige Zauberei ein neuer, unbekannter Planet in die Bahnen schieben oder wenn ein existenter Planet entfernt würde? Das Gleichgewicht wäre gestört, die Massenanziehungskräfte wären verschoben. Nach langer Zeit würde sich zwar alles auf neuen Bahnen arrangieren, aber der Mars würde vielleicht näher der Sonne rotieren, der Merkur wäre vielleicht gar ins Muttergestirn gestürzt. Man könnte also »erdähnliche« Welten schaffen, indem ein kälterer Planet in eine der Sonne nähere Umlaufbahn bugsiert oder die zu heiße Venus von der Sonne weggeschoben würde. Bei diesem Prozedere wären keine Spiegel von 1000 Kilometer Seitenlänge mehr nötig, um den kalten Planeten aufzuheizen, auch keine künstlichen

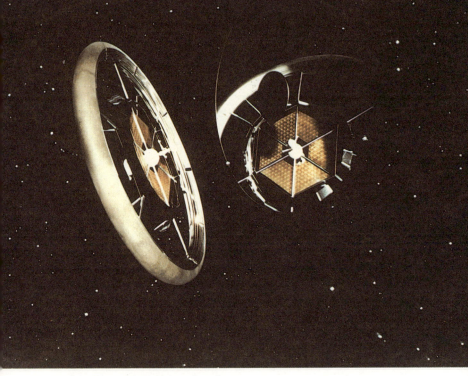

Eine Weltraumkolonie in der Schwärze des Alls

Staubwolken, um einen zu heißen Planeten abzukühlen. Wie aber könnten Planeten »bewegt« werden?

Bei kühnster technischer Phantasie läßt sich keine Energie denken, die Planeten aus ihren Bahnen zu heben vermöchte. Triebwerke, die das schaffen könnten, gehören ins Reich fernster Utopien. – Ingenieure von *Terraforming* lassen sich aber durch den derzeitigen Status nicht abschrecken. Sie sagen: Schafft neue Gravitationsverhältnisse in einem Sonnensystem! Sprengt einen Planeten, und die anderen Himmelskörper werden in neue Bahnen gezwängt! Die neuen Bahnen lassen sich ziemlich genau vorausberechnen, auf einige zehntausend Kilometer kommt es bei diesen Distanzen ja auch nicht an.

Hypothese:

Ein Weltraum-Habitat ist seit 500 Jahren unterwegs und nähert sich einem Sonnensystem. Die xte Generation der Weltsiedler verspürt nicht das mindeste Interesse, sich in eine neue Welt zu begeben, ihre Heimat, ihr »Planet«, ist die Weltraumsiedlung.

Aber das Habitat muß nach langer Reise durch die Schwärze des Alls die Energievorräte ergänzen. Schon vor dem Einflug ins neue Sonnensystem haben Astronomen sechs Planeten ausgemacht, deren Bahnen berechnet, Spektralanalysen angefertigt, Oberflächentemperaturen gemessen. Robotersonden haben in blitzschnellen Exkursionen Chancen für Leben ermittelt. Die Ergebnisse lagen vor. – 1. Planet: glutflüssig – 2. Planet: Temperaturen über 700 Grad – 3. Planet: Temperaturen bis 20 Grad am Äquator, riesige Eispolkappen, orkanartige Stürme aus Sand und Wasserdampf, primitives Leben vorhanden – 4. Planet: Eis unter gefrorener Oberfläche, Permafrost, schwache Atmosphäre aus 96 Prozent Kohlendioxyd, 2 Prozent Stickstoff, 1 Prozent Argon, 0,7 Prozent Kohlenmonoxyd und 0,3 Prozent Sauerstoff – 5. Planet: steril, Eis, keine Atmosphäre, reiche Bodenschätze – 6. Planet: riesiger Himmelskörper, Atmosphäre vorwiegend Methan und Ammoniak, kein Leben.

Die Äbte der *Sending-Mission* frohlocken: Der 3. Planet ist für die Aufzucht von Leben »nach ihrem Ebenbild« geeignet, allerdings müßte er noch etwas näher an die Sonne heranbugsiert werden; dann schmelzen die Polkappen, es bilden sich Ozeane, die Temperatur steigt, der Kreislauf Wasser/Wolken/Regen setzt ein. Zuerst würde man Sauerstoff produzierende Blaualgen aussetzen, dann diverse primitive Lebensformen, hernach Pflanzen und Lebewesen aller Art. Die Krönung des Unternehmens wäre eine gezielte künstliche Mutation an der fortgeschrittensten Spezies – die »Schöpfung« von Intelligenz.

Die vordringliche Sorge der *wissenschaftlichen* Elite gilt der Energie-Beschaffung. Die Sonne des fremden Sonnensystems ist zwar ergiebig, doch fehlt es an Rohstoffen, es fehlt nach jahrhundertelangem Flug an allem, lediglich an Zeit mangelt es nicht. Längst erfreuen sich die im All geborenen Generationen einer viel längeren Lebenserwartung als ihre vermoderten Urahnen. Es macht ihnen nichts aus, 500 Jahre im neu entdeckten Sonnensystem zu verweilen, Rohstoffe abzubauen und gleichzeitig das Experiment der *Sending Mission* zu überwachen. Es stört sie auch nicht, zwischendurch die nächsten drei Sonnensysteme anzusteuern, und nach 2500 Jahren zurückzukehren, um den Verlauf ihres Experimentes zu verfolgen.

Nach langen Berechnungen beschließen die Führungsgremien aus Wissenschaftlern und Äbten, beide Probleme – Energie und Missionsauftrag – in einem Coup zu lösen. Kilometertiefe Bohrlöcher werden in den fünften Planet gesprengt, das Weltraum-Habitat manövriert sich in Sicherheit, dann wird gleichzeitig eine Kette von Wasserstoffbomben gezündet. Wie zuvor berechnet, reißen sie den fünften Planeten in Stücke, das eingependelte Gefüge des Sonnensystems gerät durcheinander. Der dritte und vierte Planet rückt der Sonne näher, der sechste rutscht von ihr weg. Bruchstücke des fünften Planeten schlagen auf anderen Himmelskörpern ein, doch der größte Teil sammelt sich, wie erwartet, in einem Gürtel. Die Brocken kühlen sich rasch ab, das Energieproblem der »Wissenschaftlichen Elite« war damit gelöst. Ab jetzt konnten die Roboter Rohstoffe aller Art direkt auf den durch die Explosion des fünften Planeten neu entstandenen Asteroiden abbauen. Die Sensoren meldeten, wo Eis lag und wo Eisen, wo Uran und wo Titanium. Und die Glaubensbrüder der *Sending Mission* hatten ihren gewünschten Planeten in der Idealbahn des Sonnensystems. *Terraforming!*

Verrückt. Gespenstisch. Utopisch.

Das klingt nur so. Die Genesis, die biblische Urgeschichte der Schöpfung sagt im Grunde nichts anderes.

»*... Und Gott sprach: Das Wasser unter dem Himmel sammle sich an einem Ort, daß das Trockene sichtbar werde! Und es geschah also, und Gott nannte das Trockene Land, und die Ansammlung der Wasser nannte er Meer. Und Gott sah, daß es gut war.*

... Und Gott sprach: Die Erde lasse sprossen junges Grün: Kraut, das Samen trägt, und Fruchtbäume, die nach ihrer Art Früchte tragen auf der Erde, in denen ihr Same ist. Und es geschah also. Die Erde ließ sprossen junges Grün: Kraut, das Samen trägt nach seiner Art, und Bäume, die Früchte tragen, in denen ihr Same ist, je nach ihrer Art. Und Gott sah, daß es gut war.

... Und Gott sprach: Es wimmle das Wasser von lebenden Wesen, und Vögel sollen fliegen über der Erde an der Feste des Himmels! Und es geschah also. Gott schuf die großen Seetiere und alles, was da lebt und webt, wovon das Wasser wimmelt, und alle geflügelten Tiere, ein jegliches nach seiner Art. Und Gott sah, daß es gut war.

... Und Gott sprach: Die Erde bringe hervor lebende Wesen: Vieh, kriechende Tiere und Wild des Feldes, ein jegliches nach seiner Art! Und es geschah also ...«

Ich bin mir bewußt, daß ich mit dieser Allegorie schockiere, daß man mir vorhalten wird, ich technisiere den göttlichen Akt der Schöpfung. Nach meinem Verständnis ist meine Ansicht nicht häretisch. Auch fremde Astronauten – deren ehemalige Existenz zu behaupten ich mir die Freiheit nehme – hatten irgendwann irgendwo ihren Ursprung. Die alten, uralten Fragen – Woher kommen wir? Wann hat alles begonnen? – Und wie? – bleiben unbeantwortet im Raum.

Wird Leben durch intelligente Lebensformen von Sonnensystem zu Sonnensystem weitergetragen, wie dies Nobelpreisträger Francis Crick in seinem Buch *Das Leben selbst*[30] für möglich hält? Entsteht Intelligenz nicht zufällig durch lange Anpassung, sondern durch gezielte, künstliche Mutationen »von außen«?

Freilich ist mir bekannt, Leben und Intelligenz könne genausogut auf der Erde wie irgendwo im All entstanden sein. Mit der Annahme, beides sei »eingeschleppt« worden, wird die Frage in ein anderes Sonnensystem verlagert. Nach dem eigenen Leben müssen wir nicht mehr suchen – uns gibt es. Wo aber sollen wir nach außerirdischen Lebensformen forschen? Auf Barnards Stern? (Sechs Lichtjahre entfernt.) – Auf Alpha Centauri? (vier Lichtjahre entfernt.) – Auf Sirius? (Acht Lichtjahre entfernt.)

Nein, wir Menschen sind uns selbst am nächsten. Wo immer die Antwort nach außerirdischem Leben zu finden sein mag, wir müssen mit der Forschung bei uns, in unserem Sonnensystem, beginnen. Solange andere Welten außerhalb unserer Forschungsmöglichkeiten liegen, bleibt uns gar keine andere Wahl. Vielleicht beunruhigen außerirdische Zivilisationen die gleichen Fragen. *Wir* müssen vorerst in unserem Sonnensystem nach Antwort suchen.

Der amerikanische Astronom John A. Ball warf in seiner Studie *The Zoo Hypothesis* [31] die Frage auf, ob der Mensch vielleicht eine besondere, von Außerirdischen gezüchtete Spezies wäre, die aus dem Weltall beobachtet würde, wie wir in Wildreservaten die Verhaltensweisen von Tieren studieren. Dazu sagt der Astronom und Astrophysiker Professor Nikolaus Vogt von der Universität München:

»Eine intensive Suche nach Manifestationen außerirdischer Intelligenz in unserem eigenen Sonnensystem sollte unternommen werden. Falls wir tatsächlich in einem Zoo leben, sollten wir versuchen, bis ans Gitter vorzustoßen und unseren Wärter zu entdecken. Vielleicht hält er sich im Asteroidengürtel oder anderswo im äußeren Planetensystem versteckt.« [32]

Statt eines Schlußwortes zu diesem Komplex zitiere ich Wilhelm Jensen (1837-1911) mit einem sinnigen Vers:

> Wer etwas allen vorgedacht,
> wird jahrelang erst ausgelacht.
> Begreift man die Entdeckung endlich,
> so nennt sie jeder selbstverständlich.

II.

Phantastische
Wirklichkeit

> DIE VERGANGENHEIT UND DIE GEGENWART SIND
> UNSERE MITTEL. DIE ZUKUNFT ALLEIN IST
> UNSER ZWECK.
>
> BLAISE PASCAL (1623–1662)

Wie verhalten sich Menschen, die aus sprichwörtlich heitrem Himmel plötzlich mit Wesen und Gegenständen konfrontiert werden, denen sie nichtmal im Traum begegnet sind? Von deren Vorhandensein sie keine blasse Ahnung haben. Wie reagiert ein Steinzeitmensch auf den unerwarteten Schein eines Lichtstrahls aus der Taschenlampe? Welchen Eindruck hinterlassen Feuerwerksraketen, die am nachtdunklen Himmel mit Donnerschlägen einen Sternenregen produzieren bei Bewohnern einer einsamen, vergessenen Südseeinsel? Was geht in den Köpfen australischer Ureinwohner vor, an deren Höhlen plötzlich Kampfpanzer vorbeidonnern? Wie reagieren Zwergpygmäen im afrikanischen Regenwald, wenn sich ein Helikopter mit ohrenbetäubendem Lärm vor ihren Strohhütten niedersenkt? Wie entsetzt sind Eskimos beim Anblick eines U-Bootes, das sich in der Nähe ihres Iglus durch Eisschollen emporschiebt? Wie war das damals, als die ersten weißen Eroberer die Indianer in Süd- und Zentralamerika mit ihrem überraschenden Besuch beehrten?

Kulturkonfrontationen werden die Begegnungen einer technisch höher entwickelten mit einer primitiven Kultur genannt. Je größer die Diskrepanz der aufeinander treffenden Welten, umso grotesker sind die Wirkungen.

Der Primitive traut seinen Augen und Ohren nicht, versteht nicht, was sich ereignet. Seine Sinnesorgane melden total Unbegreifliches; er sucht alle Windungen seines Gehirns ab, doch nirgends finden sich Erfahrungen, an denen er das soeben Erlebte messen kann. Der Clan tut sich zusammen, beratschlagt, stellt Mutmaßungen an. Woher kommt, was sich vor ihnen zeigt? Was wollen die fremden Gestalten von ihnen? Bedeuten die fremden Gegenstände eine Gefahr für sie? Es wird geredet und beraten, und mangels einer ihnen plausiblen Erklärung entstehen Gerüchte, Legenden, ja, neue Religionen, denn Kulturkonfrontationen bargen stets auch den Samen für neue Kulte. Belegt und beweisbar.

105

So war es auch vor Jahrtausenden, als außerirdische Raumfahrer erstmals unseren primitiven Vorfahren »erschienen« sind, als diese technischen Geräts ansichtig wurden, das ihnen unverständlich war. Nie hatten sie etwas Ähnliches, etwas Vergleichbares gesehen. So war es vorgestern und gestern, als weiße Conquistadores in die unberührten Paradiese der »Wilden« eindrangen. Wir wissen, was vorgestern, gestern geschah, was heute noch geschieht. Erkunden wir es am Exempel. Und ziehen wir Schlüsse daraus.

Recherchen in Neuguinea

Als einer der letzten weißen Flecken auf der Weltkarte wurde Neuguinea kolonisiert, zuerst von Holländern, Engländern und Deutschen, die dann 1920 von Australiern abgelöst wurden, die allerdings nur in den Küstengebieten siedelten. Um 1930 lebten im Hochland von Neuguinea noch über eine Million Eingeborene, die noch nie etwas von weißen Menschen gehört hatten; sie lebten in Stämmen, unberührt von der Außenwelt, im Zustand der Steinzeit, kannten keinerlei technische Errungenschaften der Neuzeit. Was empfanden, was dachten diese späten Steinzeitmenschen, als sie unvermittelt mit der Zivilisation des 20. Jahrhunderts konfrontiert wurden?

Die australischen Forscher Bob Connolly und Robin Anderson suchten Antworten auf diese Frage. Was sie erfuhren, belegten sie in einer Fernseh-Dokumentation[1]. Die beiden Männer gingen davon aus, daß es noch Australier aus den 30er Jahren geben müsse, die damals dem Team angehörten, das erste Kontakte mit den Eingeborenen erlebte. Sie erhofften sich sogar noch lebende Ureinwohner Neuguineas, die als Kinder oder Jugendliche dabei waren, als sie von den Weißen entdeckt wurden, also das Ereignis aus ihrer Sicht schildern konnten.

Connolly und Anderson hatten Glück.

1926 war auf Neuguinea, der zweitgrößten Insel der Erde auf dem australischen Festlandssockel, ein Goldrausch ausgebrochen. Tausende Australier suchten in den dampfend heißen Küstengebieten der fremden Welt ihr Glück. Der Rausch dauerte nicht lange, denn Malaria dezimierte die Zahl der jungen Abenteurer, außerdem war die Goldausbeute gering. Wenige harrten aus. Sie waren von dem Gedanken besessen, im Landesinnern gäbe es große Mengen des begehrten gelben Metalls.

Zu diesen zähen Golddiggern gehörten die Brüder Michael, Benjamin und James Leahy. Diese drei hartnäckigen Australier pflegten das Hobby des Filmens und Fotografierens. Sie hatten immer – außer dem Gewehr in der Hüfte, Goldwäschersiebe auf dem Rücken – auch Kameras dabei. Ihr erster Kontakt zur Urbevölkerung wurde als einzigartige Dokumentation überliefert. Jetzt, in den 80er Jahren, konnten ihre Landsleute Connolly und Anderson darauf zurückgreifen. Sie fertigten von dem um 1928 entstandenen Bildmaterial Vergrößerungen an, konnten die Schauplätze identifizieren und erneut aufsuchen. Es waren auch Aufnahmen von Personen dabei, die sie den älteren Bewohnern zeigen konnten.

Einige alte Eingeborene erkannten sich selbst wieder; sie sehen heute anders aus, tragen Schuhe, Hosen und Hemden, vor 50 Jahren zeigen die Fotos sie im Lendenschurz und mit Speeren bewaffnet. Ein Greis berichtete:

»Ich war damals noch ein Kind. Mein Vater hatte mich mit auf die Jagd genommen, da sahen wir den ersten weißen Menschen. Ich war zu Tode erschrocken und fing an zu weinen. Der Mann tauchte ganz plötzlich auf. Nie zuvor hatten wir ein solches Wesen gesehen. Woher mochte es kommen? Etwa vom Himmel oder aus dem Fluß? Wir waren ganz durcheinander.«

Benjamin und James Leahy bestätigten diesen Eindruck: »Wir waren etwas absolut Fremdes für sie, etwas, das sie noch nie gesehen hatten.« Die Ureinwohner, schilderten die Leahys, wären fassungslos vor jedem Objekt dagestanden, habe es sich nun um ein Streichholz, eine Konservendose, einen Bleistift oder eine Schere gehandelt. Was dabei in ihren Köpfen vorging, berichteten noch lebende Eingeborene. Es habe für sie nur zwei Möglichkeiten gegeben, erzählten sie, entweder mußten diese Fremden vom Himmel gekommen sein oder es waren die Geister verstorbener Ahnen:

»In unserem Dorf verbreitete sich die Nachricht, daß Blitze gekommen seien. Wir hielten diese Weißen für Blitze vom Himmel. Andere sagten, das sind unsere Vorfahren, die aus dem Reich des Todes zurückgekehrt sind.«

Was sollten sie sich auch sonst vorstellen? Es gab die alten Überlieferungen, die davon wußten, daß die Götter einst vom Himmel niederstiegen und die Menschen in manchen Fähigkeiten unterwiesen hatten, ihnen aber auch rätselhafte Dinge zeigten. Und es gab den Totenkult, den Glauben an ein jenseitiges Reich ihrer Ahnen.

Ein Eingeborener, der die erste Begegnung mit Weißen erlebt hatte, schilderte den Zwiespalt der Gedanken. Die Weißen hatten große, farbige Rucksäcke getragen. »Wir glaubten, darin müßten sie ihre Frauen haben.« Baß erstaunt waren sie über die Hosen der Fremden; sie fragten sich, wo diese Wesen wohl ihre Exkremente lassen würden: »Da kann doch nichts hindurch!«. Logo. So setzte sich in den Köpfen der Gedanke fest, die Weißen müßten himmlische Wesen sein – bis eines

Tages ein Eingeborener aus einem Versteck beobachtete, wie ein Weißer die Hosen herunterließ und sichtlich seine Exkremente absonderte. »Einer von denen aus dem Himmel hat es eben getan!« berichtete der Späher. Einige Mutige beschnupperten den Nachlaß des weißen Mannes und fanden, himmlische Scheiße stinke ebenso wie ihre irdische Notdurft.

Mit Trägerkolonnen waren die Leahy-Brüder über das Gebirge ins Landesinnere vorgedrungen. Während sie nach mehrtägigem Marsch das Lager aufschlugen, näherten sich Eingeborene in demütiger Haltung und brachten ihnen Zuckerrohrstangen und andere Geschenke.

Den Leahy-Brüdern wurde klar, daß sie weder Nachschub in den Urwald von der Küste her, noch gefundenes Gold zur Küste hin transportieren konnten; sie bemühten sich um eine Flugverbindung. Es gelang ihnen auch, die Eingeborenen zur Arbeit an einem improvisierten kleinen Flugplatz heranzuziehen. Diese begriffen zwar nicht, worum es ging, aber die Arbeit machte ihnen Spaß. Zu Tausenden, Männer, Kinder und Frauen, stampften sie singend den Boden plan. – »Sie waren einfach glücklich, einen Grund zum Stampfen zu haben«, berichtete Benjamin Leahy.

Bevor das erste Flugzeug per Sprechfunk herangelotst wurde, erklärten sie den Eingeborenen, ein großer Vogel würde vom Himmel kommen, viele schöne Sachen mitbringen und sogar Menschen in seinem Bauch tragen. Selbstverständlich hatten sich Tausende neugieriger Eingeborener eingefunden, als das Flugzeug auf dem Stampfboden landete. Eine alte Frau erzählte, während der Landung des riesigen Vogels hätten sie sich zu Boden geworfen und ihre Gesichter verborgen; viele von ihnen seien so erschrocken gewesen, daß sie Wasser gelassen hätten. Dann aber seien sie weggerannt und hätten sich versteckt, manche hätten sich eng umschlungen und vor Angst geschrien. Benjamin Leahy beobachtete: »Die Leute waren wie in Panik, denn sie wußten nicht, was da herunterkommt.«

Nach und nach, in dem Maße, wie eine leidliche sprachliche Verständigung möglich wurde, begriffen die Eingeborenen, daß diese seltsamen Weißen keine himmlischen Wesen waren, doch sie blieben davon überzeugt, daß sie nicht von dieser Welt waren. Es mußten die Geister ihrer Ahnen sein! Seit urdenklichen Zeiten war es der Brauch, die Toten zu verbrennen und Asche und Knochen in den Fluß zu streuen. Und was taten diese Fremdlinge? Sie standen stundenlang im Fluß. Sie wuschen den Sand, siebten kleine, gelbe Steine in eigenartige Schüsseln. Es mußten also ihre toten Ahnen sein, die im Fluß nach ihren eigenen Überbleibseln suchten. Wie sonst war ihr merkwürdiges Verhalten erklärbar?

Jahre vergingen. Die Mißverständnisse wurden ausgeräumt. Die

Weißen blieben, es kamen sogar immer mehr, und die junge Generation der Ureinwohner wurde bereits in Schulen unterwiesen, die die Weißen eingerichtet hatten. Die hemmende Sprachbarriere war durchbrochen, die Eingeborenen begannen zu lernen. Was aber wäre geschehen, muß man fragen, falls die Weißen nach nur kurzem Aufenthalt so plötzlich, wie sie aufgetaucht waren, auf Nimmerwiedersehen verschwunden wären? Wenn auf Generationen hin kein neuerlicher Kontakt zur Zivilisation des weißen Mannes stattgefunden hätte?

So sicher wie das Amen in der Kirche wäre ein neuer Kult, eine neue Religion entstanden, ein Kult um die wiederkehrenden Ahnen, die im Fluß ihre Knochen gesucht hatten – ein Kult um die Weißen, die mit einem gewaltigen, lärmenden Vogel vom Himmel niedergestiegen und wieder dorthin entschwunden waren. Genau das wäre geschehen.

Cargo-Kulte entstehen immer wieder

Was sich vor Jahrtausenden ereignete, als fremde Astronauten die Urmenschheit besuchten, geschieht auch in unserem Jahrhundert immer wieder.

Cargo wurde aus dem Englischen übernommen und bedeutet: Ware, Ladung, Fracht.

Ethnologen und Theologen ist bekannt, daß es auf entlegenen Inselgebieten Mikronesiens und Melanesiens – Inselgruppen im nordwestlichen bzw. im westlichen Stillen Ozean – zahlreiche Cargo-Kulte gibt. Was ist ein Cargo-Kult und wie entsteht er?

Eroberer, Missionare, Abenteurer, Militärs haben stets Ware (= Cargo) bei sich, wenn sie erstmals auf bis dahin unbehelligte, von keiner Zivilisation beleckte Eingeborenenstämme treffen. »Ware« ist alles, das Gewehr, eine Konservendose, ein Moskitonetz, auch ein Hut, eine Brille, eine Kamera, sogar Unterwäsche und ein künstliches Gebiß. Man muß sich vergegenwärtigen, daß den Ureinwohnern alle uns selbstverständlichen Dinge unbekannt sind, die einfachen und erst recht die luxuriösen. Sie beobachten interessiert, was die Fremden mit all diesen Sachen anstellen, was sie damit zuwege bringen. Dabei wird der Wunsch wach, auch in den Besitz solcher erstaunlichen Gegenstände zu kommen. Doch wie? Woher haben die Fremden ihre Reichtümer, für die sie offensichtlich nicht einmal arbeiten müssen? In den Köpfen der »Wilden« entwickeln sich zwei alternative Lösungen für das Rätsel: Entweder haben diese fremden Gestalten ihr Cargo vom Himmel oder von ihren verstorbenen Ahnen.

Falls der Segen vom Himmel kommt, könnten sie selbst vielleicht auch in den Genuß von Cargo kommen; deshalb versuchen die Eingeborenen, sich gut mit den Fremden zu stellen, kopieren, wo immer möglich, deren Tun. Stammt das Cargo dagegen von den eigenen Ahnen, dann würde, denken sie, die Ware ja eigentlich den Ureinwohnern selbst gehören. Ihre Legenden bestärken diese Vermutung. Aus ihnen berichteten die Häuptlinge: Die verstorbenen Ahnen leben in einem anderen Reich weiter, in dem es keine körperlichen Gebrechen gibt, in dem alles, was sie begehren, in Hülle und Fülle vorhanden ist, in diesem anderen Reich muß kein Verstorbener Not leiden. Die eigenen Beobachtungen führen sie zu dem Schluß, daß die Toten zurückgekehrt sind und aus ihrem üppigen Reich Cargo, kostbares Gut, für sie mitgebracht haben. – So entstehen Cargo-Kulte.

Klassischer Cargo-Kult

Die Neuen Hebriden liegen im westlichen Stillen Ozean, zu ihnen gehören 80 Inseln. Eine der kleinsten ist Tanna, nur 50 Kilometer lang, aber mit 11 000 Einwohnern und einem aktiven Vulkan. Die Literatur kennt von dieser Insel den geradezu klassischen Fall eines Cargo-Kults, der auch heute noch praktiziert wird.

Es war im Mai 1941, als die Eingeborenen plötzlich ihre Dörfer verließen und sich in den Regenwald zurückzogen. Die Missionare der Adventisten und Presbyterianer, die das Inselvolk zum Christentum bekehrt hatten, standen vor einem Rätsel. Was war so plötzlich in diese Leute gefahren?

Allmählich wurde bekannt, am Inselende, bei Green Point, sei »John Frum« erschienen und habe ein neues Reich angekündigt, in dem niemand mehr arbeiten müsse, weil Cargo in Riesenmengen verteilt würde. Bis heute konnte nicht aufgeklärt werden, wer dieser John Frum war, ob sich hinter ihm eine lebendige Gestalt verbarg oder ob es sich bei der ominösen Erscheinung nur um ein Gerücht handelte. Gerüchte werden jedenfalls unter »Primitiven« ebenso gern für bare Münze genommen wie in unserer angeblich so aufgeklärten Welt.

Sei's drum. Ob echt oder erfunden, dieser John Frum brachte das Sozialgefüge der kleinen Insel Tanna durcheinander. Die Insulaner tanzten in Erwartung des verheißenen Cargo nächtelang in wilder Ekstase, betranken sich und verschenkten, was sie besaßen, weil sie ja nun sehr viel schönere Dinge erhalten würden. Wozu noch arbeiten, wenn John Frum bald das große Glück bescheren würde! Als australische

110

Catalina-Flugboote und schließlich ein amerikanischer Flugzeugträger auftauchten, kannte die Verzückung auf Tanna keine Grenzen mehr.

Um diese Zeit ging bereits das Gerücht um, John Frum habe drei Söhne: Isaak, Jakob und Lastuan (von *last one*, der Letzte).

Tatsächlich zogen drei Insulaner in langen Gewändern als «Propheten« John Frums umher und verhießen das kommende Cargo. Als dann noch die Amerikaner auf Tanna landeten, wurde die Lage noch verworrener. Die Insulaner sahen US-Soldaten, die, wie sie selbst, von dunkler Hautfarbe waren. Das war für sie der untrügliche Beweis dafür, daß Cargo keineswegs nur den Weißen zustand. Die Amerikaner verschenkten allerhand Cargo an die Eingeborenen: Kaugummi, Schokolade, Konserven, Stahlmesser, Spielzeug, alles, was so eine reiche Besatzungsmacht im Gepäck hat. Die Eingeborenen nahmen die Güter mit größter Selbstverständlichkeit als das ihnen versprochene und auch zustehende Cargo an; sie wußten nun, daß ihr »Gott« John Frum und seine Propheten recht hatten. Zufrieden waren sie nicht. Sie meinten, es fiele – angesichts der Mengen von Gütern, die vom Kriegsschiff an Land gebracht wurden – eigentlich zu wenig Cargo für sie ab, zumal das Reich der Weißen über unermeßliche Güter zu verfügen schien. Und all das, was die großen Vögel, Transportflugzeuge, auf improvisierten Flugplätzen entluden, machte sie nur noch begieriger. Solche Flugzeuge wollten sie auch haben, damit der Cargo-Segen vom Himmel über sie käme.

In der Phase dieser orgiastischen Erwartung kommender Glückseligkeit verkündete der Insulaner Neloiag, daß er selbst die Wiedergeburt von John Frum wäre und zugleich der vorbestimmte König der USA und von Tanna. Neloiag trieb seine Landsleute an, auf dem Plateau von Ikelan eine Flugpiste anzulegen, damit Cargo künftig direkt vom Himmel zu ihnen gelangen könne. So nahe der Glückseligkeit, tätowierten sich die Insulaner sicherheitshalber die Buchstaben USA in ihre dunkle Haut, waren sie doch überzeugt, nur unter diesem Zauberzeichen gelange Cargo zu ihnen.

Die Situation spitzte sich zu. Die Missionare baten die Amerikaner, dem Spuk ein Ende zu machen. 46 Kultanführer wurden verhaftet, Neloiag, der König der USA und Tannas, wurde auf eine andere Insel verbannt.

Die Insulaner ließen sich ihre Hoffnung deshalb nicht nehmen. Jetzt verehrten sie die Frau von Neloiag als Königin. Der John Frum-Cargo-Kult blieb auf Tanna bis heute lebendig. Immer noch erwartet das Volk die Wiederkehr von John Frum. Als ein gerissener Händler vor ein paar Jahren seine Waren mit dem Namen John Frum etikettierte – John Frum-Seife, John Frum-Tabak, John Frum-Thunfisch, John Frum-Messer – gingen sie weg wie warme Semmeln.

Lange Listen von Cargo-Kulten

Der John Frum-Cargo-Kult ist kein einmaliger Betriebsunfall. Auch sind die Eingeborenen von Tanna keineswegs besonders naiv. Was auf Tanna geschah – immerhin der Bau eines Geisterflughafens – wiederholt sich ähnlich auch andernorts.

Der deutsche Theologe Friedrich Steinbauer schrieb 1971 seine Dissertation über Cargo-Kulte[2]. In seiner Doktorarbeit listete er über 100 Fälle von Völkern auf, die in den letzten 150 Jahren Cargo-Kulten anhingen. Allesamt irregeleitete Naturvölker, Leichtgläubige, die vom »rechten Weg« abkamen? Auf welchen Mißverständnissen, Irrtümern und Fehleinschätzungen basieren dann die großen Religionen? Mir scheint es eher überheblich, die Kulte der »Primitiven« als dumm, naiv, stumpf und kindisch abzuqualifizieren. Was mögen andere von unseren Lebensformen und unseren religiösen Bräuchen halten? Wenn Christen gesegnete Hostien und Wein als Leib und Brot des Herrn Jesus Christus zu sich nehmen, folgen wir dann einem anderen Impetus als dem der Urvölker? Ist das Nachvollziehen des letzten Abendmahls Jesu mit seinen Jüngern vor der Verhaftung nicht auch die inständige Bemühung, durch Wiederholung Schutz, Segen, innere Ruhe und Verzeihung aller Sünden auf uns zu ziehen? Gläubige erhoffen sich von religiösen Übungen Lohn, wenn nicht schon auf Erden, dann auf jeden Fall doch im Himmel.

Gottesbote aus dem fernen Himmelsland

Die kleine Insel New Britain gehört zu den über 200 Inseln des Bismarckarchipels. Die Bainings, eine Bergbevölkerung, wurde Jahrzehnte von den Küstenbewohnern unterdrückt, Stämme überfielen sie und schleppten Sklaven davon. Kein Wunder, daß die Geschundenen und Gehetzten auf ihren »Erlöser« warteten. Ihre Überlieferung berichtete von dem himmlischen Wesen Namucha, das einst unter den Bainings gelebt hatte, doch fortgezogen war, weil die Menschen seine Ratschläge nicht befolgten. Um 1930 wurde die Rückkehr Namuchas erwartet, und mit ihr sollte das Goldene Zeitalter beginnen, in dem sie nicht mehr arbeiten mußten, alles im Überfluß vorhanden sei, ihre Feinde zugrunde gehen würden. Die Nachbarn der Bainings, der Stamm der Kilenge, erzählte sich sogar, der einstige Gottesbote wäre an einem

112

Spinnfaden ins »ferne Himmelsland geklettert, um erst viel später wiederzukehren«[2].

Hier klingt nicht nur die bei allen Völkern lebendige Messiaserwartung an, sondern auch die Erinnerung an ein Wesen, das »im Himmel« entschwand. Es nimmt nicht Wunder, daß die Insulaner in allen Weißen – irrtümlich – zuerst Heilsbringer oder Erlöser sahen. Sie beobachteten jede ihrer Handlungen, versuchten, sie zu kopieren. Relikte ihres Nachahmungstriebs sind noch heute zu besichtigen.

Weiße, die 1943 ins östliche Hochland von Neuguinea vorstießen, fanden im Markhamtal mehrere aus Bambus angefertigte »Radiostationen« und aus Blättern zusammengerollte »Isolatoren«. Haushohe Bambusstangen sollten »Antennen« darstellen, aus gedrehten Pflanzenfasern waren die Buschhütten durch »Leitungen« miteinander verbunden. Die Bevölkerung trat in Reih und Glied vor den »Radiostationen« an und exerzierte mit Schilfrohrstecken statt Gewehren. Während der Zeremonie wurden Mädchen und Jünglinge geschminkt und mit Kokosöl gesalbt, Fackeln wurden als »Signallampen« geschwenkt, die Leute sangen Lieder, und ihre Anführer redeten pausenlos in kleine, aus Holz gefertigte »Mikrophone«. Die Attrappen sind einfach zu erklären. Späher der Bainings hatten aus sicheren Verstecken das Treiben der Weißen an der Küste beobachtet. Mit Buschtrommeln verkündeten sie die frohe Botschaft: Die Himmlischen oder die Ahnen sind zurückgekehrt, und sie bringen den ersehnten Wohlstand: Cargo. Da aber die so inbrünstig erwarteten Wesen keine Anstalten machten, von der Küste weg zu ihnen ins Innere des Landes zu kommen, bemühten sie sich, die Aufmerksamkeit der Fremden auf sich zu ziehen. Um in den Genuß von Cargo zu kommen, ahmte man alles nach, was die Weißen taten.

Dieses Beispiel reizt dazu, einige Ansichten zurechtzurücken. Für manche ist Phantasie so etwas wie eine Verletzung von Naturgesetzen, eine Flucht vor der Realität. Cargo-Kulte sind jedoch eher Beispiele für das Fehlen von Phantasie. Was leichthin als Produkt üppiger Phantasie abgetan wird, ist, genau genommen, ein absolut normales, fast banales menschliches Verhalten: Es wird – mit den zur Verfügung stehenden Möglichkeiten – nachgebildet, was man bei den Weißen gesehen hat: Antennen, Radiostationen, Gewehre, Mikrofone. Die Replikate stammen nicht aus der Phantasie, sie haben Vorbilder gehabt. Wer sich mit diesen Kulten beschäftigt, tut es nicht ohne Ironie. Aber »Ironie heißt fast immer, aus der Not eine Überlegenheit machen«, wußte Thomas Mann. Genau so ist es.

Woher nahmen wir unsere eigenen Vorbilder?

Woher bezogen wir selbst die Vorbilder für unsere Kultgegenstände? Unseren Kultschmuck, unsere Kultgewänder? Welchem Urmodell wurde die Krone nachgebildet, welchem der Bischofsstab? Wem wurde abgeschaut, daß bestimmte Handlungen nur in protokollarisch festgelegten Gewändern vollzogen werden dürfen? Was ahmen wir nach, wenn in der Fronleichnamsprozession der »Himmel« durch die Straßen getragen wird? Weshalb wird am Altar das »Allerheiligste« verschlossen? Woher stammen die Vorbilder für Engel mit Flügeln und strahlenden Heiligenscheinen? Wo gab es das Urmodell für die Bundeslade, für den Hochaltar und für den himmlischen Thron? Woher bezogen wir Erdenbewohner so abstruse Vorstellungen wie die von einer Himmelfahrt? Erfanden wir selbst die »unbefleckte Empfängnis«, die »Erbsünde«, die »Erlösung«, den Messias?

Die Beschäftigung mit den in unserem Jahrhundert entstandenen Kulten, mit dem Verhalten von Steinzeitmenschen der Gegenwart, läßt einen Spiegel entstehen, in dem wir uns selbst wiederfinden werden. Ursache und Entwicklung von Cargo- und anderen Kulten verschaffen uns die Chance zum Blick in unsere eigene Vergangenheit. Auch wir werden nach den Anfängen, der Ursache unserer Glaubenswelten fragen müssen.

Wer waren unsere Vorbilder und Lehrmeister?

Als ein Russe zum Gott wurde

1871 im September, landete der Russe Maclay mit seinem Schiff *Vitiaz* in Bongu an der Küste Neuguineas. Die Bevölkerung beobachtete ihn skeptisch, verhielt sich ablehnend und reserviert. Doch der Russe war gutmütig, freundlich, auch zäh, denn er überlebte die damals noch meist tödliche Malaria. Einmal sahen die Eingeborenen Maclay in der Nacht mit einer Windlaterne herumgehen, und von Stund an waren sie überzeugt, er wäre ein Mann vom Mond. Maclay erklärte ihnen mühevoll, daß er aus Rußland und nicht vom Mond käme. Darunter konnten sie sich nichts vorstellen. Der Russe war für sie ein besonderes Wesen, nicht nur, weil er weißer Haut war, sondern vor allem, weil er mit einem so großen Schiff und so plötzlich erschienen war. Die Eingeborenen machten ihn kurz entschlossen zum Gott Tamo

Anut, sein Schiff wurde zum göttlichen Fahrzeug erklärt. Als eines Tages von einem Schiffswrack her eine Holzstatue ans Ufer geschwemmt wurde, erhoben sie das Schnitzwerk zum verehrungswürdigen Symbol ihres neuen Gottes Tamo Anut. – Nachdem Maclay 1886 nach Rußland zurückgekehrt war, breitete sich die Verehrung erst richtig aus. Als später Holländer und Deutsche kamen, stießen sie überall auf Symbole und Kultaccessoires des Gottes Tamo Anut, dessen Wiederkehr die Bainings selbstverständlich sehnlichst erwarteten.

Die ewige Wiederkehr

Die Erwartung der Wiederkehr eines entschwundenen vorgeblichen Gottes gehört zum Arsenal der Vorstellungswelt aller Völker. – Der Sepik ist der größte Fluß Neuguineas. Anwohner des unteren Flußlaufs erzählten Weißen die Geschichte von ihrem »Himmelsmann« Laptamo. Dieser Lap-tamo soll einst aus dem Himmel gekommen sein und den Menschen neue Früchte geschenkt haben. Als die Weißen landeten, schickten die Eingeborenen ihnen Körbchen mit Kultgegenständen, weil sie annahmen, Lap-tamo befinde sich unter ihnen und würde die Kultgegenstände sofort wiedererkennen. Am oberen Sepik stießen die weißen Forscher zu ihrer Verblüffung auf kleine, hölzerne Flugzeugmodelle, die als Dachschmuck auf den Hütten befestigt waren oder bei Kulthandlungen verwendet wurden.

Kultgegenstände wurden zu einer Art von Geheimcode zwischen Menschen und »Göttern«, und alles, was »Götter« oder andere unverstandene Wesen taten oder hinterließen, wurde wie ein Losungswort nachgeplappert oder in irgendeiner Form nachgeahmt. So entstand 1945, kurz nach dem Kriegsende, auf einer kleinen, neuguinäischen Insel nahe von Wewak ein regelrechter Geisterflughafen. Eingeborene hatten Flugzeuge beobachtet, die auf einer großen Nachbarinsel landeten; sie hatten erkundet, daß die Flugzeuge auf »einem breiten Pfad« niedergingen, also zweifelsfrei sehr große Himmelsvögel sein mußten. Die Anlage eines »breiten Pfades« auf ihrer eigenen kleinen Insel war damit unabdingbar. Ein Waldstreifen wurde gerodet und planiert, die Himmelsvögel konnten kommen und jede Menge Cargo abladen.

Auf Neuguinea: eine Flugzeugnachbildung aus Stroh …

… und ein Geisterflughafen

Amerikaner als Götterboten

Im Frühjahr 1945 hatten die Amerikaner auf Neuguinea das Gebiet um Hollandia zu einem Basislager gemacht. Zeitweise waren dort 400000 Soldaten stationiert. Flugzeuge landeten non stop, brachten Nachschub für den Krieg im Pazifik. Die Buschbewohner, meistens Papuas, beobachteten das rege Treiben der Fremden mit Argwohn. Ohne Verständnis. Sie hatten keine Ahnung von Weltpolitik, vom verheerenden Krieg rund um den Globus. Ihre Welt war der Busch.

Die Fremden, die über Nacht in ihre Welt eingefallen waren, schienen unermeßlich reich zu sein, sie verschenkten Cargo in Fülle. Aber dann verschwanden die großen, unheimlichen Vögel so schnell wieder, wie sie aufgetaucht waren, vermutlich entglitten sie zum Himmel. Die Insulaner gingen in sich. Was hatten sie falsch gemacht? So schnell an die Wohltaten des Cargo gewöhnt, mochten sie sich nur ungern der mühelos erworbenen Geschenke entwöhnen. Schließlich kamen sie zu dem Schluß, sie müßten es den Fremden gleich tun, um wieder an Cargo heranzukommen. An den verlassenen Stränden bauten sie mit Material aus dem Busch riesige »Lagerschuppen«, in denen sie das allfällige Cargo verstauen wollten. Aus Stroh und Holz wurden nach dem Vorbild der amerikanischen Maschinen Flugzeuge gebastelt. Auch an »Lazaretten«, die sie beobachtet hatten, sollte es nicht fehlen, »Ärzte« und »Krankenschwestern« wurden eingesetzt. Die jungen Eingeborenen trimmten sich im militärischen Drill. – Holländische Inselbeamte betrachteten die Narreteien ziemlich fassungslos, lachten auch darüber. Das traurige Erwachen folgte bald. Kein Cargo füllte die Schuppen. Es wurde alles wieder so, wie es vor dem Erscheinen der amerikanischen Götterboten gewesen war. Zurück blieb nur die Hoffnung, spätere Generationen könnten des reichen Cargo-Segens teilhaftig werden, wenn sie nur emsig das betrieben, was sie täglich gesehen hatten.

Kindischer Aberglauben? Das wäre eine trügerische Überheblichkeit, aus der heraus wir das uns Unverständliche verdrängen. – »Die meisten und schlimmsten Übel, die der Mensch den Menschen zugefügt hat, entsprangen dem felsenfesten Glauben an die Richtigkeit falscher Überzeugungen«, konstatierte Bertrand Russell. Wir übersehen geflissentlich, daß »unsere« Religionen ursprünglich kaum anders entstanden sind. Ich halte es für eine Illusion, daß die westlichen Religionen sich aus Gottes Wort, aus Gottes Vorbild ableiten. Zwischen unseren religiösen Vorstellungen und Verhaltensformen und dem der Cargo-Kulte besteht der Unterschied im wesentlichen doch nur in der Masse der Gläubigen und den Jahrtausenden der verstrichenen Zeit, zu der die Geburtsstunden der Religionen angesetzt werden. Aber Millionen der Gläubigen und der große zeitliche Abstand sagen nichts darüber aus, ob am Anfang nicht auch ein Irrtum, ein Mißverstehen von Technik gestanden hat. Der alttestamentarische Prophet Ezechiel berichtete in exakten Beschreibungen von dem »Herrn«, der mit großem Getöse in einem »Wagen« mit »Flügeln« und »Rädern« vor seinen Augen auf der Erde landete. Lediglich der zeitliche Abstand macht es möglich, dieses Ereignis als »göttliche Manifestation« zu vereinnahmen.

Rosinen aus dem Cargo-Kult-Kreis

Mein Freund Ulrich Dopatka, Bibliothekar der Universitätsbibliothek Zürich, sammelte, sichtete und archivierte Cargo-Kulte aus den Jahrhunderten, als sich im Zeitalter der großen Entdeckungen Kulturkonfrontationen abspielten. Dopatka, der noch an seinem Buch arbeitet, erlaubte mir, vorweg einige Geschichten zu übernehmen, Perlen der Vergangenheit. Rosinen aus der Gegenwart.

Am 16. Oktober 1978 strahlte BBC-London in der Dokumentarserie PANORAMA einen Film von einem Raketenstart in Zaire, Afrika, aus. Die Kamera zeigte eine Gruppe von Schwarzen, die das Ereignis bestaunten. Ein Dolmetscher erfragte, was sie für einen Eindruck hatten. Ein Schwarzer antwortete: »Das sind unsere mächtigen Freunde, die Feuer in den Himmel schicken!« – Man müßte nochmal hinfahren, um festzustellen, ob sich ein Raketenkult entwickelt hat.

Als Ethnologen erstmals den Stamm der Tasaday auf den Philippinen mit einem Helikopter aufsuchten, warf sich eine Greisin auf den Boden und verbarg ihr Gesicht. Ihre Stammesbrüder bewunderten das himmlische Ungetüm aus sicherer Entfernung. Nach vorsichtigen Kontakten schmuggelten die Wissenschaftler ein Tonbandgerät in die Höhle einer Tasaday-Sippe, um die Reaktionen sozusagen an der Quelle festzuhalten. Auf »dem Ding, das die Stimme stiehlt«, waren dann Worte der Ehrfurcht und des Staunens vor dem »großen Vogel« zu hören, der ihnen Cargo, große Geschenke, gebracht hatte. Sie äußerten die Hoffnung, daß sie stets von neuem in den Genuß der feinen, fremden Geschenke kommen würden, wenn sie sich nur mit den Bewohnern des »großen Vogels« gut stellen würden.

Die Tasadays stehen für die Regel, daß die in ihrer primitiven Welt Überraschten zunächst von Neugier und Angst erfüllt sind und versuchen, die ihnen fremde Technologie mit Begriffen aus der ihnen vertrauten Lebensumwelt zu belegen. – Analog dazu wurde bei den Indianern aus der ersten schnaubenden Dampflokomotive das »Feuerroß«, die Telegrafenleitung längs der Eisenbahnstrecke zum »singenden Draht«. Oft versuchen die Angehörigen von Naturvölkern, technische Konstruktionen nachzubilden. So stellte Frank Hurley in den 20er Jahren während seiner Neuguinea-Expedition fest, daß Eingeborene des Dorfes Kaimari sein Flugboot, mit dem er gekommen war, bald simplifiziert nachgebaut hatten und den Kindern als Spielzeug schenkten.

Die venezuelanische Ethnologin L. Barcelo berichtet vom markanten Fall einer modernen Mythenentstehung. Ihre Forschungen galten dem Indiostamm Pemon im Gran Sabana-Gebiet Venezuelas. Nach den Überlieferungen der Pemon war deren Kultbringer der Gott Chiricavai, der nach seinem Erdenaufenthalt zu den Sternen heimkehrte, aber irgendwann wiederkommen wollte. Bei ihrer Spurensuche entdeckte Frau Barcelo auch neuere Felszeichnungen der Pemon-Indianer. Was sie sah, überraschte sie sehr: Die Indios hatten in den Himmelsbereich ihres Gottes Chiricavai ein fremdes Objekt eingezeichnet, das auf früheren Felsmalerei nicht existierte. Die Ethnologin fragte den Oberpriester der Pemon, und dieser antwortete wie selbstverständlich: »Das sind die Russen!« – Wie das? Frau Barcelo kam dem Unverständlichen auf die Spur. Irgendein Stammesmitglied hatte davon gehört, die Russen hätten ein »himmlisches Gefährt« – einen Satelliten – ins Weltall geschossen. Diese Nachricht sprach sich herum. Die Pemon waren sogleich davon überzeugt, sie könnten über »die Russen« ihrem alten Gott Chiricavai eine Nachricht zukommen lassen. Kurz entschlossen verfaßten drei Schreibkundige des Stammes einen Brief an die Russen und vertrauten ihn zur Weiterleitung einem Missionar an. Dieser Brief wurde in einem kleinen Missionsblatt abgedruckt und wurde zum vielleicht kuriosesten Dokument[3] über das Verhalten von Naturvölkern gegenüber fremder Technik:

»Sehr geehrte Russen,
würden Sie mir bitte den Gefallen tun, diesen Brief an meinen Schwager Chiricavai zu schicken, der vor einigen Jahren auf einen jener Sterne gefahren ist, die nahe beim Mond sind.
Lieber Schwager Chiricavai,
ich sende Dir diesen Brief mit Hilfe der Russen, um Dir Nachrichten von Deinen Verwandten zu geben und Dir zu sagen, daß es uns seit Deiner Wegreise schlecht geht und wir viel leiden. Früher starben die Indianer nicht und wir waren zahlreich, aber heute sind wir nur wenige, denn die Kanamais (die Weißen, EvD) bringen uns um. Schicke uns ein paar gute Flinten, nicht diejenigen, die aus Brasilien kommen, sondern wie die aus Uaranapi, welche die Erde beben lassen. So werden wir die Kanamais vernichten und viele Schirmvögel und Wild erlegen. Wie geht es Dir

dort oben? Hier haben wir viel Katarrh, viel Durchfall, viele Stechmük-
ken, die uns nicht schlafen lassen. Lieber Schwager, wir müssen vieles
durchmachen, weil sich niemand um uns kümmert. Dank sei den
Missionaren, die uns sagen, daß es nach diesem Leben ein anderes,
besseres gibt für uns, die wir leiden, wenn wir gut sind. Sonst weiß ich
nicht, was aus uns werden soll. Tragt Ihr dort oben Kleider oder geht Ihr
noch im Lendenschurz herum? Schicke uns ein Stück rotes Tuch. Ich
möchte auch wissen, wie Du auf jene Sterne gefahren bist, denn soviel
ich darüber nachdenke, finde ich es nicht heraus. Bist Du vielleicht auf
einem Aasgeier hinaufgeflogen? Heute versichern uns die Russen, daß
man bald hinauffahren kann. Am besten kommst Du herunter, um
ihnen zu sagen, wie *Du* hinaufgefahren bist, damit sie sich nicht so sehr
den Kopf zerbrechen. Falls Du diesen Brief nicht mehr verstehst, weil er
auf Spanisch ist, sende ich Dir diese paar Worte auf Indianisch: Chiricavai achike non pona adombaton piak! Chiricavai, komm herunter auf die
Erde nach Hause zu Deinen Verwandten. Das ist alles.
Auf Wiedersehen! Dein Schwager Uaipayuri«

Historische Kulturkonfrontationen

Sie begrüßten uns, als ob wir vom Himmel kämen«, schrieb Christoph
Kolumbus (1451-1506) nach der Landung auf einer Bahama-Insel in
sein Bordbuch. Dieses eindeutige Mißverständnis nutzten seine spani-
schen Nachfolger Hernando Cortez (1485-1547) und Francisco Pizarro
(1478-1541) schamlos aus. Ihnen kam der Glaube der Azteken und Inka
zu Hilfe, der ausgerechnet für die Ankunftszeit der Eroberer die Wiederkehr der Götter Quetzalcoatl und Tici Viracocha verheißen hatte.

Die Eingeborenen von Tahiti hielten den englischen Weltumsegler
und Entdecker James Cook (1728-1779) bei seiner Ankunft für ihren
wiedergekehrten Gott Rongo, der der Legende nach ihre Insel auf einem
»Wolkenschiff« verlassen haben sollte. – Dem Seefahrer Walter Raleigh
(1552-1618), im Auftrage seiner Königin Elisabeth I. auf der Suche nach
dem sagenhaften Dorado, wurde von den Indianern Virginias ein trium-
phaler Empfang bereitet, und auch Pedro Alvares Cabral (1468-1526),
der für den König von Portugal Brasilien entdeckte und in Besitz nahm,
konnte sich stürmischer Huldigungen der Eingeborenen kaum erweh-
ren. – Dieser Enthusiasmus galt nicht den rüden Eroberern, man hielt sie
schlicht für heimgekehrte Götter.

Mit einer Volte in die Gegenwart. Wenn Hans Bertram von seinen
abenteuerlichen Flügen schrieb und erzählte, ließ er die Geschichte nicht

Bei seiner Landung auf Haiti wurde Kolumbus in Espanola von den Eingeborenen mit Gaben überhäuft

aus, wie eine simple Fliegerbrille – das Cockpit war seinerzeit offen – in Australien sein Leben rettete. Die Aborigines, die Ureinwohner, griffen ihn und seinen Begleiter nur deshalb nicht an, weil sie von den Felszeichnungen her Gestalten kannten, die mit ähnlich dicken Brillen dargestellt waren, und das waren ihre Götter. »Einmal im Leben durfte ich mir wie ein Gott vorkommen, und das rettete mir das Leben vor den bös dreinblickenden Aborigines!« erzählte Hans Bertram.

Nicht nur Personen wurden der Götterwelt assoziiert, auch Gegen-

121

Dem Weltumsegler James Cook warfen sich die Eingeborenen von Hawai ehrfürchtig zu Füßen

stände. Von weißen Eroberern zurückgelassen, verehrten Eingeborene sie bald als Kultobjekte. Francis Drake (1540-1596), für seine der Krone einträglichen Segelreisen 1580 geadelt, nahm 1579 die kalifornische

Küste in englischen Besitz. Zur Proklamation als Eigentum deponierte er – auf kräftigen Pfosten verankert – eine Messingplatte, in die eine Six-Pence-Münze mit dem Konterfei von Königin Elisabeth I. eingearbeitet war. Säule und Messingplatte wurden zum Zentrum für religiöse Rituale der Eingeborenen.

Ähnliches passierte 1565 in Florida. Dort errichtete der französische Kapitän Jean Ribault, auch zur Demonstration des Besitzes, eine Säule und schmückte sie mit einem Wappen. Jahre später kam sein Landsmann Landonnière an den Platz und fand die Säule mit Girlanden geschmückt und von Opfergaben umstellt; er selbst wurde mit Geschenken überhäuft. – Auf dieser Linie finden sich in ganz Afrika – überall dort, wo Portugiesen und Spanier Grenzen mit Statussymbolen markiert oder auch nur mit farbig bemalten Pfosten abgesteckt hatten – Kulte in Erinnerung an die Ersterscheinung des geheimnisvollen weißen Mannes.

Die Verehrungsweisen nehmen mitunter komische Züge an. Von Technik unbeleckt, wissen die Eingeborenen nicht, ob technisches Gerät, das sich bewegt, ein Lebewesen ist. Als Frank Hurley in den 20er Jahren seine Expeditionen in Papua-Gebiete Neuguineas unternahm, mußte er erfahren, daß die Eingeborenen nicht nur ihn selbst für ein göttliches Wesen hielten, sondern auch sein Wasserflugzeug als etwas »Göttliches« verehrten; allabendlich erschienen sie mit einem geschlachteten Schwein, das sie am Bug seiner Maschine opferten.

Die Neigung, Kulte entstehen zu lassen, bedarf nicht einmal der persönlichen Begegnung. – 1964 war irgendeine positive Nachricht über Maßnahmen des US-Präsidenten Lyndon B. Johnson bis auf die Pazifikinsel New Hannover vorgedrungen. Mehr als daß es eine gute Tat war, wußte man nicht. Die aber ließ in der Vorstellung der Insulaner den fernen Präsidenten zu einem ausgezeichneten Regenten und menschenfreundlichen Herrn avancieren, dessen Fähigkeiten auch ihr tristes Los verbessern konnte. Wie eine Epidemie breitete sich von Dorf zu Dorf der Johnson-Kult aus. Im März 1965 lieferten Häuptlinge, Wortführer des Johnson-Kults, auf der Missionsstation einige Säcke mit Geldmünzen ab: Dafür wollten sie den Präsidenten kaufen! Die Pater schickten die Insulaner mit den Geldsäcken heim und erklärten ihnen, daß man den Präsidenten Johnson nicht kaufen könne. Gleichwohl hat der Johnson-Kult noch heute seine stillen, unverdrossenen Anhänger. – Sogar Prinz Philip, Herzog von Edinburgh, Gemahl der Königin von England, kann sich eines Kults erfreuen: Der Stamm der Iounhanas auf der Insel Tanna erkor ihn zu seinem Gott. Es ist der sehnlichste Wunsch der Eingeborenen »Gott Philip« möge unter ihnen leben; damit er jederzeit zu ihnen vom Himmel niedersteigen kann, wurde eine Landepiste für sein Himmelsgefährt in den Busch geschlagen, und – Ehre wem Ehre gebührt! –

Jean Ribault, französischer Seefahrer, ließ eine Gedenksäule errichten. Sie wurde von Eingeborenen als Gottessäule okkupiert, und zu Ehren ihres Gottes deponierten sie Opfergaben. Kupferstich von 1590

Am Bug des gewasserten Doppeldeckers opferten Eingeborene jeden Abend ein Schwein

es werden für sein allfälliges Erscheinen ständig drei Jungfrauen in Bereitschaft gehalten. Gott müßte man sein.

Der Verhaltensforscher Professor Irenäus Eibl-Eibesfeldt, Leiter der Gruppe für Verhaltensphysiologie beim Max Planck-Institut im bayerischen Seewiesen und Lehrstuhlinhaber in München, beobachtete den modernen Fall einer Kultentstehung in West-Neuguinea. Dort lebte in den nördlichen Ausläufen der zentralen Gebirgskette das Volk der Mek. Es glaubt seit altersher, daß sein Urvater Yaleenye einst unter »Dröhnen und Tosen«[4] aus einem Berg auftauchte, durch die Luft geflogen sei und das Menschengeschlecht und die Pflanzenwelt erschaffen habe. Als die Weißen mit Flugzeugen landeten , wiederholte sich, was auch bei anderen Naturvölkern beobachtet wurde: Die Mek verspürten das dringende Bedürfnis nach einer Flugpiste, um ihren Geistern Gelegenheit zu geben, sie aufsuchen zu können. Eibl-Eibesfeldt: »Die Piste war für sie der Erscheinungsort einer neuen Kultur, mit der sich die religiöse Wiederholung der Schöpfung und begehrte Güter verbanden.« – Cargo.

Wo sich der Geist im »Geist« irrt!

Der Weg zum Begreifen der Realität ist mit Irrtümern gepflastert, und die beharrlichsten Verwirrungen schleichen sich mit sprachlichen Etikettierungen ein. Von den Naturvölkern übernommen, bezeichnen auch Ethnologen die plötzlich auftauchenden weißen Eroberer gern als »Geister«. Als Geister werden im Volksglauben numinose Wesen bezeichnet, die in den Bergen, Seen, Wäldern und Steppen zu Hause sind; ihnen wird die unwirkliche Kraft zugetraut, Krankheiten und Katastrophen herbeizaubern zu können. Geister sind mit Aberglauben verbunden, und wo es unheimlich wird, sind Geister dabei; auf der Geisterbahn, aktiv handelnd als Geisterbeschwörer, als Schock beliebt mit Geistererscheinungen, Grusel machend die Geisterhand, unheimlich die Geisterschreiber unbegabter Autoren, gern herbeigerufen die Geisterstimme. – Nun tauchen allemal, wenn etwas Unverständliches sich ereignet, Beschreibungen auf, die mangels exakter Begriffe entsprechend undeutlich geraten. Sprachanalytische Gespräche mit Ureinwohnern waren anfänglich an keinem Ort möglich, weil Dolmetscher fehlten, die Klarheit hätten schaffen können. Wären sie anwesend gewesen, hätte sich ergeben, daß die »Primitiven« die so plötzlich aufgetauchten Fremden deshalb als Geister bezeichnet haben, weil ihnen eine sinngemäße Benennung des Überraschenden unmöglich war. Aus diesem Grund gefällt mir die Charakterisierung der ersten Weißen durch die

Naturvölker als Geister nicht, denn diejenigen, die sie gesehen hatten, waren weit davon entfernt, »Geister« zu sein, und die Kriegsschiffe, Flugzeuge waren alles andere als »Geisterwerkzeug«. Sie benannten die »Erscheinungen« nur deshalb so, weil ihnen die Vorgänge selbst unverständlich waren. Wenn durch die Fachliteratur in solchen Zusammenhängen Geister geistern, werden die ganz realen Personen zu Spukgestalten, die technischen Geräte zu obskuren Naturphänomenen. Die Geisterwelt verdaut alles, was man ihr zuschiebt. – Vor kurzem las ich bei Goethe ein Wort, das er seinem Sekretär Eckermann diktierte: »Die alte Wahrheit behält ihr Recht, daß wir eigentlich nur Augen und Ohren für das haben, was wir kennen.« – Die Urbevölkerungen hatten die Augen und Ohren nicht, weil sie die Repräsentanten einer fremden Welt nicht kannten.

Der Diplomat und Dichter Erwin Wickert schildert in seinem 1985 erschienenen Roman *Der verlassene Tempel* die Geschichte eines genialen Heidelberger Mathematikers, der die Zeit-Formel erfand, sich damit ins Italien des dritten Jahrhunderts katapultierte, unter Göttern lebte, um zuletzt selbst im verlassenen Tempel auf einer angebeteten Säule zu stehen... eine interessantvergnügliche Wippe zwischen Vergangenheit und Gegenwart. – Der Zeitreisende ist auch eine in der Science Fiction-Literatur oft auftauchende Gestalt: der große Professor, der die Zeitmaschine erfindet und damit durch Generationen in die Vergangenheit rasen kann. Materialisiert, taucht er zum Schrecken von Sekretärinnen und Chefs in Büros unserer Tage auf, spricht unsere Sprache nicht, sieht sich um, schaut auf den Kalender und erkennt, daß er in der falschen Zeit gelandet ist. Quizfrage: Als was betrachteten Sekretärinnen und Chefs den Mann aus der Zukunft? Als »Geist«. Logo. Richtig wäre es, zu sagen, er tauchte auf *wie* ein Geist, nicht aber er *war* ein Geist, denn in der Science Fiction-Version war er leibhaftig da. – Ich bin kein UFO-Apologet, möchte aber einiges zurechtrücken. Alleswissende sind sich einig, daß es erstens UFO's nicht gibt, sie zweitens bestenfalls eine Sinnestäuschung sein müssen oder, drittens, gar eine »geisterhafte Erscheinung« gewesen sind. Falls es, wer weiß?, UFO's doch gibt, werden sich deren Besatzungen über uns gleichermaßen amüsieren wie manche Supergescheite über Cargo-Kulte.

Ich schreibe keine Dissertation, die meinem Doktorvater gefallen muß. Ich klopfe Cargo- und ähnliche Kulte nicht daraufhin ab, wo de facto von »Geistern« (der Ahnen!) gesprochen werden kann, wann die Ureinwohner mit dem gleichen Wort menschliche Gestalten benannten, wo Außerirdische die Initiatoren von Kulten wurden. Mir ist klar, daß um diese Kulte viele Rätsel sind, daß sich auch mißverstandene Naturphänomene eingenistet haben. Mir reichen die simplifizierenden Deutungen nicht, weil sie das außerirdische Element außer Betracht lassen, den realen Besuch »himmlischer Wesen«, die einst unsere frühesten Vorfahren beehrten. Alles an Erklärungen mag hingenommen werden, sobald auch dieser Aspekt Eingang in die Überlegungen findet.

Science Fiction Phantasie meint, so könnte es gewesen sein

Ironggali

Die Urbevölkerung der Salomon-Inseln im Stillen Ozean bewahrt einen verwirrenden Schöpfungsmythos, der eine zentrale Figur auftreten läßt, die weder mit Geistern noch Irdischen in Verbindung zu bringen ist. Diese Figur hieß Ironggali, und das bedeutet übersetzt: Der von oben über alles Blickende. Der Mythos beschreibt Ironggali als ein Wesen, das stets in der Luft gewohnt und keinen Boden gebraucht habe; Tag und Nacht sei er da gewesen, und seine »Abfälle« habe er ins Meer geschüttet, er habe für sich allein gelebt und nur von Zeit zu Zeit wäre er über dem Meer stehengeblieben, um mit den Füßen zu wedeln. Schließlich habe Ironggali Bäume, Früchte, Tiere und Menschen erschaffen. Bei Ironggali geht es so zauberhaft zu wie im zauberhaften Zirkus Roncalli, der groß und klein in Staunen versetzte.

Mythen entstanden nicht von ungefähr. Vor hundert und mehr Jahren gab es keinen fliegenden Weißen, der über dem Stillen Ozean hätte schweben können, der keinen Boden unter den Füßen benötigte, und Geister produzieren keine Abfälle, die sie, umweltverschmutzend, ins Meer zu werfen hätten. Wer genau hinhört, hinsieht, erkennt, welchen feinen Unterschied die »Primitiven« zwischen Geistern und realen Wesen machten. Gaben sie »Geistern« schöne Frauen an die Seite und ließen es zum Geschlechtsverkehr kommen, dann war das wirklich keine geisterhafte Betätigung.

Was Berossus schrieb

Als Alexander der Große noch über Babylon herrschte, lebte dort – etwa um 350 v. Chr. – der Priester des Marduk (auch Bel oder Baal) Berossus. Nach babylonischen Urkunden schrieb Berossus in griechischer Sprache ein dreibändiges Geschichtswerk (*Babylonika*); das erste Buch befaßte sich mit Astronomie und der Erschaffung der Welt, das zweite mit den zehn Urkönigen vor der Sintflut und den 86 Königen, die darauf folgten; das dritte Buch, reine Geschichte, reichte bis zu Alexander. Die *Babylonika* ist in Fragmenten erhalten geblieben, Lucius Seneca zitierte daraus, Flavius Josephus, Zeitgenosse Jesu, zählte Berossus unter die großen Wissenschaftler der Vergangenheit. – Selbstverständlich standen dem Marduk-Priester für sein Werk Dokumente aus früheren Jahrhunderten zur Verfügung, es gibt nur noch Fragmente davon, denn

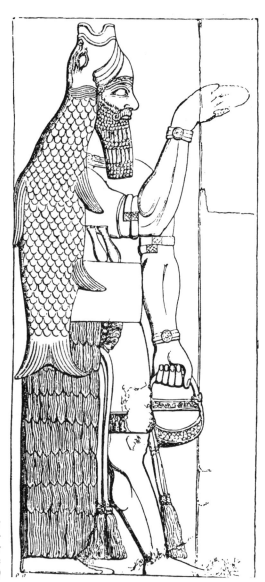

Eine babylonische Oannes-Darstellung – 2000 Jahre älter als der Baal-Priester Berossus (Irakisches Museum, Bagdad)

schließlich wurden alle großen Bibliotheken der Welt – in Babylon, Pergamon, Jerusalem, Alexandria und Rom – zerstört. Sich auf eine viel ältere Überlieferung berufend, schrieb Berossus:

»Im ersten Jahr ist aus dem Erythräischen Meer (heute Arabisches Meer, EvD), wo es an Babylonien grenzt, ein vernunftbegabtes Lebewesen mit dem Namen Oannes erschienen. Es hatte einen vollständigen Fischkörper. Unter dem Fischkopf aber war ein anderer, menschlicher Kopf hervorgewachsen, sodann Menschenfüße, die aus seinem Schwanz hervorgewachsen waren, und eine menschliche Stimme. Sein Bild wird bis jetzt aufbewahrt. Dieses Wesen verkehrte den Tag über mit den Menschen, ohne Speise zu sich zu nehmen, und überlieferte ihnen die Kenntnis der Schriftzeichen und Wissenschaften und mannigfache Künste, lehrte sie, wie man Städte baut und Tempel errichtet, wie man Gesetze einführt und das Land vermißt, zeigte ihnen das Säen und Einernten der Früchte, überhaupt alles, was zur Befriedigung der täglichen Lebensbedürfnisse gehört. Seit jener Zeit habe man nichts darüberhinausgehendes erfunden. Oannes aber habe über die Entstehung und Staatenbildung ein Buch geschrieben, das er den Menschen übergab.«

Wo wurde diese bedeutende und seriöse Darstellung – von den wenigen Gelehrten, die sich überhaupt damit beschäftigten – abgelegt? Unter MÄRCHEN! Berossus, ein großer Wissenschaftler in seiner Zeit, wurde disqualifiziert, weil sein Bericht mit den sogenannten wissenschaftlichen Erkenntnissen nicht unter einen Hut zu bringen ist! Vorgeschichtliche Schriftsteller, die Berossus bestätigen, werden gleich mit unter die Märchenerzähler eingereiht.

Ist übersehen worden, vergißt man absichtsvoll, daß im Heiligen Buch der Parsen, im *Awesta*, unter dem Namen Yma ein gleich geheimnisvoller Lehrmeister aus dem Meer auftauchte und die Menschen unterwies? Bei den Phöniziern heißt das Wesen gleicher Herkunft und Fähigkeit Taut, und im alten China, zur Zeit des Kaisers Fuk-Hi, ist überliefert, daß aus dem Wasser des Meng-ho »ein Ungeheuer mit Pferdekörper und Drachenkopf erschienen (ist), dessen Rücken eine mit Schriftzeichen versehene Tafel trug«[5].

Oannes, Yma, Taut und das Wesen aus China sollte man uns nicht ernsthaft als »Geister« unterjubeln. Die haben keine »Kenntnisse der Wissenschaften und Schriftzeichen«, sind auch unfähig zu lehren, wie man »Städte und Tempel« baut, die Hand zu führen, wie man »Gesetze einführt und das Land vermißt«. Geister pflegen üblicherweise nicht, »ein Buch (zu) schreiben und der Menschheit (zu) übergeben«.

Im zweiten Jahrhundert nach Christus lebte ein Wissenschaftler, der seinen Kollegen vom Ende des zweiten Jahrtausends Nachdenkenswertes ins Stammbuch schrieb. Das war der Philosoph, Rhetoriker und Sophist Lucius Apuleius, der zur Zeit des Kaisers Mark Aurel (161-180 n. Chr.) lebte. Apuleius war ein weitgereister Mann, hatte in Karthago und Rom studiert, kannte ägyptische Priester und Tempel und hatte Zugang zu alten Überlieferungen des Volkes am Nil. Hellsichtig schrieb er in seinen *Metamorphosen*:

»Eine Zeit wird kommen, wo es scheinen wird, als hätten die Ägypter vergebens fromm und eifrig der Gottheit gedient, denn die Gottheit wird von der Erde in den Himmel zurückkehren, und Ägypten wird verlassen dastehen... Oh Ägypten! Ägypten! Von deinem Wissen werden nur Fabeln übrigbleiben, die den späteren Geschlechtern unglaublich dünken.«

Resumee

Mit meinem Exkurs über Kulte, vornehmlich hier die Cargo-Kulte, wollte ich belegen:
- daß neue Kulte (und Religionen) aus Konfrontationen mit unverstandener Technik geboren werden,
- daß Gegenstände der höheren Kultur von der niedrigeren als »göttliche Objekte« verehrt werden,
- daß Angehörige der niedrigen Kulturen versuchen, auf sich aufmerksam zu machen,
- daß sie oft glauben, technische Geräte seien lebendige Wesen,
- daß sie die Handlungen und Verrichtungen der unverstandenen Fremden imitieren.

Man muß nach den Uranfängen mancher Kulte nicht mit der Stange im Nebel herumsuchen. Cargo-Kulte entstanden in unserem Jahrhundert, Kulte um große Eroberer und Weltumsegler in historisch überschaubaren, gesicherten Zeiten. Aus diesen Verifizierungen ist bekannt, weshalb und wie Kulte initiiert wurden. Bietet es sich nicht an, liegt es nicht nahe, diese Verhaltensweisen auf Völker vorgeschichtlicher Epochen zu übertragen, zumal viele die Merkmale von Cargo-Kulten aufweisen? Was waren die Originale für die Kultobjekte, die sich Völker in der Vorzeit schufen? Falls sie technisches Gerät als Vorlage nahmen, wenn sie die Wirkungsweisen des Unverstandenen in ihren Mythen beschrieben, was haben sie dann gesehen? Sie wollten auf sich aufmerksam machen; auf wen zielten sie mit ihrem Gebaren? Wo Tempel als Verwirklichung himmlischer Residenzen gebaut wurden, welche himmlischen Residenzen waren dann die Vorlagen, die Baupläne? Wessen Aufmerksamkeit suchten sie zu finden, wenn sie gigantische Zeichen in den Boden scharrten, die nur hoch aus der Luft zu sehen waren? Wem wollten sie was signalisieren?

Vier Alternativen stehen im Raum:
- Kulte, Religionen entstanden aus der Phantasie, aus dem unfaßbaren »Geist«, als ein durch natürliche Phänomene angeregtes Wunschdenken.

- Völker, Stämme wurden bereits vor Jahrtausenden mit Menschen höher entwickelter Kulturen (Zivilisationen) konfrontiert – in einer Art von vorgeschichtlichem Cargo-Kult-Werden.
- Es gab vor Jahrtausenden schon eine *irdische*, technische Zivilisation, die primitivere Lebensbedingungen beeinflußte.
- Verehrte und kopierte »Götter« waren Außerirdische.

Im Prinzip ist jede dieser Varianten möglich, doch lassen sich die beiden ersten für viele Kulte, nicht für alle, ausschließen. Das belegen fundierte historische Studien, das besagen einwandfreie Überlieferungen. Alle Welt weiß, daß weder Inka-Herrscher noch Julius Cäsar, weder Sokrates noch die alten Perserkönige Flugzeuge, Raumschiffe gar, gekannt haben. Mythen und Überlieferungen, die Geschichtsbücher der Frühzeit, berichten aber von *fliegenden* Göttern, von dem Bemühen der Vorvorderen, es den *fliegenden* Wesen gleichzutun; zugleich wird versichert, daß *himmlische* Lehrmeister sie in lebenswichtigen Dingen unterwiesen haben. Das alles kann anderen alten Völkern nicht abgeschaut worden sein, denn die hatten vom Überlieferten selbst keine Ahnung. – Die dritte Alternative darf für manche Kultfälle – wiederum nicht für alle! – ausgeschlossen werden. Nichts steht in Geschichtswerken von technisch hochentwickelten Zivilisationen im frühen Altertum – mit Ausnahme der Atlantis-Legende. Hat es aber Atlantis gegeben, dann ist es unter Punkt 4 der Vorschläge einzureihen, denn Atlantis soll von Göttern geschaffen und beherrscht worden sein. Schließlich sprechen die Überlieferungen ausdrücklich nicht von *irdischen* Wesen, nicht von Menschen, die die frühen Erdbewohner heimgesucht haben, sondern stets von *himmlischen* Gestalten, die vom Himmel oder aus weiter Ferne kamen. Wo aber, wie bei den Cargo-Kulten, Menschen von Menschen besucht werden, merken die Eingeborenen in nieder entwickelten Kulturräumen schließlich doch, daß die als göttlich verehrten Wesen Menschen sind, dazu tragen die Bemühungen der heutigen *explorer* bei, die schnell und bemüht die Sprachen erlernen, um mitteilen zu können, aus welchem Land sie herkamen. Oder sie würden, um ihre Geschäfte zu betreiben, von Zeit zu Zeit wiederkommen. So sehr sie herbeigesehnt wurden, kehrten meines Wissens weder der Inkagott Viracocha noch sein Maya-Kollege Quetzalcoatl an ihre Tatorte zurück, und auch die fliegenden Majestäten, die »Wächter des Himmels«, aus dem Report des Propheten Henoch verschwanden auf Nimmerwiedersehen.

Bleibt für mich – klar! – nur der vierte Vorschlag diskussionsfähig. Es sei denn, man hat den traurigen Mut, alle Chronisten der Frühzeit mit ihren Berichten als Lügner abzustempeln. Es gab damals, das darf ich unterstellen, keine Nachrichtenagenturen. Wieso stimmen denn die Schilderungen *im Kern* überein? Oder sollten alle frühzeitlichen

Berichterstatter auf einer himmlischen Hochschule indoktriniert worden sein?

»Wer das Gewisse aufgibt und das Ungewisse verfolgt, der verliert das Gewisse, und auch das Ungewisse ist verloren«, heißt es im altindischen *Veda, Narajana, Hitopadesa* I, 205.

Krondokument Nazca

Unsere Erde wimmelt sozusagen von Relikten nachempfundener »himmlischer Residenzen« und von »Geisterflugplätzen«. Für alle anderen möchte ich vom klassischen, vieldiskutierten Zeugnis auf der Ebene von Nazca, südlich von Lima in Peru, sprechen. Ich höre meine Leser stöhnen: Jetzt kommt er wieder mit diesem alten Hut! Meine Kritiker werden sich erfreut darauf stürzen – was mich am wenigsten stört, denn: »Ein Kritiker ist eine Henne, die gackert, wenn andere Eier legen!« (Giovannino Guareschi, 1908-1968, der Vater von *Don Camillo und Peppone*). Ich werde – bin ich blöd? – meine Leser nicht langweilen. Aber: Die Zeit ist inzwischen reif geworden für eine Klärung.

Vor 17 Jahren schrieb ich in *Erinnerungen an die Zukunft* auf den Seiten 38 und 39:

»Uns vermittelt die 60 Kilometer lange Ebene von Nazca – aus der Luft betrachtet – eindeutig die Idee eines Flugplatzes«. – Und: »Ist die Vermutung abwegig, daß die Linien angelegt wurden, um den ›Göttern‹ anzuzeigen: Landet hier! Es ist alles vorbereitet, wie ›ihr‹ es befohlen habt! Mögen die Erbauer der geometrischen Figuren nicht geahnt haben, was sie taten. Vielleicht wußten sie, was die ›Götter‹ zum Landen brauchten.«

Seit dieser provokativen Hypothese wurde in allen Medien über die rätselvolle Wüstenfläche in Peru so viel haarsträubender Unsinn veröffentlicht, wurden mir Statements in die Schuhe geschoben, die zwischen Fuß und Sohle keinen Platz haben. Wo immer ich in Diskussionen gestellt werde, ist – wie aus der Pistole geschossen – Nazca auf dem Tapet. Und immer stellt sich im ersten engagierten Wortwechsel heraus, daß die Diskutanten überhaupt nicht wissen, was ich tatsächlich geschrieben habe. Es ist geradezu ein klassischer Fall, wie man ein Opfer zur Schlachtbank führen möchte. Ich bin für eine Schlachtbank unbegabt, zumal ich mich in der besseren, weil sachkundigen Position weiß.

Ich will den Kampf nicht vermeiden. Ich will lückenlos darstellen, was die Wissenschaft sich bis heute zum Rätsel von Nazca hat einfallen lassen. Damit sie auch fürderhin Fabelstoff hat, werde ich mit gleichen

133

Gegebenheiten aufwarten, die nicht auf der Ebene von Nazca liegen. – Gehen wir in die Klippschule!

Die so heftig umstrittene Sache ist südlich von Lima in den Boden der peruanischen Pampa graviert.

Generationen um Generationen gingen oder fuhren seit mindestens 1500 Jahren über die Nazca-Ebene. Niemand beachtete, niemandem fielen die Bodengravuren auf, bis anno 1939 Dr. Paul Kosok von der Long Island-Universität, New York, wortwörtlich in die Luft ging. Kosok überflog zwischen den Städtchen Palpa und Nazca die Wüstenfläche in einer einmotorigen Sportmaschine; unter sich sah er das rostbraun glühende Land und das dunkle Band der Panamericana, die Carretera Interamericana, wie die Straße auf Spanisch heißt. Der Grund für Kosoks luftige Unternehmung war simpel: Ihm war zugetragen worden, in der rund 60 Kilometer langen Wüstenfläche seien merkwürdige Linien markiert; so sehr er suchte, konnte er am Boden nichts davon entdecken. Aus der Luft sah er dann deutlich

Die fünf bekanntesten Scharrzeichnungen in der Ebene von Nazca

helle, trapezförmige Flächen im dunkelbraunen Untergrund. Er flog schnurgeraden Linien nach, die in kilometerlange, pistenähnliche Rechtecke übergingen. Kosoks Maschine surrte über eine perfekte, in fragilen Linien gezeichnete Spirale. Sah das nicht wie eine riesige Spinne aus? Er senkte das Höhenruder auf 500 Meter ab, und seine Annahme wurde bestätigt: eine deutlich in den Boden gescharrte Spinne. Kosok kam aus dem Staunen nicht heraus. Er erblickte die Konturen eines Affen mit geringeltem Schwanz, dann einen Fisch, eine Echse und schließlich an den schrägen, himmelwärts gewandten Berghängen eine 30 Meter hohe Menschengestalt und zwei Gesichter, strahlenumrankte Köpfe.

Eigentlich war Dr. Kosok damit beschäftigt, Inka-Kanäle und Wasserleitungen in ihrem Verlauf zu verfolgen, weil sie ja nicht plötzlich verschwunden sein konnten. Er entdeckte bei seiner Spurensuche das größte, das rätselhafteste Bilderbuch der Menschheit. Spontan an die

Blick auf eine der für Nazca typischen »Pisten«

Nazca-Luftaufnahmen, die für sich sprechen

Sieben schmale Linien, Bestandteil einer Figur

Linien eines Flugplatzes erinnert, suchte der Historiker Rat bei Archäologen. Flugplatzmuster konnten es seiner Meinung nach nicht sein, denn Flugplätze mit einer derartigen Markierung entstanden erst in unserem Jahrhundert.

Das Rätselraten begann. Man dachte, was naheliegend war, an Reste alter Inkastraßen, gab diese Erklärung aber bald auf. Was sollten parallel laufende Straßen, die plötzlich begannen und ebenso plötzlich endeten?

Weil auf der Nazca-Ebene besonders häufig Trapeze auftauchen, kam sogar der Gedanke auf, es handle sich um Symbole einer Art von Religion der Trigonometrie. Dazu paßten jedoch die anderen Strichfiguren, Spiralen und Tiere, überhaupt nicht.

1946 begegnete die deutsche Mathematikerin und Geographin Dr. Maria Reiche dem Amerikaner Kosok. Zeichnungen und wenige Fotografien faszinierten die junge Wissenschaftlerin so, daß sie sich der Klärung der Nazca-Rätsel annahm. – Frau Reiche zog in die Hacienda San Pablo, nahe den Bodenzeichnungen. Systematisch begann sie, Linien und Figuren zu vermessen. Zusammen mit Paul Kosok veröffentlichte sie drei Jahre später den Essay *Ancient Drawings on the Desert of Peru*[6].

40 Jahre vergingen.

Maria Reiche wurde von Institutionen und der peruanischen Luftwaffe unterstützt: das Nazca-Rätsel hat sie nicht mehr aus seiner Faszination entlassen. Heute wohnt sie in Nazca im Hotel Turistas, in dem ihr die peruanische Regierung in Anerkennung ihrer Bemühungen auf Lebenszeit ein Zimmer zur Verfügung stellte.

Bald 40 Jahre Forschung in der von Hitze glühenden, ausgedörrten Pampa! Ist das Menschheitsrätsel inzwischen gelöst?

Anfänglich hielt Frau Reiche einen »astronomischen Kalender«[7] für möglich, denn es verlaufen in der Tat zwei der zahllosen schmalen Linien kompaßgenau auf die Sommer- und Wintersonnenwende zu. Dann witterte die Forscherin ein astronomisches Bilderbuch, weil einige der Scharrfiguren den Gedanken an Sternbilder nahelegen. Heute spricht man bescheiden von »magischen Linien«.

In der Fachliteratur las ich, in Fernseh-Berichten sah und hörte ich, es handle sich bei den Phänomenen vorwiegend um Scharrzeichnungen von Tieren. Dieser uns suggerierte Eindruck ist absolut falsch! Zu allererst erkennt man nämlich auf der Wüstenfläche Pisten, straßenähnliche Linien, die 30, 50 und mehr Meter breit und oftmals über zwei Kilometer lang sind. Dazwischen, daneben, darüber zahllose dünne, manche bis einen Meter breite Linien, die wie von einem Lineal gezogen

Vom Aussichtsturm an der Panamericana aus sieht der Tourist dieses Linien-Panorama

über mehrere Kilometer auf die großen »Pisten« zulaufen und in ihnen wie Strahlenbündel einmünden. Und dann, o Wunder!, klettern die Linien schnurgerade die Bergwände hinauf oder laufen bis zu fünfen parallel. Um die Vielfalt vorstellbar zu machen, sei auch erwähnt, daß einige dieser schmalen Linien die »Pisten« im rechten Winkel kreuzen, sich wieder andere spitzwinklig vereinen. Von einem Hügel, nur wenige Meter von der Panamericana entfernt, verlaufen 50 Linien nach Norden, Süden und Westen. Zwischen schmalen Linien und »Pisten« liegen große, bis zu 800 Metern lange Trapeze. Linien unterschiedlicher Breite beherrschen das Luftbild; zwischen ihnen gibt es die relativ kleinen Scharrbilder von Fischen, Vögeln, Spinnen, Affen und Menschen. Angesichts der Dimensionen handelt es sich, beispielsweise, um einen ziemlich kleinen Fisch, er ist gerade 25 Meter lang, die Spinne nur 46, der Affe knappe 50 Meter, nur der Kondor, der ja auch der größte Vogel der Anden ist, breitet seine Schwingen 110 Meter in die Breite bei einer Körperlänge von 120 Metern. Ein rätselhafter Vogel mißt mit seinem überdimensionalen Schnabel sogar stolze 250 Meter.

Die Scharrbilder von Nazca wären heute kaum sichtbar, wenn Frau Reiche sie nicht mit ihren Helfern – und diese mit Besen – von Sand und Steinen befreit hätten. Linien und »Pisten« allerdings sind so kräftig in den Boden gekerbt, daß sie auch ohne das Zutun von fleißigen Reinigungskolonnen unübersehbar zum Himmel mahnen würden! Die unterschiedliche Qualität von Linien und Figuren läßt die Vermutung zu, daß sie zu verschiedenen Zeiten entstanden sind.

Bilderrätsel mit vielen Fragezeichen

Was wurde in dieses »größte Bilderbuch der Menschheit« nicht alles hineinspekuliert! – Nach Frau Reiches Hypothesen meinte Professor Aldon Mason,[8] diese Figuren »stellten wahrscheinlich Gottheiten dar« und: »Ohne Zweifel wurden sie für das Auge himmlischer Gottheiten ausgelegt.«

Der Hobby-Archäologe Jim Woodman[9] belebte die Diskussion, als er ganz schlicht fragte, was den Indios die gewaltigen Scharrbilder im Wüstenboden nutzen konnten, da sie in ihrer Gesamtheit nur aus der Luft erkennbar waren! Da sich die Wissenschaftler darin einig waren, daß den präinkaischen Stämmen die Luftfahrt unbekannt gewesen ist, konstatierte Jim Woodman: »Daß die Wissenschaftler bisher nichts von Fluggeräten der alten Peruaner wissen, bedeutet keineswegs, daß diese Indianer wirklich nicht fliegen konnten!« – Hugh!

Woodman wollte es genau wissen. Wenn nicht mit Flugzeugen (oder Raumschiffen) hätten die Indios ja mit Heißluftballonen das Panorama aus der Luft betrachten können! Der Hobby-Archäologe suchte Auskunft bei der *International Explorers Society* in Florida. Ein Mitarbeiter erinnerte sich an die brasilianische Cruzeiro-Luftpostbriefmarke von 1944, die einen alten Heißluftballon zeigte; es war der Ballon, den der Portugiese Bartolomeo Louranco des Gusmão im 17. Jahrhundert über Lissabon aufsteigen ließ. Der Ballon hatte die Form einer auf der Spitze stehenden Pyramide. Wie schon gesagt: Jim Woodman wollte es wissen. Mit den für sein Hobby nötigen Dollars ausgestattet, ließ er aus feiner peruanischer Baumwolle einen dreieckigen Ballon – 25 Meter hoch, 25 Meter breit, 2250 Kubikmeter Rauminhalt – zusammennähen. Er taufte ihn auf KONDOR I. Am Ballon hing eine 2,5 Meter lange, 1,5 Meter hohe Gondel, die Aymara-Indianer aus leichtem Schilfrohr am Ufer des Titicaca-Sees geflochten hatten. Die *Explorer Society* übernahm die Herstellungskosten und zahlte den Indianern für ihre Handarbeit ganze 43 US-Dollars! Bei solchen Konditionen kann man noch einem Hobby frönen.

Der Ballon wurde nahe Cahuachi, der einstigen Hauptstadt der Nazca-Indianer, getestet. Die Glut einer Feuerstelle wurde in den Ballon geleitet. Jim Woodman und Julian Nott von den *Explorers* kauerten in der Gondel. KONDOR I erhob sich. Aus 130 Meter Höhe senkte er sich langsam zu Boden. Die beiden Piloten kletterten aus der Gondel. Von menschlichem Ballast befreit, machte der Ballon einen Sprung und tänzelte, leicht wie ein Kinderluftballon, in lichte Höhen. Nach einigen Kilometern landete KONDOR I irgendwo auf dem Wüstenplateau.

Der ungesteuerte Ballonflug ließ bei den Forschern aus Florida eine Idee virulent werden:

In Peru scheint nahezu jeden Tag die Sonne, die Ebene von Nazca ist entsprechend glühendheiß. Wie wäre es, wenn ein schwarzer Ballon aus sehr leichtem Material sich im Lauf des Tages selbst aufheizen würde? Vielleicht bestatteten die Inka ihre Toten auf diese luftige Weise oder ließen ihre verstorbenen Herrscher in einer Ballongondel der Sonne entgegenfliegen? Immerhin werden die Inka »Söhne der Sonne« genannt. Waren die Priester des Glaubens, ihre göttlichen Herrscher müßten nach dem Tode zur Sonne zurückkehren?

So amüsant und verwegen das Woodman-Projekt anmutet: Es hat doch auch beträchtliche Haken. Mag sein, daß Indio-Herrscher, quicklebendig, aus der Höhe genüßlich die Scharrbilder betrachtet haben, mag auch sein, daß königliche Luftbestattungen zu unterstellen sind. Ich frage mich aber: Sind denn zu einem Ballonstart »Pisten« nötig? Vor allem aber ging Jim Woodman von dem Irrtum aus, die Inka-Herrscher wären als »Söhne der Sonne« zum Himmel geschickt worden. Die

Erzeuger der Figuren und Linien von Nazca waren jedoch keine Inka! Sie lebten lange *vor* den Inka. Es gibt keinerlei Zeugnisse dafür, daß sich die vorinkaischen Herrscher als »Söhne der Sonne« betrachtet haben. Man darf den originellen Versuch als das nehmen, was er war: ein Fehlstart.

Peruanische Archäologen versicherten mir, es handle sich um »Linien für den Ackerbau«. Parbleu! In dieser Gegend wächst kein Grashalm. – Der Ostdeutsche Siegfried Waxmann[10] vermeint, im Liniengewirr »einen Kulturatlas der Menschheitsgeschichte« zu erkennen.

Olympia in der Pampa!

Wer Haare hat, zieht daran neue Lösungsvorschläge herbei. Fest mit den Beinen auf dem Boden, machte der Münchener Patentanwalt Georg A. von Breunig[11] die Scharrbilder zu Relikten eines vorinkaischen Olympia: Die Ebene sei so etwas wie ein gigantischer Sportplatz gewesen, Indioläufer hätten Linien und Figuren abspurten müssen, ehe sie aufs Siegertreppchen steigen durften.

Fernseh-Professor Hoimar von Ditfurth versuchte, diese spleenige Idee ernsthaft zu untermauern. Wenn Schnelläufer in die Kurve gehen, müßten in den Kurven mehr Steine und Sand angehäuft sein als auf der Geraden. De facto erbrachten Messungen in einigen Kurven das behauptete Resultat. Ernst nehmen mag das, wer diese Gegend nie gesehen hat! Auf der Ebene von Nazca regnet es höchstens eine halbe Stunde im Jahr, der Boden ist ausgetrocknet, nichts, gar nichts gedeiht hier. Warum – das hat der allwissende Professor nicht angesprochen – sollten denn vorinkaische Stämme ihr Olympia ausgerechnet auf dieses verdörrte Plateau verlegt haben? Die Läufer wären auf der über 1000 Quadratkilometer weiten Ebene den weitsichtigsten Augen entschwunden, den Zuschauern nichtmal in der Winzigkeit von Ameisen erkennbar! Kein Inka hätte – da nur aus der Luft sichtbar – ausmachen können, um welche Figur der Sportsmann just seine Runden drehte. Schließlich liegen auch noch viele Figuren schräg an den Berghängen. Hatten die Sportler die Fähigkeit von Jahrmarktsbesuchern, die an den Wänden von Rotoren kleben? Die Herren von Breunig und Ditfurth sollten das groteske Olympia auf der Ebene von Nazca schnell wieder vergessen.

Overkill für Frau Reiches Astro-Kalender

Bleibt eigentlich nur Frau Reiches »astronomischer Kalender«. – Die Wissenschaft nahm sich in bester Manier der Hypothese an, sprach doch dafür, daß einige Linien auf bestimmte Gestirnkonstellationen, die Plejaden etwa, im Ablauf des Jahres hinwiesen.

Gerald S. Hawkins, Professor für Astronomie am *Smithonian Astrophysical Observatory* in Cambridge, Massachusetts, reiste mit Mitarbeitern nach Nazca. Im Gepäck hatte die Forschungsgruppe modernste Vermessungsgeräte und einen mit allen wichtigen Sternkonstellationen gespeicherten Computer. In diesem Computer waren alle Sternpositionen – wie sie über Nazca in den vergangenen 6900 Jahren zu sehen waren – gespeichert. Der Computer beantwortete schnellstens die Frage: Wo standen zu Frühjahrsbeginn 3100 v. Chr. die Plejaden über Nazca? Wo standen sie im Herbst desselben Jahres?

Nach langen Vermessungsarbeiten und Computereingaben wurde das Elektronengehirn befragt: Welche Linien weisen auf welche Sterne zwischen 5000 vor Christus und 1900 nach Christus?

Die Zahlenkolonnen, die der Computer ausdruckte, waren niederschmetternd für Frau Reiches Hypothese. Professor Hawkins [12]: »Nein, diese Linien waren nicht auf die Gestirne ausgerichtet... Enttäuscht mußten wir die Theorie eines astronomischen Kalenders aufgeben.«

Trotz dieser eindeutigen wissenschaftlichen Klarstellung taucht immer wieder die Behauptung auf, es sei erwiesen, daß die Scharrzeichnungen auf der Ebene von Nazca einen gewaltigen astronomischen Kalender wiedergeben würden. Es ist fraglos für Frau Maria Reiche enttäuschend, ihr Lebenswerk durch einen Computer zerstört zu sehen. Es bleibt ihre epochale Leistung, Nazca vermessen und katalogisiert zu haben. Ohne diese Daten hätte Professor Hawkins mit seinem Team nicht recherchieren können.

Die Suche nach einer Erklärung für Nazca geht weiter. Der Anthropologe Professor William H. Isbell von der New Yorker Staatsuniversität [13] fand eine: Beschäftigungstherapie! – Isbell löste postum alle Arbeitsmarktprobleme der Indios. Die hätten, sagt er, in den vergangenen Jahrhunderten keine Vorratslager besessen, um Feldfrüchte einzulagern; drum habe in guten Erntejahren die Gefahr bestanden, daß die Bevölkerung sich unmäßig vermehrt und in Jahren schlechter Ernte am Hungertuch genagt habe. Was tun, spricht Isbell? »Die Lösung des Problems bestand darin, ein gemeinsames Interesse der Bevölkerung an zeremoniellen Arbeiten zu erhalten, die genügend Energie verzehrten, um wirtschaftliche Überschüsse regelmäßig abzuschöpfen.« Es sei,

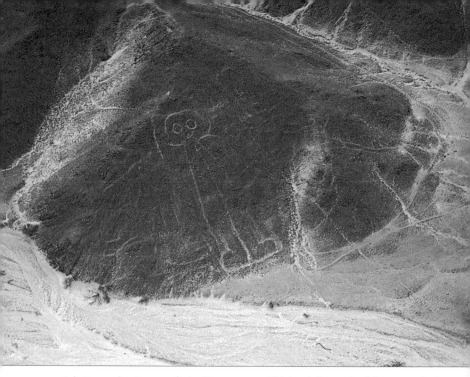

Schräg an der Bergwand ein Riesenwesen. Welcher Inkasportler hätte es umlaufen können? Piloten, die heute über die Ebene von Nazca fliegen, nennen die Figur El astronauta!

meint der New Yorker Witzbold, völlig belanglos gewesen, ob die Indios die Werke ihrer Beschäftigungstherapie selbst hätten betrachten können, es war eben nichts als eine Arbeitsbeschaffung, um »auf diese Weise die Bevölkerungszahl zu regulieren«. Darauf muß einer erst mal kommen! Mit dieser Methode könnte man auch landwirtschaftliche Überschüsse in der EG und in den USA verzehren. Bliebe »nur« zu überlegen, welche absolut unsinnige Großbaustelle für viele Generationen in die Welt gepflanzt werden könnte. In reichen Jahren wird das Fett abgebaut, werden die Arbeitenden so geschunden, daß ihnen die Lust zum Kindermachen vergeht. Damals verabreichten – das läge auf der Isbell-Linie – vermutlich Inkapriester die dem Volk bekömmlichen Kalorientabellen. Dieses Amt könnte ja die Weltgesundheitsbehörde übernehmen. Fragt nach bei Isbell!

Nichts ist zu töricht, um doch ausgesprochen zu werden.

Helmut Tributsch, Professor für Physikalische Chemie an der Freien Universität Berlin, löste die meisten prähistorischen Rätsel der Welt in einem Rundumschlag [14]. Sagt er doch klipp und klar, die großen vorgeschichtlichen Kultstätten seien »immer an Orten errichtet worden, an denen Luftspiegelungen besonders häufig auftreten«. – Dafür führt er die Menhirfelder in der französischen Bretagne an, bemüht Stonehenge in England, verweist auf das Olmeken-Heiligtum in La Venta am Golf von Mexiko, auf die ägyptischen Pyramiden und – natürlich! – auf Nazca. Was hat die Menschen zu ihren rätselhaften Werken animiert? Was trieb sie zu ihrem unverständlichen Tun an?

Simsalabim: allerorten Fata Morgana.

Am Himmel tun sich »farbenprächtige Schauspiele« auf, weit entfernte Inseln, Wälder und Bauwerke sind zu sehen: »Nur über große Entfernungen sieht man die Tempel gelegentlich am Himmel gespiegelt, was andererseits eine Erklärung dafür liefert, warum sie groß sein mußten, um das Privileg der Heiligkeit beanspruchen zu können. Die Fata-Morgana-Kultstätten wurden somit zu Kontaktzonen zum Jenseits.«Nach Tributschs Meinung gilt das, wie gesagt, auch für die Linien

Linien kreuzen sich. Laufen im Zickzack. Da würde auch der Faden der Ariadne versagen

145

von Nazca, und weil ich, auch nach mehreren Aufenthalten, von keiner Fata Morgana berichten kann, kriege ich eine professorale Ohrfeige verpaßt: »Däniken behauptet schlicht und einfach, die riesigen Pisten in der Wüste von Nazca-Palpa wären von Astronauten anderer Planeten als Landebahnen ausgelegt worden.« Es habe mich dabei nicht gestört, »daß die Astronauten, die auf ihrer Reise den weiten Raum durchquert haben müßten, sich schlecht auf Tragflächenflugzeuge verlassen konnten.« Ich werde auf die Ohrfeige zurückkommen. Es liegt mir fern, die Idee von Professor Tributsch lächerlich zu machen, was die Entstehung gewisser Kulte angeht, könnte was dran sein.

En passant nur so viel: Auf die Ebene von Nazca paßt sie nicht. Dort gibt es – wer bestreitet das? – nicht nur horizontal verlaufende Linien und Figuren, sondern auch sehr viele an schrägen Bergwänden. Wasser, *unabdingbar* für eine Fata Morgana, gab es *auf* der Wüstenfläche keins, es regnet dort nahezu nie. *Unter* der Ebene hingegen gab es Wasser. Geduld. Ich komme auf diese widersprüchlich scheinende Feststellung zurück; vorerst möchte ich die Sequenz der Theorien komplettieren.

Ariadne-Faden für Nazca?

Ariadne, die Tochter des Königs Minos von Kreta, war Theseus behilflich, damit er sich nicht im Labyrinth verirrte; sie reichte dem Helden ein Garnknäuel, an dem er sich durch die Irrwege in die Freiheit enterte.

Hat der Schweizer Henri Stierlein[15] den Ariadne-Faden gefunden, der uns aus dem Rätsellabyrinth Nazca führt? Seine 1983 in Paris erschienene Schrift trägt den stolzen Titel: *Nazca, la clef du mystère* – Nazca, der Schlüssel zum Geheimnis. Stierlein deutet die Nazca-Linien als »verbliebene Spuren gigantischer Webketten«. Die Annahme basiert auf der Tatsache, daß die Nazca-Indianer hervorragende Weber gewesen sind; in unzählbaren Gräbern um Nazca, Palpa und Paracas wurden Indio-Webarbeiten in bezaubernden Farben und mit phantastischen Motiven gefunden. Viele Gewebe haben keinen Saum und bestehen aus *einem* Faden, der kilometerlang sein kann. In Paracas entdeckte man Webarbeiten von 28 Meter Länge und sechs Meter Breite, in denen Fäden von sage und schreibe über 50 Kilometer Länge verarbeitet wurden!

Klar, daß auch die Oma des ältesten Häuptlings derartige Fäden nicht – um die Arme geschlungen – der fleißigen Schwiegertochter bereithalten konnte. – Stierlein geht davon aus, daß die vorkolumbianischen

Indios weder das Rad noch die Drehscheibe kannten, ebenso keine Schlauchhaspeln und Achsen. Wie, fragt der praktische Schweizer, wurden die schier endlosen Fäden gelagert, wie legte man sie aus, um das mehrfarbige Gespinst nicht heillos zu verwirren und verknoten? In Nazca scheint die Antwort auf der flachen Hand zu liegen: Die Fäden wurden auf der Ebene ausgelegt, und dafür zeugen – so Stierlein – heute noch die langen und geordneten Linien. Sie wären also Überbleibsel der riesigen Webwerkstatt der Indios.

Nicht unbegabt in Sachen Phantasie, kann ich mir diese gigantische Weberei doch nicht vorstellen. Da sollen Tausende Indios auf der glühendheißen Ebene – hintereinander im Gänsemarsch – Fäden aufgereiht haben? In schnurgeraden Linien auf Kommando gelegt, wiederaufgenommen und weitergereicht haben? Die emsigen Weberinnen – auch noch auf das Muster ihrer Arbeit bedacht – sollen bis zu 50 Kilometer lange Fäden unterschiedlicher Farben im Rhythmus des Webens zu sich gezogen haben? Aus was für einem unzerreißbaren Material hätten die Fäden hergestellt sein müssen? Das Muster verlangte dauernden Farbwechsel. Es geht einem nicht in den Kopf: Im Zickzack der Linien wären die Arbeiterinnen am Webstuhl ja nie zu Stuhl gekommen! Man stelle sich einmal das Heer der Indios vor, die – den Faden in Händen – zwischen den Linien herumtrampelten! Sie hätten – über die Jahrhunderte der Webkultur – neben den Linien Fußpfade in den Boden stampfen müssen, und hier oben werden Spuren fast wie auf dem Mond konserviert. Nichts davon ist zu sehen. Ich fürchte auch, daß es an vielen Punkten, an denen sich über 50 Linien überschneiden, zu einem fürchterlichen Fadensalat gekommen wäre. – Stierleins origineller Vorschlag bekommt seinen Overkill spätestens dann, wenn er erklären muß, wie die Fadenträger mit den Figuren an Felswänden zurecht gekommen sein sollten.

Ich finde es gut, daß sich so viele Gehirne mit dem Nazca-Rätsel herumschlagen. Jede neue Idee ist zu begrüßen – sofern sie nicht sofort als »wissenschaftliche« Lösung daherspaziert. Für einen Laien wie mich ist das ein bißchen viel kontroverse Wissenschaftlichkeit.

Professor Frederico Kauffmann-Doig[16], quasi der Star-Archäologe von Peru, bezeichnet die Linien als »magische Linien«; ihren Ursprung vermutet er in einer alten peruanischen Kultur, jener der »fliegenden Katzenwesen« von Chavin de Huantar in den nordperuanischen Anden. Vielleicht, meint er, hätten die Linien zu Opferplätzen geführt. Und die figürlichen Darstellungen? Die Indios seien überzeugt gewesen, daß die »fliegenden Katzengötter« ihrem Namen gemäß die Kunst des Fliegens beherrscht hätten. Die »fliegenden Katzengötter« also hätten die Figuren aus der Luft betrachten können. Das scheint mir ein Schritt in die richtige Richtung zu sein. – Andere Archäologen ordnen die Linien irgendwelchen Berggöttern zu, die als Wasserspender verehrt wurden; in diesem Zusammenhang sollen die Linien symbolische Verbindungen zu den Quellen darstellen.

Beitrag aus dem Osten

Auch hinter dem Eisernen Vorhang raubt das Nazca-Rätsel Wissenschaftlern die verdiente Ruhe. Zoltan Zelko, Budapest, grübelte jahrelang, wie man dem Phänomen auf die Schliche kommen könnte, um schließlich zu der Erkenntnis zu gelangen, daß die Linien »in der Tat der 800 Kilometer langen und 100 Kilometer breiten Landkarte der Gegend des Titicacasees entsprechen«[17]. Bruderherz, wie kommt man darauf?

Um den Titicacasee liegen rund 40 Ruinen aus Inka- und Vor-Inkazeit. Verbände man diese Ruinen mit bestimmten Erhöhungen im Titicacabecken und zöge über alles ein Liniennetz, dann käme das Nazca-System heraus. In diesem Liniennetz vermutet Zoltan Zelko ein Nachrichten-Übermittlungssystem: »Nachrichten konnten durch Lichtsignale gegeben werden, mittels reflektierenden Gold- oder Silberplatten, nachts durch Feuersignale. Vermutlich waren diese Signale in der Felsenwelt notwendig, um die im Tal Arbeitenden lenken und vor etwaigen Angriffen warnen zu können.«

So weit, so schlecht. Zwischen dem Titicacasee und der Ebene von Nazca erhebt sich eine Bergkette mit Fünf- und Sechstausendern. Wenn schon »Nachrichten« und »Signale an die im Tal Arbeitenden« – warum dann so schrecklich kompliziert! Feuer- und Rauchsignale von Berg zu Berg – wie es auch die alten Eidgenossen praktizierten und wie wir es noch heute am Schweizer Nationalfeiertag demonstrieren – hätten es auch und ganz ohne das ungeheuer aufwendig und mühsam angelegte Liniennetz getan. Zur Nachrichtenübermittlung kamen zumindest in der Inka-Zeit Staffettenläufer zum Einsatz, und die taten zuverlässige Botendienste.

Die Erträge wissenschaftlichen Nachdenkens kommen mir, halten zu Gnaden, allesamt ziemlich verkrampft vor. Auf jeden Fall erfüllen sie die wissenschaftliche Maxime, »naheliegend« zu sein, nicht. Da wird stets für die »nächstmögliche, natürliche Lösung« plädiert, was vorgetragen wird, kommt keiner der (sympathischen) Prämissen nahe. Da ich herzlich gern eine überzeugende Lösung akzeptieren möchte, doch bisher jede mit wenigen Argumenten abserviert werden kann, darf ich meinen Vorschlag für das Rätsel von Nazca darstellen, auch wenn er schon

20 Jahre alt ist. Ausführlich behandelte ich ihn in meinen Büchern *Zurück zu den Sternen* und in *Meine Welt in Bildern*. Optisch verblüffend, wurde er im Dokumentarfilm nach meinem Buch *Erinnerungen an die Zukunft* vorgeführt.

Mein Beitrag zu Nazca

Angenommen, eine Weltraumstadt Außerirdischer umkreise unsere Erde. Nachdem die Besatzung gezielte Recherchen über das mögliche Landegebiet durchgeführt hat, wird ein Zubringerraumschiff ausgeschleust und auf die Erdoberfläche geschickt. Die riesige Wüstenfläche der Ebene von Nazca böte sich an: In nächster Nähe wurden intelligente Lebensformen beobachtet. (In Klammern: eine Landung etwa in der Sahara würde den Ethnologen keine Studien an einer Spezies intelligenter Lebensformen erlauben.)

Klarstellung! Selbstverständlich brauchen die fremden Astronauten für die Landung keine »Pisten«; es wären auch keine Wesen vorhanden, die Pisten erstellen könnten. (Ein technisch hoch entwickeltes Zubringerraumschiff würde nicht mit »gummibereiften« Rädern aufsetzen. Es käme eine Helikoptereinheit in Frage, wie sie NASA-Ingenieur Josef Blumrich für das Ezechiel-Raumschiff[18] rekonstruierte, vielleicht auch eine Landung per Luftkissen nach dem *Hovercraft*-Prinzip.) – Der Effekt ist der gleiche: Es werden dort am meisten Sand und Steine aufgewirbelt, wo sich das Fahrzeug niedersenkt – aus einigen hundert Metern Höhe ist dieser Wirbeleffekt minimal. Der Zubringer – heute würden wir von einem SPACE SHUTTLE sprechen – landet nicht senkrecht. Der Kommandant wird auf den Bildschirmen genau den Landeplatz aussuchen, den er für am sichersten hält.

Hier wird mir entgegengehalten, der Boden unter der Oberfläche von Nazca sei zu weich, um ein schweres Gerät tragen zu können. Waren die Amerikaner vor der Mondlandung nicht mit demselben Problem konfrontiert? Als APOLLO 11 am 20. 7. 1969 landete, als am 7. 8. 1971 die Landefähre EAGLE auf dem Mond fuhr, war das auch Neuland, denn niemand wußte, ob der Untergrund die schweren Lasten tragen würde. – Für eine fortgeschrittene Technologie darf man unterstellen, daß sie mit solchen Problemen auch fertig wurde.

Mit der Landung entstand auf der Ebene von Nazca eine trapezförmige Fläche. Das Trapez ist dort am schmalsten, wo der Rückstrahl wegen der Höhe des Fahrzeugs wenig Wirkung auf den Boden ausübte, am breitesten dort, wo das Fahrzeug schließlich aufsetzte. – Nun

149

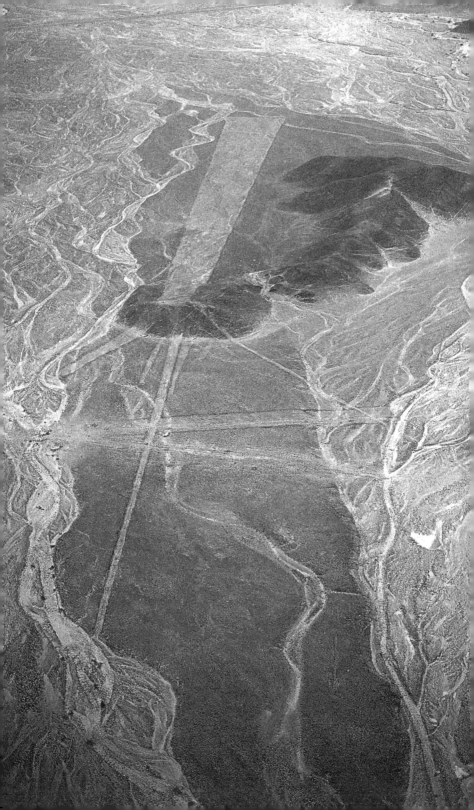

begannen, stellen wir uns vor, die Fremden mit ihren Arbeiten, entnahmen Bodenproben, machten mikroskopische Untersuchungen, vermaßen die Luftdichte und die Edelgasmischungen. Und: Aus Distanz verfolgten sie die Aufregung der Eingeborenen, hinterließen ihnen nach erledigten Arbeiten womöglich ein Geschenk.

Mit Furcht und Staunen verfolgten die Indios von nahen Hügeln und Bergen aus das ihnen unverständliche Treiben der »Götter«. Sie hatten ein feuerspeiendes, im Licht gleißendes, lautes »Ding« vom Himmel einschweben gesehen, das wie ein Orkan den Boden aufgewirbelt hatte. Nun stand es ruhig in der Wüste. Plumpe, menschenähnliche Wesen in silbern- und goldschimmernden Häuten gingen umher, bohrten Löcher in den Boden, sammelten Gestein ein und hantierten mit seltsamen Geräten. Dann, eines Tages, dröhnte es ungeheuer, sie eilten zu ihren Beobachtungsposten ... und sahen, wie das »göttliche Gefährt« sich mit einem Schweif von Feuerstrahlen in den Himmel erhob.

Auf der Ebene war wieder Ruhe. Die Mutigsten wagten sich zögernd an den Ort des Geschehens. Ratlos standen sie dort, wußten nicht, was geschehen war. Was mochte das gewesen sein? Selbst die sonst so weisen Stammesältesten hatten keine Erklärung, und auch die Priester schwiegen. Totems, die mystischen Helfer, wurden um Hilfe angefleht, sie blieben stumm. Von dem ganzen Spuk war nichts geblieben als die Trapezfläche, von Steinen und Sand leergefegt, geblieben waren ein paar Requisiten der »Götter«.

Einer unstillbaren Neugier folgend, kehrten kleine Gruppen immer wieder an den mystischen Ort zurück. Diskutierten und versicherten einander, daß wirklich geschehen war, was sie beunruhigte. Jenes Ding war vom Himmel gekommen, also mußten »Götter« es bewohnt haben, denn ihresgleichen konnte nicht fliegen wie der mächtige Kondor. Was aber sagten ihnen die Bodenzeichen, die die »Götter« hinterlassen hatten, diese von Sand und Steinen leergefegte Fläche? Waren sie aufgefordert, solche Flächen für die »Götter« herzurichten? Was meldeten die schmaler werdenden Linien, die gerade auf den nächsten Hügel zuliefen und dort verschwanden?

Die Priester befahlen es, und das Volk gehorchte. Es fing an, Linien zu ziehen, Flächen zu planieren. Sie offerierten den »Göttern« eine Vielfalt von Linien, schmale, breite, in alle Richtungen. Sie schufteten in der seligen Hoffnung, die »Götter« würden zurückkommen, ja, und daß sie für ihre Wiederkehr diese Linien benötigten, das hatten jene ja deutlich genug bewiesen.

Eine trapezförmige »Piste« verläuft wie eine Skisprungschanze und geht in drei schmale Linien über

Blick auf den »Flughafen« Nazca im Landeanflug

Jahre gingen dahin, Generationen wurden geboren und starben. Die »göttlichen« Wesen zeigten sich nicht. Hatte man bei aller Mühe etwas falsch gemacht? Die Urgroßväter hatten die Fremden doch mit eigenen Augen gesehen!

Die priesterliche Klugheit kam zu der Erkenntnis, man müßte die Himmlischen wissen lassen, daß man sie erwartete. Man mußte Zeichen zum Himmel aussenden. Das schien die Lösung zu sein.

Wieder begann die mühevolle Arbeit. Unter Leitung von Priestern trugen die Indios Steine zusammen, um großräumige Zeichen zu setzen. Als sie aber die schwarzbraunen Steine vom Wüstenboden hoben, wurde ein Untergrund sichtbar, der kontrastreicher leuchtete als die Steine es vermocht hätten. Erneut beratschlagten die Priester. Sie kamen überein, lediglich Steine und Steinchen zu entfernen, damit auf dem Untergrund mächtige Bilder entstünden. Generationen schufen dann die Nazca-Bilder.

Erinnern wir uns, wie Cargo-Kulte noch in diesem Jahrhundert entstanden sind. Eingeborene haben Geisterflughäfen entstehen lassen, das Treiben der amerikanischen »Götter« kopiert.

Mit einer Landegeschwindigkeit von 347,5 Stundenkilometern setzte am 14. April 1981 das erste amerikanische SPACE SHUTTLE auf dem Rollfeld in der goldgelben Mojawe-Wüste in Kalifornien auf. Wir konnten über Satelliten dieser grandiosen Landung beiwohnen. Als das Shuttle auf der 4572 Meter langen Landebahn ausrollte, konnte es die ganze Welt sehen: Kilometerlange schmale, schnurgerade Linien kreuzten die Wüstenpiste diagonal, liefen parallel, endeten plötzlich im gelben Sand. Eine Momentaufnahme wie auf der Ebene von Nazca.

Wer kann denn nun noch lauthals behaupten, Weltraumfahrzeuge benötigten keine Pisten? Die Linien in der Mojawe-Wüste ließ die NASA als Oberflächenmarkierungen anlegen, um den Piloten aus großer Höhe Hilfen für die Landung zu geben. Sie wurden aufgespritzt!

Wird die Geschichte sich wiederholen? Werden Archäologen einst ratlos vor diesen Linien und Pisten ihre Köpfe zusammenstecken und von einem gigantischen Kalender faseln? Wird man wieder die echte Lösung ignorieren? Wird die Mojawe-Wüste zu einer Religion der Trigonometrie herhalten müssen? Werden die Landehilfen zu magischen Linien, zu einem Kulturatlas der Menschheit werden? Wird eine Olympia-Stätte hierher verpflanzt? Den »alten« Amis eine Beschäftigungstherapie untergeschoben? Wird eine Fata Morgana hergezaubert, eine Mammut-Weberei vermutet werden? Wird ein absurdes Nachrichtensystem nachträglich hierher gelegt?

Komisch, in der Tat, doch ich halte es für möglich, wenn nicht gar wahrscheinlich, daß es so sein wird, falls nicht jene Logik außer Dienst

Einzigartige Blicke, Einblicke beim Landeanflug! Aus einer rechteckigen »Piste« laufen linealgerade Linien kilometerweit scheinbar ins Unendliche weiter

Am 14. April 1981 landete der erste SPACE SHUTTLE in der kalifornischen Mojawe-Wüste ... und vermittelte der Welt einen Eindruck von Nazca!

gestellt wird, die zuerst die aberwitzigen »natürlichen Erklärungen« aus dem Hut zaubert. Die Mojawe-Wüste würde zum magischen Hokuspokus geraten, wenn nicht – wie ich hoffe – Bilder aufbewahrt werden, die die Tatsachen überliefern. Auch diese Fotos werden dermaleinst uralte Überlieferungen sein!

Herstellung der Scharrzeichnungen

Große Farbspritzdüsen standen den Herstellern in Nazca nicht zur Verfügung, doch die Ausführung der Muster hoch auf der Ebene war keine Hexerei. Die Linien konnten mit Schnüren, Stück für Stück, ausgelegt werden, Indios konnten, weit auseinander postiert, mit Rufkommandos oder Signalfähnchen die Arbeiter einvisieren. – Komplizierter wird es mit den aus großer Höhe so gut erkennbaren Umrissen der Figuren. Die freigelegten Ausscharrungen legen die Frage nach geodätischen Hilfsmitteln nahe; die präzisen Ausführungen lassen deren Vorhandensein vermuten – womit dann die Ausführenden nicht mehr als Primitive eingestuft werden dürften. Wer fertigte die Skizzen für die Figuren an? Maria Reiche meint, die Figuren müßten von vornherein »in kleinerem Maßstab geplant und gezeichnet worden sein«[7]; dabei schätzt die Mathematikerin und Geographin die Schwierigkeiten durchaus richtig ein:

»Nur wer mit der Praxis eines Landmessers vertraut ist, kann in vollem Ausmaß ermessen, was für eine Vorbildung für Menschen nötig ist, die fähig sind, den Entwurf einer Zeichnung in kleinem Maßstab unter vollkommener Wahrung der Proportionen in riesige Ausmaße zu übertragen. Die früheren Peruaner müssen Instrumente und Hilfsmittel besessen haben, von denen wir nichts wissen...«

Wer dann hat die Instrumente besessen? Die vorinkaischen Indianer des Nazca-Raumes, sagen Fachleute und verweisen auf Nazca-Keramiken und deren Datierungen mit dem Kohlenstoff-Isotop C-14. In Zentren der alten Nazca-Kultur, in der nahen Wüste von Paracas, wurden viele Indiogräber gefunden, in denen – außer mumifizierten Leichnamen – auch Keramiken und feingewebte Stoffe, deren Farben die Zeit überdauerten, gefunden wurden. Oft sind auf Stoffen und Keramiken geflügelte Menschen zu erkennen. Mich hätte es nur gewundert, wenn solche Darstellungen nicht ans Licht gehoben worden wären. Auch hier belegen Imitationen von fremden, geflügelten Wesen das typische

Zwei Beispiele von Nazca-Keramiken. Sie zeigen die Nachbildungen von Menschen mit Flügeln, typisch für das Imitationsverhalten von Cargo-Leuten

Verhalten von Cargo-Erlebnissen. Archäologen machen auch auf Keramik-Darstellungen aufmerksam, die in einigen wenigen Fällen eine signifikante Ähnlichkeit mit Nazca-Scharr-Figuren vorweisen. Beispiele sind ein Fisch und ein Vogel. Aus den ziemlich genauen Datierungen der Keramiken wird flugs auf das Alter der Scharrbilder rückgeschlossen.

Diese Methode halte ich nicht für redlich. Aus dem Alter der Keramiken läßt sich nicht zwingend ableiten, daß Zeichner und Töpfer der Keramiken zur gleichen Zeit wie die Hersteller der Scharrbilder gelebt haben. Vielleicht gab es die Riesenfiguren auf der Ebene längst, als die Indios sie als Motive für Schüsseln, Vasen und Trinkgefäße nahmen. Wo lag denn überhaupt der Beginn für die Anlage des »größten Bilderbuchs der Menschheit«? Können denn Figuren und Liniensystem nicht von Trägern einer sehr alten Kultur geschaffen, und im Laufe der Jahrhunderte und Jahrtausende von einem anderen Volk renoviert und restauriert worden sein?

Jede Kultur hatte ihr Zentrum, sagen Fachleute. Wo lag das Zentrum der Nazca-Kultur?

Wo lag das Zentrum der Nazca-Kultur?

Heute wird angenommen, das Zentrum der Nazca-Kultur habe direkt im Nazca-Tal, am Ufer des Rio Grande de Nazca auf dem Gebiet der derzeitigen Hazienda Cahuachi gelegen. Dort nämlich wurde eine Stadt entdeckt, die mehreren tausend Bewohnern Wohnungen gegeben hätte. Zudem fand sich eine 22 Meter hohe Pyramide mit einem kleinen hölzernen Heiligtum auf der Spitze. Noch ein beeindruckender Fund säumte den Stadtrand von Cahuachi: Hunderte Reste von Johannisbrotbäumen staken in geordneten Reihen wie eine gepflegte Kultur im Boden. – Man fand einen eigenartigen Säulenkomplex aus einem Viereck von 12 Reihen mit je 20 Pfählen, die, etwa im Abstand von zwei Metern, in den Boden gerammt waren. Die bemerkenswerte Pfahlanordnung wurde zum Kalender deklariert. Was sonst? – Der amerikanische Forscher Duncan Strong fand in unmittelbarer Nähe von Scharrzeichnungen einen Holzpfahl und datierte ihn mit der C-14-Methode in die Zeit um 525 unserer Zeitrechnung, plus-minus 80 Jahre. Rückschluß: Haben die Macher der Scharrzeichnungen diesen Pfahl in den Boden geschlagen, dann müssen sie um 525 n. Chr. auf der Ebene von Nazca tätig gewesen sein!

Archäologen mutmaßen, die Macher und Konstrukteure der Scharrbilder hätten den kleinen Holzpfahl eingeschlagen, »um sich in diesem

Unbegreiflich schöne, farbenprächtige Nazca-Webereien zeigen geflügelte Wesen

verwirrenden Labyrinth von Linien selber besser zurecht zu finden«[19]. Warum dann nur dieses eine Klötzchen? Es müßte bei dieser Zweckbestimmung logischerweise von Pfahlmarkierungen da oben wimmeln!

Und: Wer kann denn mit Sicherheit behaupten, daß dieser Solo-Pfahl nicht in den Boden gesteckt wurde, als es »Pisten«, Linien und Figuren längst gegeben hat? Ich war nicht dabei. Waren es die Archäologen?

Mit letzter Sicherheit ist nicht auszusagen, wann die Ebene von Nazca ihr »Gesicht« bekam, das sie heute zum größten Rätsel macht. Das kann vor 1000 oder 1500 Jahren, vielleicht auch früher, gewesen sein. Ist es nicht denkbar, daß die Figuren erst später, nämlich von einem technisch versierteren Volk, in das Liniennetz eingefügt worden sind?

Als Nazca mich ehrte

Irgendetwas mit der angeblich simplen Handwerkskunst der frühen Nazca-Bewohner scheint mir ohnehin ungeklärt.

Im Herbst 1979, als ich von Nazcas Stadtvätern geehrt und zum Ehrenbürger gemacht wurde, fuhr mich der Bürgermeister in seinem Jeep zu unterirdischen Stollen am Rande des Nazca-Tals. Wir stiegen in ein 20 Meter tiefes Loch unter dem ausgedörrten Boden. Da lief ein Wasserkanal, wie ihn die alten Römer nicht perfekter zustande gebracht haben: Aus mächtigen, behauenen Monolithen sprudelte Wasser in einen Tunnel, in dem ich aufrecht stehen konnte. Zu drei Einstiegen führte mich der Bürgermeister von Nazca, und es bot sich überall das gleiche Bild. Diese unterirdischen Tunnel, belehrte mich das Stadtoberhaupt, wären kilometerlang und deren Wasser würde weit oben an den Ausläufern der Anden gefaßt und in Stollen talwärts geleitet.

Ein anderes, kaum erwähntes Rätsel:

Der Rio Grande de Nazca fließt mit dem Rio Ingenio, seinem östlichen Nebenfluß, von den Anden her Richtung Pazifischer Ozean. Der Rio Ingenio führt, nahezu wasserlos, nördlich an der Ebene von Nazca vorbei; bei hohem Wasserstand hat er die Ebene oft überflutet. Zwar regnet es auf der Ebene jährlich höchstens eine halbe Stunde, aber das hindert den Fluß nicht, aus den Anden Geröll und Wasser zu transportieren. Hätte selbst eine einfache Indio-Kultur das Wasser nicht oberirdisch auf die Felder geleitet, statt es unterirdisch in aus Monolithen erbauten Stollen zu führen? Überdies: Vor 1500 und mehr Jahren zwang keine Bevölkerungsexplosion die Agrarfarmen, landwirtschaftliche Produkte in Riesenmengen zu erzeugen; die indianischen Bauern hätten ihre bescheidenen Felder im Nazca- oder Palpa-Tal direkt *neben* dem

Wasser anlegen können. Wieso, warum, weshalb entstanden da kilometerlange unterirdische Stollen?

Der Bürgermeister von Nazca versicherte, die unterirdischen Kanäle würden insgesamt eine Länge von einigen hundert Kilometern haben. Seit dieser kompetenten Auskunft frage ich mich, welche Bauherren und Arbeiter diese mächtige Anlage, eine Infrastrukturleistung ersten Ranges, bewerkstelligt haben könnten. In den Stil der Nazca-Kultur läßt es sich nicht vereinnahmen; Menschen, die Monolithen unterirdisch zu be- und verarbeiten imstande waren, hätten auch oberirdisch damit gebaut, doch die Nazca-Kultur hinterließ keine megalithischen Zeugnisse *über* der Erde. Gab es das Wasserstollennetz vor Beginn der Nazca-Kultur? Diente es am Ende der Trockenlegung der Ebene?

Die Flugaufnahmen zeigen, daß die zeitweiligen Überflutungen des Rio Ingenio an den »Pisten« vorbeilaufen; wo manchmal ein kleiner Arm des Mäanders schmale Linien überschwemmte, zerstörte er sie nicht. Merkwürdig. Das Faktum drängt mir die spekulative Frage auf, ob die Kanäle unter der Ebene weitergeführt worden sind, und zwar so, daß die Überschwemmungen des Rio Ingenio in Stollen aufgefangen wurden. Diese – spekulative – Annahme würde die Kanalbauer mit den Erzeugern des Liniennetzes identisch sein lassen. Fest steht jedenfalls, daß es im ganzen Jahr rund um Nazca *herum* ausreichendes Frischwasser gegeben hat.

Flußmäander neben den »Pisten«! Wurde unter der legendären Ebene eine Riesenkanalisation angelegt, die das Wasser von den Scharrbildern fernhält?

Nazca und seine »Konkurrenz«

Den Strauß der wesentlichen Blüten von Nazca-Deutungen habe ich gebunden. Die nur auf Nazca anwendbaren Theorien verblassen, wenn die »Einmaligkeit« der Merkmale der Ebene mit der Nennung von Orten verlorengeht, die gleiche Charakteristika aufweisen:

- Auf dem Wüstenboden von Majes und Sihuas in der peruanischen Provinz Arequipa liegen riesenhafte Scharrzeichnungen aus vorinkaischer Zeit.
- Erst kürzlich entdeckte der peruanische Pilot Eduardo Gomez de la Torre in der Pampa von San José, südlich der Nazca-Ebene, gigantische Linien und Zeichnungen. Am 27. August 1984 übergab der Pilot seine Luftaufnahmen dem Völkerkundemuseum von Lima. Diese neuentdeckte »Ebene von Nazca« soll größer sein als das alte »größte Bilderbuch der Weltgeschichte«.
- In Nordperu, im Valle de Zana, gibt es Scharrbilder von menschenähnlichen Gestalten mit riesigen Augen.
- 400 Kilometer Luftlinie von Nazca entfernt, ab der südperuanischen Stadt Mollendo bis hinunter in die Wüsten und Gebirge der chilenischen Provinz Antofagasta, liegen große, himmelwärts gerichtete Markierungen auf Wüstenplateaus und an Schrägwänden: riesige Rechtecke, Pfeile, Leitern mit gekrümmten Sprossen, Berghänge, voll mit ornamental ausgefüllten Vierecken. – Ich sah in der Wüste von Tarapacar an einer schwer zugänglichen Felswand Kreise mit nach innen gerichteten Strahlen, Ovale mit Schachbrettmustern und eine fast senkrecht stehende, 121 Meter hohe, roboterähnliche Figur mit einem kleinen Äffchen.
- Südöstlich von Los Angeles, unweit dem Städtchen Blythe am Colorado-Fluß, liegen große, in den Boden gescharrte Bilder von Menschen und Tieren.
- Nahe dem Städtchen Sacaton, Arizona, ist eine überdimensionale Gestalt in den Boden geritzt.
- Vom Colorado-Fluß abwärts bis Mexiko, von den Rocky Mountains bis zu den Appalachen an der Nordseite Amerikas findet man rund 5000(!) sogenannte Bilderhügel, die *Indian Mounds*, künstliche Hügel, Bilderbücher mit Bisons, Vögeln, Schlangen, Bären, Eidechsen und Menschen. Einige dieser Hügel waren Gräber, sind jedoch insgesamt nur aus der Luft als Bilder zu erkennen.
- Die ausgedehnten Lavafelder von Mexikos Sonora-Wüste sind mit großen, himmelwärts gerichteten Zeichen versehen.

Blythe. Wie in Nazca wurden die Steine vom rostbraunen Untergrund entfernt

- In England sind das »Weiße Pferd von Uffington«, Berkshire, 110 Meter lang, und der »Lange Mann von Wilmington«, 70 Meter hoch, am bekanntesten. Nur aus der Luft erkennbar sind ganze Ketten von Bilderhügeln. Die wichtigsten:
  - Hod Hill, Stourpaine, Dorset
  - Hambledon Hill, Cild Okeford, Dorset
  - Badbury Hill, Shapwik, Dorset
  - Chiselbury Camp, Fovant, Wiltshire
  - Figsbury Rings, Winterbourne, Dauntsey
  - Hamshill Ditches, Barford St. Martin, Wiltshire
  - Gussage Cowdown, Gussage St. Michael, Dorset
  - Ogbury, Durnford, Wiltshire.
- 200 Meilen südlich von Tabuk, nahe der jordanischen Grenze, sind in der saudiarabischen Wüste mehrere 100 bis 200 Meter lange geometrische Figuren in den Boden ausgelegt worden. Sie zeigen in der Spitze zu »Kaminen« auslaufende, pyramidenförmige Dreiecke. Die Spitze des »Kamins« trägt einen riesigen, schwarzen Ring, dessen Durchmesser größer als der Pyramidensockel ist. Im Zentrum des

Rings: ein dicker, schwarzer Punkt. Alle Gebilde sind nur aus der Luft erkennbar.
- Bei der Auswertung von Satellitenaufnahmen des Gebietes um den Aralsee machten sowjetische Geologen eine sensationelle Entdeckung: Vom Kap Duan bis ins Innere der ausgedörrten Halbinsel Ustjurt fanden sie im Boden merkwürdige dreieckige Formationen. Vom Flugzeug aus wurde im menschenleeren Wüstengebiet nach den seltsamen Gebilden Ausschau gehalten.

Die Fotoausbeute zeigte Verwirrendes. In fast ununterbrochener Kette reihten sich über mehrere hundert Kilometer riesige Dreiecke mit Seitenlängen bis zu eineinhalb Kilometer und Ovale aneinander. Archäologen und Geologen bestiegen Helikopter, um zu klären, was da Seltsames auf dem Boden lag.

Die umrätselten Gebilde erwiesen sich als Scharrzeichnungen. Der sowjetische Archäologe Wsewolod Jagodin, Chef der Abteilung Archäologie der Usbekischen Akademie der Wissenschaften [20], gab zu den Akten:

»Die üblichen Methoden der archäologischen Untersuchung des Gebietes sind hierfür ungeeignet. Die gigantischen Ausmaße der Anla-

Teil aus dem großen Schlangen-Mound in Adams County, Ohio. Das gewundene Erdbild ist über 400 Meter lang und wurde vermutlich von Indios der Adena-Kultur um 500-100 v. Chr. angelegt

Das »Weiße Pferd von Uffington«, Berkshire, England, mißt 110 Meter

gen machen sie vollkommen unfaßbar für die menschliche Größe. Ihr Relief ist so glatt, daß man einige hundert Male auf diesen »Teilen« entlangfahren könnte, ohne zu wissen, daß sich unter den Füßen ein einzigartiges archäologisches Denkmal befindet.«

Die größten, sich ständig wiederholenden Figuren ähneln riesigen Säcken mit aufgesetzten, dreieckigen Pfeilen; an der Dreiecksspitze liegen Ringe von rund zehn Metern Durchmesser. Die Zeitschrift *Sowjetkultur*[20] schrieb:

»Das zyklopische System konnte bisher in einer Länge von 100 Kilometern erforscht werden. Die Gelehrten sind überzeugt, daß es sich noch weiter durch das Gebiet von Kasachstan hindurchzieht und an Ausdehnung das weltbekannte System der geheimnisvollen Linien und Zeichnungen in der peruanischen Wüste von Nazca übertrifft – das in seinen Maßstäben allein mit ihm vergleichbare archäologische Phänomen.«

Der »Lange Mann von Wilmington«, Sussex, England ▶

Weithingestreckt liegt in der saudiarabischen Wüste diese 800 Meter lange geometrische Figur

Was sollte und durfte ich mir unter »sackartigen Gebilden« mit »Pfeilen« vorstellen? Da ich in früheren Jahren manchen Fehlinformationen aufgesessen bin, ist es mir längst zur Gewohnheit geworden, erst dann über archäologische Merkwürdigkeiten zu berichten, nachdem ich sie gesehen und fotografiert habe. Für die Absicht einer Reise in die Sowjetunion sind die Grenzen zu hoch und zu dicht, gar in Gebiete, in die selbst Russen nicht ohne weiteres reisen dürfen. Ich schrieb an Freunde in Rußland und bat sie um Informationen, wenn möglich auch Fotos. Es kamen bald ausführliche Antworten, auch von Professoren, deren Namen ich leider nicht nennen darf: Sie schickten mir Ablichtungen aus Fachpublikationen, die der Öffentlichkeit nicht zugänglich sind, auch Artikel aus Zeitschriften. Ein Kaleidoskop kyrillischer Buchstaben flimmerte mir vor Augen – und sagten mir nichts. Wozu hat man kluge Freunde und Bekannte?

Ich habe Professor Rolf Ulbrich, Slawist an der Freien Universität Berlin, für schnelle und unbürokratische Hilfe herzlich zu danken. So bin ich in der Lage, aus den russischen Informationen präzise Schilderungen zu filtern.

Das »neue Nazca« am russischen Aralsee

Ein Rechercheur wurde bei einem »Pfeil« mit einem kleinen Flugzeug abgesetzt. In seinem Bericht stand, daß die rätselhaften Gebilde aus der Luft wie gigantische *grüne* Linien ausgesehen hätten: »Sie hoben sich vom weiß-braun-hellgrünen Untergrund ab wie dunkelgrüne Stoffbahnen.« – Je nach Jahreszeit wird das Gebiet von spärlichem Steppengras überzogen, von dornigen Büschen und weißbläulichem, innerasiatischem Wermut der Spezies Dschusan; bald trocknet der Raum wieder völlig aus, und dann, in der Trockenzeit, leuchten die grünen Linien wie monströse Signale zum Himmel... am Boden aber sind sie nicht zu erkennen. – Das kleine Team wußte aus der Luftbeobachtung, daß es sich in unmittelbarer Nähe eines »Pfeils« aufhielt, sah aber nichts davon. Man schlich verwirrt um den Landeplatz herum. Um das Gelände etwas besser überblicken zu können, stiegen zwei Männer auf die Flügel der Maschine und hievten in einem akrobatischen Akt einen dritten auf die Schultern; der meldete, daß sich, knappe zweihundert Meter entfernt, eine dunkelgrüne Linie vom Steppenboden abhob. Die Männer gingen hin. In der Nähe des grünen Bandes entdeckten sie eine kaum bemerkbare Erhebung aus einer Kette von Steinen, ein niedriger Wall, der an

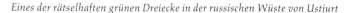

Eines der rätselhaften grünen Dreiecke in der russischen Wüste von Ustjurt

Nazca – rätselhafte Gebilde aus der Luft

der höchsten Stelle 80 Zentimeter maß. Dieses »Objekt« war der Beweis für eine künstliche Anlage in der menschenleeren Steppe. In Abständen fanden die Männer zusammengetragene Kalksteinhügel, und in ihnen auch Skelette und Keramikscherben. Sie erlebten eine phantastische Realität: Sobald sie auf einer der grünen Linien standen, konnten sie deren linealgeraden Verlauf auf viele hundert Meter hin verfolgen, traten sie jedoch nur ein paar Meter davon zurück, war die ganze Linie wie von Zauberhand verschwunden.

Die Gebilde wurden vermessen: Man markierte den Anfang einer Linie mit Steinen und folgte ihr. Die durchschnittliche Seitenlänge einer »Sacklinie« wurde mit 800 bis 900 Metern festgelegt, die anschließende »Pfeil«-Länge mit 400 bis 600 Metern, die gesamten Figurationen kommen also auf rund 1,5 Kilometer Ausdehnung. An den Innenseiten der »Sacklinien« verlaufen oft kleine Gräben, als ob sie dazu bestimmt gewesen sind, seltenes Regenwasser abzuleiten. Die »Pfeile« entsprechen gewaltigen gleichschenkligen Dreiecken, an deren Enden noch einmal kleine »Pfeile« anschließen. Auf der Luftaufnahme (Abb. auf Seite 167) ist inmitten das Dreieck zu erkennen; davon aus verläuft eine – nur schwach erkennbare – Linie zum mittleren Bildrand, eine zweite zum unteren. Das sind die Außennähte des »Sacks«. Der »Sack« weist nördlich, die »Pfeile« haben unterschiedliche Richtungen. Bis zu dem Tag, da ich dies berichte, kennt man solche Gebilde in der Ausdehnung von 150 Kilometern, doch nimmt Professor Wsewolod Jagodin an, daß das System sich über mindestens die doppelte Länge erstreckt.

Kongruenzen mit der Ebene von Nazca sind unübersehbar. Dort wie auf der russischen Halbinsel Ustjurt sind die Bodenmarkierungen für den Fußgänger unsichtbar. In Nazca, das sich zu einer Touristenattraktion entwickelt hat, wurde eine Aussichtsplattform gebaut, um einen Eindruck von diesem System zu vermitteln, man kann auch von Flugzeugen aus den Gesamteindruck mit heimnehmen. In Ustjurt würde, wenn Besucher erwünscht wären, eine ähnliche Offerte an Touristen ertragreich sein. In Ustjurt wurden – wie in Nazca – in strapaziöser Arbeit Steine aufgelesen, um die Linien aus dem Boden leuchten zu lassen.

Was? Wer? Wann?

Tauchen die alten vertrauten Fragen auf: Wer hat wann was darstellen wollen?

Die Wüste von Ustjurt bedeckt etwa die Hälfte der Landbrücke zwischen dem Kaspischen Meer und dem Aralsee: Sie gehört zu den trockensten Zonen der Sowjetunion. Einst lebten hier Nomaden, heute noch werden große Nomadengräber gefunden. Erste datierte Keramiken tragen charakteristische Merkmale der Nomaden aus dem siebten und achten Jahrhundert unserer Zeitrechnung. Als sowjetische Archäologen Grabungen unter einem Nomadengrab und einem Steinwall durchführten, fanden sie im tieferen Erdreich Werkzeuge eines unbekannten Volkes, das ihrer Ansicht nach im ersten Jahrtausend vor Christus gelebt haben muß. Und in einer noch tieferen Schicht tauchten Steinwerkzeuge aus dem dritten und vierten Jahrtausend vor Christus auf.

Bisher konnte nicht eruiert werden, welches dieser Völker die gigantischen Wüstenbilder geschaffen hat.

Anfänglich kamen – wie in Nazca – die sogenannten nächstliegenden Deutungen auf. So nahmen Archäologen an, es habe sich um »umzäunte

169

Reviere für gigantische Treibjagden auf durchziehende Tiere« gehandelt[20]; man dachte an Steppenesel oder Steppenantilopen. Erste Mutmaßung war, diese Tiere wären in die »Säcke« hineingetrieben worden, am Sackende wären Hirten postiert gewesen, um die Wildtiere aufzuhalten. Die russischen Archäologen verwarfen bald diesen Gedanken: Für die Annahme einer Treibjagd waren die »Säcke« unbrauchbar, weil sie dann von Gattern hätten eingezäunt sein müssen, Antilopen hätten mit einem Satz über die Hirten entkommen können. Von Resten einer Umzäunung wurde nicht die Spur entdeckt; in der Steppe selbst war auch kein Holz vorhanden. Auch die in alle möglichen Richtungen weisenden »Pfeile« paßten nicht ins Konzept. Die Zeitschrift *Sowjetkultur* spricht denn auch offen von einem »archäologischen Wunder«.

Dr. Iwanowitsch Wladimir Awinski, Geologe und Mineraloge, Mitglied der sowjetischen Akademie der Wissenschaften, sieht in der Anlage auf dem Plateau der Steppe von Ustjurt »Zeichen für extraterrestrische Wesen«.

Ist man in Ustjurt so ratlos wie in Nazca, ist objektiv von beiden Anlagen zu sagen, daß ihre Zeichen nur aus großer Höhe erkennbar sind... Im Gegensatz zu Nazca, wo Linien und Figuren von nahen Hügeln und Bergen aus sichtbar sind, gibt es auf dem Plateau von Ustjurt keinerlei Erhebungen. Ich würde für beide Phänomene manche der angebotenen Erklärungen akzeptieren, wenn Linien und Figuren den Erdenbewohnern sichtbar wären, wenn sie nicht derart eindeutig gen Himmel ausgerichtet wären. Schließlich macht die erwiesene Tatsache nachdenklich, daß diese beiden Anlagen *nicht* einzigartig sind. Es ist müßig, die – weil früher entdeckt – Erklärungen für Nazca auf Ustjurt zu übertragen. Es bringt nichts.

Vor rund 40 Jahren, als wir, die »Krone der Schöpfung«, uns langsam – und in manchen Kreisen höchst ungern – mit dem Gedanken vertraut machen mußten, nicht die einzige intelligente Lebensform im Universum zu sein, kam der Gedanke auf, wie wir unsere Existenz fremden Lebensformen signalisieren könnten. Damals sprach man von drei Möglichkeiten:

– Radiosignale werden ins Weltall gestrahlt.
– Mit Lichtsignalen werden ferne Planeten angeblitzt.
– Es werden unübersehbare optische Markierungen auf markanten Punkten der Erde angebracht.

Vorschlag 1) wurde durchgeführt, doch bisher keine Antwort empfangen und auch Vorschlag 2) blieb ohne Lichtecho.

Zum Bau optischer Markierungen wurde vorgeschlagen, weiträumige Bodenflächen mit Pflanzen klarer Farben zu bebauen, so daß aus den Kontrasten geometrische oder mathematische Symbole universeller Gültigkeit entstünden. Ein gewaltiges pythagoräisches Dreieck, beispielsweise, könnte an seinen Schenkeln auf hunderte Kilometer mit Kartoffeln bebaut werden; in das Dreieck könnte ein Kreis mit Weizen gesät werden. Derart würde in jedem Sommer unübersehbar ein gelber Kreis in einem grünen Dreieck gen Himmel leuchten. Das periodische Erscheinen dieser Zeichen würde, hoffte man, außerirdischen Beobachtern signalisieren: Achtung! Dort unten leben intelligente Wesen!

Damals gingen die Überlegungen davon aus, daß wir beobachtet würden, und daß die Beobachter nicht weit entfernt wären. Inzwischen ist mit 99prozentiger Sicherheit anzunehmen, daß wir in unserem Sonnensystem die einzigen Vertreter einer intelligenten Lebensform sind. Das sind frische Erkenntnisse. Unsere Vorfahren konnten sie vor 2000 Jahren nicht erahnen.

Sie beobachteten Bewegungen am Nachthimmel, sahen den Auf- und Untergang von Sternen, Planeten, das Auftauchen und Verschwinden von Kometen. Ihnen schien der Himmel lebendig zu sein. Vermuteten Priester jener Zeit in den wandernden Gestirnen »Schiffe der Götter«, »Himmelsfahrzeuge«? Wollte man den Weltraumfahrern – wie noch vor 40 Jahren bei uns diskutiert – Signale zukommen lassen? Man wußte vor Jahrtausenden nicht, aus welcher Höhe die Scharrbilder zu erkennen waren. Ich erwähne dies deshalb – weil man es mir vorhält –, daß das lediglich eine Frage der Optik war. Aus heutigen Satelliten können die Schlagzeilen der Zeitungen gelesen werden, die wir hier unten in der Hand halten.

Mir ist aus sehr vielen Gesprächen bekannt, daß aufgeschlossene Wissenschaftler sich mit dem Gedanken – Zeichen für die Götter – anfreunden könnten, doch mögen sie die Vorstellung von der ehemaligen Existenz raumfliegender Extraterrestrier nicht akzeptieren. Zeichen für Götter – ja! Zeichen für außerirdische Besucher – niemals! Widerwillig und irritiert werden in der Gegenwart entstandene Cargo-Kulte zur Kenntnis genommen, zur analogen Übertragung des Vorgangs auf früheste Zeiten der Vergangenheit fehlt (noch) der Mut.

»Der Irrtum ist gut. Eine neue Wahrheit ist nicht schädlicher als ein alter Irrtum«, sagte Goethe.

III.

Indien
Land der tausend Götter

WER FÜR DIE ZUKUNFT SORGEN WILL, MUSS DIE
VERGANGENHEIT MIT EHRFURCHT UND DIE
GEGENWART MIT MISSTRAUEN AUFNEHMEN.

JOSEPH JOUBERT (1754-1824)

In Reiseführern wird der südindischen Stadt Madras ein »temperiertes Klima« attestiert. Ich habe diese angenehme Wetterlage auch bei meinem vierten Besuch – nach 1968, 1975 und 1980 – nicht erwischt. Wieder war es stickig heiß, wieder klebte mir auch bei den geringsten körperlichen Bewegungen das Hemd am Leibe. Verständlich, daß sich die Maharadschas auf Schritt und Tritt von ihren Dienern mit Palmwedeln eine linde Luftbewegung zufächeln ließen. Diese Sommertage 1984 schienen mir heißer als alle zuvor erlebten Hitzegrade zu sein.

Leider war ich nicht zu einem dem Klima angemessenen, wohligen Nichtstun in die Hauptstadt des Staates Tamil Nadu an der Koromandelküste am Golf von Bengalen gekommen; ich war eingeladen worden, zwei Vorträge zu halten – einen im *Kuppuswami Sastri Research Institute*, einer angesehenen Sanskritschule, einen an der *Anna University*; außerdem stand, meinem Wunsch entsprechend, die Besichtigung von Tempeln in meinem Programm.

Am internationalen Madras Airport wurde ich von Professor Mahadevan, einem kleinen, quicklebendigen Gelehrten britischer Abstammung, in Empfang genommen und von seinen Begleitern nach Landessitte mit Kränzen aus Jasminblüten und Sandelholz behangen. Daß dieser hübsche Brauch auch dem Wohlbehagen des Geruchssinns dient, sollte ich bald erfahren. Nicht von ungefähr wird aus den tropischen Sandelgewächsen das wohlduftende Sandelöl gewonnen.

Während der gut viertelstündigen Fahrt zum Hotel versah mich Professor Mahadevan mit den ersten nötigen Daten: Die 3,5-Millionen-Einwohner-Stadt liegt 2188 Eisenbahnkilometer weit von Neu-Delhi weg, ist Ort wissenschaftlicher Institute und Gesellschaften, Museen und Bibliotheken, verfügt über bedeutende Industrien im Waggon- und Lastkraftwagenbau, ist führend in der Elektrotechnik und auch Filmstadt.

Diese Fakten dürfen – wie ich beim Blick aus dem Wagenfenster

Alltag in Madras

bemerkte – keine westlichen Vorstellungen wachrufen. An einer Straßenkreuzung ließ ein Schlangenbeschwörer seine Kobra mit einem Mungo kämpfen: Während die Ampel auf rot stand, versuchte die kleine, possierliche Schleichkatze, an langem Seil gehalten, sich davonzumachen. Als die Ampel auf gelb schaltete, sah es aus, als würde der Mungo unterliegen, bei grün hatte der Mungo mit einer schnellen Wendung die Kobra besiegt. Applaus der Gaffer. – Der Verkehr quälte sich durch flanierende, sich drängende, hagere, braune Städter, durch Bettlergruppen; zwischen Deichseln laufende Männer zogen das immer noch preiswerteste Taxi, die umweltfreundliche Rikscha. – Eisverkäufer, Zeitungshändler, Bretterstände als fliegende Läden. Ein erbarmungswürdiger, von Dreck starrender Krüppel bettelte vor dem Wagenfenster, ich kurbelte es herunter, um dem armen Kerl einige Rupien zu geben, und da quoll mir eine Wolke von Gestank entgegen, Schweiß und Urin, Öldunst von blakenden Bussen. Ich begriff den Segen des Sandelholzkranzes und führte ihn unter die Nase. – Ein Junge ließ einen dressierten Affen zur Flöte tanzen.

Das ist der Vorteil, den die Einheimischen allen aus anderen Klimazonen Anreisenden voraus haben: Sie fühlen sich wohl in ihrem Element, wissen nichts von Zeitverschiebungen durch langen Flug. Der Fremdling atmet durch und bemüht sich, die Erwartungen zu erfüllen. Ich hatte gerade Zeit genug, unter die Dusche zu gehen und die Wäsche zu wechseln, als ich schon in die Kuppuswami Sastri-Sanskritschule befördert wurde.

Vortrag in der Sauna

Das Colloquium war im Auditorium eines der flachen Gebäude rund um den großen Schulhof angesetzt. An der Schmalseite ein Tisch mit Mikrophon, dahinter farbenstrotzende Bilder indischer Götter. Träge Ventilatoren verrührten die teigige, dicke Luft. Im Schneidersitz – wie man das nur so lange aushält? – hockten Lehrer und Studenten am Boden, umstanden, wo der Platz nur für die Füße, nicht fürs Gesäß reichte, die Wände. Wieder wurde ich bekränzt. Mitten im Gewühl ein junger Mann, der mir als Elektriker vorgestellt worden war; ich hatte ihn in seine Aufgabe am museumsreifen Diaprojektor eingewiesen und abgesprochen: Daumen nach oben – Projektor betriebsbereit. Der Daumen blieb unten. Während der Institutsleiter Begrüßungsworte sprach, beobachtete ich meinen Elektriker, der, eingekeilt in die Masse weißgekleideter Studenten, verzweifelt bemüht war, Strom in den Projektor zu

175

Aus den Augenwinkeln beobachtete ich »meinen« Elektriker

locken. Er schickte mir ein ohnmächtiges Lächeln über die Köpfe der Studenten zu.

Der Redner verbeugte sich und trat ab. In der nicht so fern liegenden Meinung, nun an der Reihe zu sein, erhob ich mich – fing mit einem schnellen Blick noch den nach unten gesenkten Daumen meines Elektrikers auf –, um hinters Mikrophon zu treten, wurde aber mit sanften Händen wieder auf meinen Stuhl gedrückt. Ein zweiter, ein dritter, ein vierter Redner nahm das Wort, und ich verstand lediglich meinen Namen, denn alle sprachen Tamil, eine Sprache, die man als Europäer nicht beherrschen muß, auch wenn sie zur drawidischen, der großen zentral- und südindischen Sprachfamilie gehört und älter als die übrigen indischen Neusprachen ist. Nach rund 45 Minuten wurde mir das Wort erteilt – in bestem Englisch. Verbeugungen allerseits. Schweißtriefend ging ich zum Mikrophon. Es wurde so still, daß man eine Stecknadel gehört hätte, falls sie in dem Menschenknäuel hätte zu Boden fallen können.

Ich öffnete den Mund, doch bevor ich ein Wort formulieren konnte, erhoben sich zwei Jünglinge und sangen mit hohen Stimmen einen litaneiähnlichen Wechselgesang. Professor Sri K. Chandrasekharan flüsterte mir zu, daß es sich um eine Hymne aus dem *Rigveda* – der Sammlung ältester indischer Opfermythen – handle, mit der der tau-

Im Schneidersitz hockten Professoren und Studenten

sendköpfige, tausendäugige, tausendfüßige Schöpfer des Universums und aller Welten gepriesen würde. Der tonale Singsang wurde zur freudigen Musik in meinen Ohren: Der Elektriker ließ seinen aufgestellten Daumen in die Höhe schießen! Ich gewährte der Hymne einen würdigen Nachklang, dann bat ich, das Licht zu löschen, damit die Dias wirkungsvoll projiziert werden konnten. Die Lichter erloschen. Der Ventilator stand still... und auch der Projektor war ohne Strom. Das Licht hellte wieder auf. Mein Elektriker winkte mir vergnügt zu – wie das? – und puhlte aus einer Zigarettenschachtel Silberpapier, forderte die Studenten ringsum zur Lieferung gleichen Materials auf... und verband zwei Kabel damit! Heureka! Licht aus. Ich dampfte aus allen Poren, ich hatte Premiere: Mein erster Vortrag in einer Sauna konnte beginnen.

Nach dem Vortrag – über den ich am nächsten Tag, nach höflichen Danksagungen, in der englischsprachigen Presse lesen konnte, er wäre interessant gewesen – saßen wir bei Tee mit Milch und Zitrone beisammen. In den Staaten Tamil Nadu und Gujarat herrscht strengste Prohibition, in anderen Staaten ist sie gemildert, nur in Bihar, West-Bengalen und Kaschmir ist Alkohol frei erhältlich. Touristen können um ein *All India Liquor Permit* einkommen, damit können sie sich in Nebenräumen der Hotels die Nase begießen. – Wir also saßen beim Tee. – Ich fragte

177

Eine Premiere: mein erster Vortrag in einer Sauna

Professor Mahadevan, welche Bedeutung den roten, gelben und braunen Farbtupfern in der Mitte der Stirn zukäme, die ich bei so vielen Indern, Frauen und Männern, sähe, ob es stimme, daß mit den Punkten signalisiert würde, wer verheiratet, verlobt oder sonstwie vergeben sei...

Professor Mahadevan lächelte:

»Das ist alles Unsinn. Das Zentrum des Nervensystems läuft in der Mitte der Stirn, genau über der Nasenwurzel, zusammen. Der Punkt soll diese Stelle symbolisch kühl halten. Zur Markierung wird normalerweise Sandelholzpulver genommen, oft aber auch Wurzelsaft oder gepuderter Kalkstein. Der Punkt hat aber auch religiöse Bedeutung, je nachdem, ob er in der Länge von oben nach unten, wie ein Komma, verläuft oder umgekehrt. Von oben nach unten bedeutet der Punkt den Gott Wischnu, von unten nach oben den Gott Schiwa, einer der Hauptgötter der Hindus, er ist sowohl Gott der Zerstörung wie Heilsbringer. Damit der Mensch sich stets bewußt ist, daß er aus Asche gemacht wurde und wieder zu Asche wird, zieht man oft zum Stirnpunkt noch einen horizontalen Strich aus Asche. Es gibt Hindus, die überhaupt keine Farbe nehmen, sondern nur Asche auf die Stirn auftragen.«

Dr. Mahalingam, dem ich die Einladung nach Madras verdanke, ist – wie ich an Ort und Stelle bemerkte – in Indien so bekannt wie der landläufige bunte Hund, und das nicht nur als erfolgreicher Physiker

Der Archäologe Professor R. Nagaswamy

und Ingenieur; er war auch jahrelang Mitglied des Parlaments und gehört vielen renommierten Institutionen an. Er hat den Schlüssel zu allen Türen. Dr. Mahalingam machte mich mit dem Archäologen R. Nagaswamy, Professor an der Staatsuniversität, bekannt; ehemals war er Direktor des Museums von Madras, heute ist er der ranghöchste Archäologe von Tamil Nadu. Der große, schlanke, schwarzhaarige Gelehrte begrüßte mich wie einen alten Freund; er kannte einige meiner in mehreren indischen Sprachen erschienenen Bücher und zeigte sich ohne Vorurteile: Er war daran interessiert, mehr über meine Theorien zu erfahren, wie ich in ihm begierig den Mann erkannte, der kompetent war, meine in der – oft widersprüchlichen – Literatur erworbenen Kenntnisse aus seinem profunden Wissen abzuklären.

Mahabalipuram

Unsere erste gemeinsame Unternehmung führte uns in die Tempelstadt Mahabalipuram, eine Autostunde entfernt am Ozean gelegen. Zuerst auf der »Marina« genannten Küstenstraße fahrend, gewann ich einen Eindruck von dem feinen, weißen Sandstrand, der sich am Golf von Bengalen ausdehnt, es soll der zweitgrößte Sandstrand der Welt sein. Am Abend, bei der Rückfahrt, sah ich ein Ameisengewühl von Städtern, die in Brise und Wasser Erfrischung von der lähmenden Hitze suchten; sie wateten barfuß im Sand und in den sanft anrollenden Wellen. Die Religion erlaubt nicht, die langen Gewänder abzulegen. – Falls ich irgendwann ein Bad nehmen wolle, belehrten mich meine Begleiter, dürfe ich keinesfalls hinausschwimmen: draußen gäbe es Haie.

Die Straße führte am Stadtrand durch Slums, dann durch trockenes Gebiet mit wenig Palmen und vielen, bastgedeckten Lehmhütten; hinter armseligen Ständen boten Händler den Touristen Früchte, ab und zu auch Seide und Baumwolle an. Vor Holzkohlenfeuern hockten Mütter mit Kindern, sie schmorten Maiskolben oder backten (fast geschmacklose) Fladen; der süßliche Geruch mischte sich mit dem Gestank von offenen Kloaken. Ich drücke den frischen Sandelholzkranz, den ich am Morgen geschenkt bekommen hatte, unter meine Nase. Ob es einen Unterschied mache zwischen Blumen- oder Sandelholzkränzen, fragte ich. – Dr. Mahalingam schmunzelte: »Blumen verwelken schnell, Sandelholz behält lange seinen Wohlgeruch. Der Sandelholzkranz steht für lange Freundschaft.«

Eine subtile Art von Freundschaft, die selbst die Nase noch miteinbezieht.

Direkt an der Küste steht der fünfstöckige Jalasyana-Tempel, von König Rajasimha im 7. Jahrhundert erbaut. Andere Tempel hat das Meer mit seinen Gezeiten zerstört, abgeschliffen.

Dann Mahabalipuram! Der erste Blick auf den 25 Meter langen, neun Meter hohen Felsentempel ist überwältigend, die detaillierte Inaugenscheinnahme faszinierend. Von direkt aus dem Gestein gemeißelten Figuren von Göttern, Tieren und Geisterwesen übersät, sei es – sagte Professor Nagaswamy – der größte und künstlerisch bedeutendste Felsentempel Indiens. – Das Basisrelief präsentiert Szenen aus dem Leben von Arjuna, dem Helden des *Mahabharata*; dort wird überliefert, daß dieser Arjuna den »himmlischen Wagen« von Indra – dem altindischen Heldengott mit menschlichen Zügen, der gegen die Dämonen seine Geheimwaffe Wadscha, die tödliche Keule schleuderte, als »König der Götter« verehrt – nahm und damit ins Weltall fuhr. Dort sah Arjuna viele Himmelswagen, und die Planeten erschienen ihm wie Lampen, »obschon das große, eigene Körper sind« [1]. – Arjuna hatte für irgendeine Missetat Buße zu leisten, und diese Szenen des Bittgangs sind ins Felsenrelief – dem größten Flachrelief der Welt – eingemeißelt, von beobachtenden Göttern milde belächelt. Deshalb wird dieses Steinbild meistens *Die Buße des Arjuna*, aber auch *Herabkunft des Ganges am*

Die Buße des Arjuna

Die Tempelnischen wurden aus dem Fels gemeißelt

Himmel genannt, wobei der Spalt inmitten des Felsens den Ganges, den Hauptstrom Vorderasiens, repräsentieren soll.

Arjunas Denkmal

Wo Felsen und Erde aneinanderstoßen, wurden die acht *Mandapams*, Höhlentempel, ins Gestein gehauen. Wenn auch in der Literatur so benannt, ist die Bezeichnung »Höhle« nicht angebracht, ich möchte eher von größeren Nischen sprechen. Vor dem *Yamapuri Mandapam* stehen wuchtige monolithische Elefanten, rechts balanciert – diagonal auf einer Kante – ein mächtiger Felsbrocken, als müßte er jeden Moment kippen, doch er hält sich seit 1300 Jahren in seiner verwegenen Position. Krischna, Inkarnation des Gottes Wischnu, soll ihn einst »wie Butter« aus dem Fels geformt und hergestellt haben, eine Ver- und Bearbeitungsmethode, die dem »Gott der Hirten« wohlanstand. Als eine Art Heiland von den Hindus verehrt, habe Krischna den massigen Stein in diese Position gebracht, um die Menschen stets an seine Macht zu erinnern, vielleicht auch, denke ich, um damit seine Amouren mit den Milchmädchen (*Gopis*), die er vorzugsweise beim Baden beobachtete, vergessen zu machen. Der etwa 200 Tonnen schwere Stein deckt in der Tat vieles zu, und die Legende, Arjuna habe eines Tages den Berg Govardhana mit dem kleinen Finger hochgehoben, trägt das ihre zu Arjunas großem Ruf bei. Nur einen kurzen Weg vom balancierenden Monolithen entfernt, liegt ein Granitblock, aus dem eine Wanne von zwei Metern Durchmesser herausgeschnitten ist, in der Krischna Steine geformt und bearbeitet haben soll – wie Butter. Mir sind solche, nach gleicher Methode aus dem Fels geschlagene Wannen aus Südjapan und vom Hochland in Peru bekannt. Die Internationalität derartiger Seltsamkeiten verblüfft mich immer wieder.

In diesem Trog soll Gott und Heiland Krischna Steine »wie Butter« verarbeitet und geformt haben

Einer der fünf Götterwagen vom Typ Ratha

Der Elefant scheint Lust zu haben, diesen mißratenen Ratha wegzuschieben

Modelle vom Typ Ratha

Absolute Attraktion von Mahabalipuram sind die fünf *Rathas*, Götterwagen. Auch sie sind en bloc aus dem Felsen modelliert, sind also stationär und nicht beweglich wie die Götterwagen aus Holz und Metall in anderen Tempeln, deren Räder sich drehen. Solche *Rathas* werden – heute noch – von Elefanten oder Menschen gezogen und in Prozessionen mitgeführt; jeder Wagen trägt dann Figuren von Göttern, den eigentlichen Besitzern der Wagen.

Die fünf *Rathas* sind den *Pandava*-Brüdern* – Yudhishtira Bhima, Arjuna, Nakula, Sahadeva – und der Prinzessin Draupadi gewidmet.

---

* Das *Mahabharata* berichtet von den Kämpfen der beiden Dynastien Pandava und Kaurawa um die Herrschaft. Der Bericht endet mit der Katastrophe, in der auch die siegreichen Pandava fast aufgerieben wurden. Die vier Prinzen und die Prinzessin gehören zur großen Legende des indischen Volkes.

Ein Götterwagen ist wie die Kopie einer einfachen Hütte, der zweite – Arjuna gewidmet – hat wunderbare Skulpturen und ein pyramidenförmiges Dach, lebensgroße Löwen, Elefanten und Ochsen schmiegen sich an; der dritte Ratha besteht aus einem kleinen Häuschen und einem Tempelchen, in dem der Götterheld sitzt; der vierte ist mehrstöckig, und ihn ziert an der Spitze ein achteckiges Türmchen; der fünfte Götterwagen scheint vergleichsweise mißraten zu sein, er steht, klein und abseits, vor dem Koloß eines Elefanten, der offenbar den Wagen unmutig wegschieben möchte.

Indisches Pantheon

Im Pantheon der in Indien verehrten Gottheiten sind rund 40 000 göttliche Gestalten versammelt, und jeder werden bestimmte Fähigkeiten zugeordnet. Wir Westler, monotheistischen Religionen verbunden, sind geneigt, die Göttervielzahl polytheistischer Glaubensverbände als Aberglauben abzutun. Wir tun uns schwer, hinter dem Unverständlichen einen Sinn zu erkennen. Wie kann man, denken wir, Schiwa verehren, der als mit Leichenasche beschmierter Asket, mit einem dritten Auge auf der Stirn, dargestellt wurde? Wie Garudah, den adlerartigen »Fürst der Vögel«, der Gott Wischnu als Reittier gedient haben soll? Wie Ganescha, den Sohn Schiwas, der als dickbäuchiger Mann mit Elefantenkopf, oft auf einer Ratte reitend, versinnbildlicht wurde? 40 000mal können wir die Frage stellen ...

Ehe man aber alle Merkwürdigkeiten als puren Aberglauben, als heidnische Zwangsvorstellungen abtut, sollte man sich das Entstehen von Cargo-Kulten ins Bewußtsein rufen! Die Wesen der indischen Mythologie, die allesamt vom Himmel kamen, waren stark wie Elefanten, listig wie die Ratten, schnell wie Tiger, flogen wie die Vögel, sahen alles wie mit tausend Augen, konnten mit vielen Armen zupacken. Sehen wir das alles nicht *auch* als mißdeutete Technik, benehmen wir uns wie »Gladiatoren, die mit verbundenen Augen kämpfen« (Voltaire). In technischem Unverstand im Konnex mit Wunschdenken könnten die mythischen Mischwesen wohl eine Erklärung finden.

Unter den Skulpturen gibt es auch *Maruts*, himmlische Jünglinge, die mit und neben den Göttern beobachten, wie Arjuna seine Buße ableistet; in den *Weden* treten sie als eine Gruppe von Sturmgöttern, Kinder der Wolken, auf; sie leuchten wie Feuer, ihr Himmelswagen ist schnell wie der Blitz; über den Schultern tragen sie pfeilartige Waffen, an den Knöcheln metallige Ringe, vor der Brust eine Schutzplatte mit eingra-

Arjunas Götterwagen ist der größte und schönste auf dem Tempelplatz von Mahabalipuram

Der Wischnu-Tempel ▶

vierten, undefinierten Zeichen. Nicht genug an technischen Accessoires, halten die *Maruts* züngelnde Blitze in Händen, ihre Köpfe bedecken Helme. Wozu? In den Veden kämpften die Jünglinge in prunkvollen Gewändern für Indra, den Herrn des Himmels. Das liest sich in den Liedern des Syavasva, dem *Rigveda*, Hymnen auf die Götter, so:

»Preiset... die im weiten Luftraum oder im weiten Raum des großen Himmels herangewachsen sind... Kommt her, ihr Marut, vom Himmel, von der Luft und von daheim; ziehet nicht ab in die Fernen! Ihr blitzstrahlenden Männer mit den Steingeschossen, heftig wie der Wind, Berge erschütternd, ihr Marut, von donnernder Wucht. Ihr durchfahret die Nächte, die Tage, ihr geübten, die Luft, die Räume, ihr Schüttler. Wenn ihr die Ebenen durchfahret und die unwegsamen Gegenden, ihr Marut, so nehmt ihr niemals Schaden. Wenn ihr gleichgewichtigen Marut, ihr Sonnenmänner, ihr Mannen des Himmels ausgelassen seid, so lassen eure Rosse in ihrem Lauf niemals locker. An einem Tage erreichet ihr das Ende des Weges. Ihr durchmesset mit Kraft den Luftraum. Zusammen geboren, zusammen groß geworden, seid ihr wohlgebildet zur Schönheit gewachsen. Zu Ehren ist eure Größe, ihr Marut, sehenswert euer Anblick wie der der Sonne. Verhelfet uns auch zur Unsterblichkeit! Nicht Berge noch Ströme hemmen euch. Wohin ihr beschlossen habt, dahin gehet, ihr Marut, und ihr fahret im Himmel und auf der Erde...«[2]

Eine beträchtliche Eloge für das Aussehen, die Fähigkeiten und die Erwartungen an die »Kinder der Wolken«! Sind es Ausgeburten ungezügelter Phantasie oder Vorbildern nachbeschrieben? Diese Sturmgötter müssen schier per Invasionsschüben von ihren kühnen Fahrten durch die Lüfte ins Land eingebrochen sein, denn sie wurden in vielen tausend Tempelskulpturen verewigt. Es ist wieder der aufmunternde Hinweis angebracht, ob denn nicht doch durch vergleichende Analysen von Bild und Text letztlich die Technik, die den *Maruts* zur Verfügung gestanden haben kann, entdeckt, enthüllt, entlarvt werden könnte. Außer diesen Sturmgöttern offerieren die altindischen Überlieferungen von Göttern und Helden gleich interessante Objekte für eine ernsthafte, unvoreingenommene Forschung. Im Weggehen entdeckte ich im Tempelrelief eine hübsche Frauengestalt mit wohlproportionierten Brüsten, das mußte eine Halluzination sein. Mich vergewissernd, ging ich zurück; in etwas anderer Perspektive zeigte sich dieselbe Skulptur als Mann. Ich tat Schritte nach links, nach rechts, zugleich änderte die Figur ihr Geschlecht; es war keine Halluzination: Der Künstler hatte eine Zwittergestalt dargestellt, in allen körperlichen Merkmalen, auch im Gesicht; offensichtlich war sich der alte Steinmetz nicht klar gewesen, wessen Geschlechts diese Gottheit war. Das muß man beim Umgang mit Göttern lernen: Sie sind für Überraschungen gut, sie dürfen alles, sie können alles, auch listig täuschen.

Direkt am Meer betraten wir den siebenstöckigen Tempel, der im schummrigen Innern die überdimensionierte nackte Gestalt des Gottes Wischnu, des Weltenerhalters, birgt – zur Seeseite, im dunklen Heiligtum, steht eine schwarze, fünfzehnkantige Säule.

Die Säule stelle ein *Lingam* dar, sagte Dr. Mahalingam und schmunzelte, denn dieses Wort ist Teil seines Namens und bedeutet im Altindischen »Merkmal«, auch »Geschlechtsglied«. Es bedeutet aber mehr als nur den in Griechenland kultisch verehrten Phallus als Zeichen von Kraft und Fruchtbarkeit. Das *Lingam* ist das Idol des Gottes Schiwa; man begegnet ihm oft in Form von durchaus realistischen (Phallus-)Säulenstümpfen; zwar gilt das *Lingam* auch als Symbol der Schöpfungskraft, steht aber zugleich auch für die »gestaltlose Gestalt«, quasi den Weltgeist, und meistens ist ihm *Yoni*, der »Mutterschoß« beigegeben, Symbol der gebärenden Naturkraft. Die *Yoni* bildet den Sockel, aus deren Mitte sich das *Lingam* erhebt.

Dr. Mahalingam deutete hinaus aufs Meer:

»Hier, vor uns, unter der Brandung, sind die Zeugnisse unserer uralten Kultur unter Wasser begraben, sieben Tempel haben dort vor vier, fünf oder noch mehr Jahrtausenden gestanden. Wir wissen ja auch

Wie in Vorzeiten sind immer noch Ochsen die Zugtiere simpler Geräte

Direkt an der Straße steht dieser verrottete Götterwagen

nicht mit Bestimmtheit, wie alt unsere *Weden* sind. Wir haben noch einen weiten Weg vor uns, bevor wir unsere Vergangenheit kennen. Aus allen Überlieferungen ist eindeutig klar, daß am Anfang die Götter gewesen sind...«

Rückfahrt. – Die Bauern bestellten in der sich sanft niedersenkenden Dämmerung noch ihre Felder; Ochsen zogen vor altertümlichen Pflügen die Furchen, eine fast vorsintflutliche Idylle. – Skriperumpudur. Den Namen dieses Kaffs werde ich nie vergessen. Dort, am Straßenrand, verkam in Wind und Wetter ein hölzerner Götterwagen in verblassenden Farben, er kann in keiner Prozession mehr mitgeführt werden. – Des unsicheren Lichts wegen knipste ich das einst stolze Fahrzeug mit drei Kameras verschiedener Objektive, beobachtet von Mädchen in Saris, die mit einem schnauzbärtigen Burschen, auf dem Motorrad hockend, plauderten. Als unser Wagen anfuhr, mußte eine Kamera, die ich auf dem Wagendach liegenließ, heruntergefallen sein, unbemerkt von uns. Momente später überholte uns, wild gestikulierend, der Bursche auf seinem Motorrad und bedeutete uns, anzuhalten. Strahlend streckte er mir meine Kamera entgegen. Die Rupien, die ich ihm geben wollte, nahm er nicht an. Auch das ist Indien.

Madras scheint mir eine farbenfrohere Stadt zu sein als andere indische Städte, die ich kenne. Die tamilischen Frauen lieben Seidensaris in gewagtesten Farben, ocker und blau, gelb und grün, rot und reseda. Diese leuchtenden Farben übertrumpfen alle Grautöne im Straßenbild. Warum, weiß ich nicht, aber viele Passanten haben Blumengirlanden umgehängt, vielleicht ist es Besuch vom Lande, der damit begrüßt wurde. Männer stülpen nicht minder bunte Turbane auf die Köpfe, Mädchen stecken Blumen als Farbtupfer ins schwarze Haar. Gelbe Motorradtaxis, stinkende Abgasfahnen im Schlepp, durchpflügen das Menschengewühl.

In Madras soll der Apostel Thomas den Märtyrertod erlitten haben. In der Basilika San Thome werden in einem Reliquienschrein Knochen seines Skeletts verehrt, wird auch die Speerspitze, die ihn traf, aufgehoben. Den sogenannten Thomasakten zufolge galt er als Zwillingsbruder Jesu; der »ungläubige Thomas«, der die Auferstehung Jesu bezweifelte, soll in Indien gepredigt haben; er wurde Patron von gnostischen Schriften und von der syrischen Orthodoxie verehrt; in Madras verbrachte er unter Thomaschristen seinen Lebensabend.

Im Park der Theosophischen Gesellschaft wird unter schattigem Blätterdach studiert und gelernt

Altindische Texte in einer »Geheimlehre«

Adyar bei Madras ist der Weltsitz der Theosophischen Gesellschaft. Entgegen vielen Behauptungen, die Theosophie – griechisch Weisheitslehre von Gott – wolle eine neue Religion sein, will diese Gesellschaft alte spirituelle Tatsachen vermitteln und darlegen, daß die Evolution über die menschliche Welt hinaus bis zum Kosmos reicht, daß eine sinnliche nicht wahrnehmbare Materie durch übersinnliche Fähigkeiten erforscht werden kann.

Die Theosophische Gesellschaft wurde 1888 von der in der Ukraine geborenen Helena Petrowna Blavatsky (1831-1891) in New York begründet, hat heute Dependancen in fast allen Ländern – ausgenommen die kommunistischen Staaten. 1888 erschien in London die dreibändige *Geheimlehre* der Blavatsky; das Werk erregte Aufsehen, nicht zuletzt deswegen, weil die Autorin im Vorwort versicherte, die gesamten, von ihr verarbeiteten Quellen habe sie teils alten indischen Sanskrittexten, teils tibetanischen Überlieferungen entnommen, die heute noch in tibetanischen Krypten verborgen seien; zwar gab Frau Blavatsky sogar Orte der geheimen Deponate an, doch ihre Angaben wurden nicht geprüft, sondern mit Spott abgetan.

Wesentliche Grundlage der *Geheimlehre* ist das Buch *Dzyan*, dessen Entstehungszeit unbekannt ist. Bis in jüngste Zeit schien das heilige Buch mit seinen Symbolzeichen unverständlich, gar sinnlos. Heute weiß man mindestens, daß *Dzyan* weder für einen Propheten noch einer der zahllosen Götter steht, vielmehr die phonetische Gesamtbezeichnung uralter tibetanischer Schulen ist – eine Zusammenfassung allen Wissens der ältesten tibetanischen Überlieferung – der Bücher *Kandschur* mit 108 und *Tandschur* mit 225 Bänden.

Die Schrift ist in Holzblöcke von einem Meter Breite, 10 bis 20 Zentimeter Dicke und 15 Zentimeter Höhe geschnitzt. Erst knapp ein Hundertstel der Texte ist übersetzt, und diese sagen viel über Götter und deren Tätigkeit auf der Erde aus. Findet man für die Entstehungszeit der Bücher – älter als die Erde? – kein Datum, wird doch angenommen, daß Lehren aus dem Buch *Dzyan* von jenseits des Himalaya nach Japan, China und Indien gelangten. Bekanntgewordene Teile des *Dzyan* gibt es auf Tausenden von ins Sanskrit übersetzten Texten.

Kein Wunder also, daß Frau Blavatsky schon zu Lebzeiten von indischen Gelehrten Unterstützung bekam. – Um 1890 war Svama Dayanand Sarasvati der bedeutendste Sanskritexperte Indiens. Als der Indienspezialist Max Müller, Professor in Oxford, sich über die Quellen der Blavatsky negativ geäußert hatte, nahm Sarasvati das Wort:

»Wenn Herr Max Müller zu mir käme, so würde ich ihn zu einer Guptahöhle nahe bei Okhee Math im Himalaya führen, wo er bald herausfinden würde, daß, was die Kalapani (= Quellen) von Indien nach Europa schwemmten, bloß Brocken von verworfenen Kopien einiger Stellen aus unseren heiligen Büchern sind. Es gab eine ursprüngliche Offenbarung, und sie existiert noch, noch wird sie für immer für die Welt verloren sein, sondern sie wird wieder erscheinen, wenn die Menschen auch zu warten haben werden.«

Kosmische Evolution

Von esoterischen und theosophischen Gesellschaften estimiert, ist die *Geheimlehre* der Blavatsky bis heute umstritten. Eine nur auf Materie basierende Wissenschaft kann das Buch *Dzyan* mit seinen Abschilderungen nicht akzeptieren. Ich verheimliche nicht, daß auch ich skeptisch war. Ich muß dartun, warum ich das alles *heute* mit anderen Augen sehe.

Wir stehen vor den realen technischen Möglichkeiten, im Weltall große Habitate zu bauen, sie mit Triebwerken auszurüsten, die sie schier unbegrenzte Zeit von Sonnensystem zu Sonnensystem reisen lassen können. Um künstliche Schwerkraft herzustellen, werden solche Raumgiganten vermutlich die Form von Riesenrädern bekommen, die gemächlich um ihre eigene Achse rotieren. Nicht ohne Grund erzählte ich von künftigen Weltraumbewohnern mit dem religiösen Tick zu missionieren. Gleich verwegen und doch möglich ist der Gedanke, daß ein Teil der Bevölkerung des Habitats die lange Reise im Tiefschlaf verbringt – um Nahrung und Energie zu sparen. Science Fiction-Autoren, deren kühne Phantasie oft bereits von der Wirklichkeit überholt wurde, schreiben von Millionen befruchteter Eier, die in der Nähe eines Sonnensystems in künstlichen Gebärmüttern ausgetragen werden.

(Für den Hausgebrauch ist diese Methode eben in heftiger Diskussion!)

All das und noch mehr steht bereits im Buch *Dzyan*! Geschrieben in unbekannt früher Zeit von – bisher – namenlosen Autoren. Würden Forscher die künftig realisierbaren Weltraum-Habitate ins Kalkül einbeziehen, fiele ihnen die Deutung der angeblich unverständlichen Texte leichter.

Hier also Strophen aus dem Buch *Dzyan*[3]. Dort zu lesen unter der Headline: *Kosmische Evolution*.

»(Strophe 1) ...Es gab keine Zeit, denn sie lag schlafend in dem unendlichen Schoße der Dauer...

...Dunkelheit allein erfüllte das unendliche All, denn Vater, Mutter und Sohn waren wieder einmal eins, und der Sohn war noch nicht erwacht für das neue Rad und seine Wanderung...

...das Leben pulsierte unbewußt im Weltenraume...

...aber wo war Dangma, als der Alaya des Weltalls in Paramartha war und das große Rad Anupadaka war?

(Strophe 2) ...wo waren die Bauleute, die leuchtenden Söhne des aufdämmernden Manvantara? ...Die Hervorbringer der Form aus der Nicht-Form, der Wurzel der Welt? ...Die Stunde hatte noch nicht geschlagen; der Strahl war noch nicht in den Keim geblitzt; der Matripadma war noch nicht geschwollen.

(Strophe 4) ...Höret ihr Söhne der Erde auf eure Lehrer – die Söhne des Feuers. Lernet, daß es weder erstes noch letztes gibt; denn alles ist eine einzige Zahl, die aus der Nichtzahl hervorgegangen ist.

...Höret, was wir, die Abkömmlinge der ursprünglichen Siebenheit, die wir aus der Urflamme geboren sind, von unseren Vätern gelernt haben...

...aus dem Glanze des Lichtes, das aus dem ewig Dunklen strahlte, entsprangen im Raume die wiedererwachten Energien...

(Strophe 5) ...wenn er sein Werk beginnt, so trennt er die Funken des unteren Reiches, welche freudezitternd in ihren strahlenden Wohnungen schweben, und bildet aus diesen die Keime der Räder. Er stellt sie in die sechs Richtungen des Raumes, und eines in die Mitte, das Hauptrad.

...eine Heerschar der Söhne des Lichtes steht in jedem Winkel, und die Lipika in dem mittleren Rad. Sie sagen: Dies ist gut. Die erste göttliche Welt ist fertig...

...Fohat macht fünf Schritte und bildet ein geflügeltes Rad in jedem Winkel des Viereckes...

(Strophe 6) ...schließlich drehen sich sieben kleine Räder, wovon das eine das andere gebiert.

...er erbaut sie als Abbilder älterer Räder und befestigt sie auf unvergänglichen Mittelpunkten.

...wie werden sie von Fohat erbaut? Er sammelt den feurigen Staub. Er macht Kugeln von Feuer, läuft durch und um dieselben herum und versieht sie mit Leben, dann setzt er sie in Bewegung, diese in dieser, jene in jener Richtung...

...in der vierten wird den Söhnen befohlen, ihre Ebenbilder zu schaffen. Sie werden leiden und Leiden verursachen. Dies ist der erste Kampf.

...die älteren Räder drehen sich hinab und hinauf... Der Mutter-Laich erfüllt das ganze. Es fanden Kämpfe statt zwischen den Schöpfern *und den Zerstörern, und Kämpfe um den Raum; der Same erschien und erschien beständig von neuem.«*

In einer fremden Welt

Dieser Originaltext, aufmerksam gelesen, bedarf keines Kommentars. Zu begegnen wäre dem Einwand, daß die Quellen zum Buch *Dzyan* unkontrollierbar seien. Wozu war ich der Quelle für einwandfreie Auskunft so nah? Ich fragte nächsten Tages Professor Mahadevan, der mich mit Dr. Mahalingam und Professor Nagaswamy im Hotel abholte.

»Gibt es Orte, an denen alte, überwiegend unbekannte und noch nicht übersetzte Manuskripte lagern?«

»Natürlich gibt es solche ›verborgenen‹ Textsammlungen in Klöstern und Tempelschulen«, antwortete der Gelehrte. »Sie werden dort aufbewahrt und als wesentlicher Teil unserer Frühgeschichte gehütet. Sie werden konserviert, weil viele sonst dem totalen Vermodern ausgeliefert sind, sie werden oftmals neu kopiert, eine Sisyphusarbeit, an der Menschen ihr Leben lang sitzen, es sind hochqualifizierte Fachleute.«

Professor Nagaswamy schaltete sich ein: »Ich kann Ihnen, nicht weit von hier, eine erstaunliche Sammlung zeigen!«

Nach dreiviertelstündiger Fahrt betraten wir außerhalb von Madras ein kleines, kalkverputztes zweistöckiges Haus. Der Kustos, ein würdevoller Greis, begrüßte Professor Nagaswamy mit einer Verneigung, die Hände vor der Brust über Kreuz gehalten, eine Begrüßungsgeste, der ich mich auch befleißigte. Das in Tamil geführte Gespräch der Herren verstand ich nicht, las aber an den Mienen des Kustos ab, daß er bereit war, seine Schätze zu zeigen.

In einem kurzen Stehkonvent wurde ich informiert, wie diese Sammlung zustande gekommen war: Dr. U. V. Swaminatha Iyer hatte sie zusammengetragen, indem er Jahrzehnte Indien bereiste, um alte Überlieferungen aufzukaufen und vor dem Verfall zu retten. Über 3000 Manuskripte, zum größten Teil bis heute nicht übersetzt, lagern nun in diesem Haus. 91 Bücher über Sanskrit tragen den Namen des verstorbenen Dr. Iyer als Autor oder Herausgeber. Seine Kollegen sprechen mit größter Hochachtung von ihm.

Professor Nagaswamy begann seine Führung. In Metallgestellen lagern, behutsam aufgereiht und geordnet, viele hundert etwa zehn Zentimeter dicke, 30 bis 40 Zentimeter lange, mit Schnüren gebündelte Hölzer. Sorgsam griff Professor Nagaswamy ein Holzbündel, löste die

Professor Mahadevan war immer mit von der Partie

Schnur und »blätterte« die Hölzer auseinander. Nun zeigte sich, was sie schützten: dünne Holzlamellen oder Palmblätter, einige links und rechts mit Löchern, durch die – wie in einer Jalousie – eine Schnur lief, andere ließen sich wie Fächer aufklappen. Eingeritzt – eingestanzt? – abertausende kleine Schriftzeichen. Nagaswamy, der weitere Bündel öffnete, erklärte, jedes Zeichen sei – mikroskopisch fein – mit einer Messerspitze eingeritzt worden; dabei hätten sich die Schriftmarkierungen während der Arbeit von der Unterlage nicht abgehoben; erst nach der Zeichenset-

In Metallgestellen – hunderte seltsamer »Hölzer«

zung wäre Farbstaub oder Asche in die feinen Lamellen gebürstet, das Schriftbild sichtbar geworden.
»Was wurde übermittelt?«
Professor Nagaswamy hob die Schultern:
»Es sind Teile wedischer Texte, auch sehr alte tamilische Literatur. Manche Textstellen wurden auf Papier kopiert, manche konnten übersetzt werden, weit mehr als die Hälfte konnte bisher nicht dechiffriert werden. Das ist eine Teilantwort.«
Mir fielen die unterirdischen Gewölbe in Ladakh, Kleintibet, ein, in denen ich vor einigen Jahren abertausende Palmfolien, auch zwischen Brettchen gepreßt, bestaunt hatte; auch dort ist erst der geringste Teil übersetzt.
War es Ziel und Absicht der frühen Chronisten, handelten sie in höherem Auftrag, als sie ihre Mitteilungen unverständlich hielten? Für eine Zeit, die erst viel später den ganzen Inhalt begreifen konnte? Wichtig scheint mir, daß die alten Texte für klügere, wissendere Generationen aufgehoben werden – wie hier, wie *Kandschur* und *Tandschur*. Es

Auf dünnen Holzfolien sind Schriftzüge millimetergroß eingeschnitzt

muß doch einen besonderen Sinn haben, daß die Menschen in so vielen religiösen und mythischen Überlieferungen angehalten, ja, beschworen wurden, die Texte nicht zu verändern und sie für künftige Generationen zu bewahren. Christen gingen mit ihrer Bibel leider nicht so um, wie sie geheißen wurden, wie die Urautoren es sich gewünscht hatten; sie wurde redigiert, verstümmelt, Unliebsames, Unbequemes ausgesondert, in die Apokryphen verbannt, laufend und immer wieder mit neuen Vokabeln dem Zeitverständnis angepaßt. Dabei stammt das Wort Religion vom lateinischen *religio* = bewahren, erhalten. – Gottlob gab es weise Religionsstifter und »Götter«, die – wie hier oder in Tibet, beispielsweise – Sorge trugen, daß die Überlieferungen erhalten blieben und verschlüsselte Botschaften für das Säkulum des kosmischen Aufbruchs bewahrt wurden.

Des Lingams dreifache Bedeutung

Während der anderthalbstündigen Fahrt nach Kanchipuram – eine der sieben heiligen Städte Indiens und religiöses Zentrum mit 124 Tempeln und Gebetsstätten – fragte ich Professor Nagaswamy nebenbei nach dem ganzen Sinn des *Lingam*, den es in jedem Hindutempel gibt:

»Ist der *Lingam* ein Phallus-Symbol?«

»Nicht nur«, sagte er. »Die eigentliche Bedeutung ist die einer Feuersäule, aber das *Lingam* hat drei, sich tangierende Sinngebungen –

die Feuersäule als Symbol des kosmischen Feuers, den Phallus als Lebensspender und als Achse der Welt.«

Wie war man auf die Feuersäule gekommen, lag hier abermals eine Fehlinterpretation von etwas Technischem vor? Professor Nagaswamy erklärte es mir so:

»Unsere Überlieferung berichtet, die Götter Brahma und Wischnu hätten miteinander gestritten, wer von ihnen der größere wäre, zwischen ihnen habe die kosmische Kraft in der Form einer Feuersäule gestanden. Wischnu, heißt es, habe sich in einen Eber verwandelt, sei an der Feuersäule herabgestiegen, um den Stumpf der Säule auszugraben, doch die Säule habe im Erdreich keinen Anfang, keine Wurzel gehabt. Nun habe sich Brahma in einen Schwan verwandelt und sei in Richtung der Säule himmelwärts geflogen, doch die Säule habe kein Ende gehabt. Deshalb hinterblieb die Säule als Symbol der kosmischen Kraft ohne Anfang und Ende.«

Schier furchteinflößende Göttermonumente am Stadtrand von Madras

Hindutempel könnten, erfuhr ich, hunderte, tausende *Lingams* beherbergen, doch im Allerheiligsten stehe immer ein besonderes *Lingam*; es berge zugleich ein *Vimana**, das göttliche Gefährt, über dem der Tempelturm errichtet wurde. Nagaswamy meinte, vielleicht läge hier ein altes Mißverständnis vor: Vielleicht habe im Zentrum des *Vimana* ein kosmisches, gar ein nukleares Feuer gebrannt, und es habe zum Symbol des *Lingam* geführt. – Die Priester, lernte ich, hätten täglich genau vorgeschriebene rituelle Reinigungen am *Lingam* vorzunehmen, welche Art von Manipulationen das sind, konnte ich nicht in Erfahrung bringen. Aberwitzig die Möglichkeit, daß unwissende Priester seit Jahrtausenden technische Handgriffe nachahmen!

Kanchipuram

Die Tempelstadt Kanchipuram gehört zu Indiens ältesten Städten. Hier soll Buddha im 5. Jahrhundert v. Chr. gepredigt haben; hier baute Kaiser Ashoka im 3. Jahrhundert v. Chr. buddhistische Tempel (von denen es keine Spur mehr gibt). Im 7. Jahrhundert n. Chr. wurde Kanchipuram Residenz der Pallavas, einer Dynastie, die seit 575 eine Vormachtstellung in Südindien hatte. Es muß ein baulustiges Herrschergeschlecht gewesen sein, denn binnen 150 Jahren – von 600 bis 750 – sprossen tausend Tempel aus dem Boden, von denen es hier heute »nur« noch 124 zu bewundern gibt. Es sind Bauten sozusagen für jede Gelegenheit – große mit hohen Tempelpyramiden, gespickt mit Figuren aus der Mythologie – kleine Tempel mit Schreinen, die begüterte Hindu oder Dorfgemeinschaften für von den Göttern empfangene Wohltaten errichten ließen.

Über die Tempel wachen heute alteingesessene Brahmanenfamilien, und deren Diener haben ein Auge darauf, daß hier keine Dienstleistungen gratis angeboten werden. Kinder bieten sich – »*Me only ten rupees!*« – als Tempelführer an. Als Attraktion einer heiligen Stadt ist Kanchipuram ein Dorado für Touristen, Gaukler, Bettler und Geschäfte-

---

* Die »Internationale Akademie für Sanskrit-Forschung« in Mysore wagte, einen Sanskrit-Text in die moderne Begriffswelt zu transponieren. In Zusammenhang mit dem *Vimana* ergaben sich solche Texte: Ein Apparat, der sich aus innerer Kraft bewegt... der sich bewegen kann von Ort zu Ort... Das Geheimnis, fliegende Apparate zu bauen... Das Geheimnis, die Flugrichtungen feindlicher fliegender Apparate festzustellen... usw. usw.
Das Sanskrit-College von Bangalore hat mir die tadellose wissenschaftliche Qualität der Übersetzungen bestätigt.

Die Tempelpyramiden von Kanchipuram sind steil und hoch wie die der Maya-Kultur

macher. Ältere Frauen in schwarzen Gewändern, Enkelsäuglinge in einer Schlinge auf dem Rücken, erbetteln alles, vom Kugelschreiber über Zigaretten bis zu Schnürsenkeln.

Vor dem Eintreten in den größten Schiwa-Tempel wurden wir vom Wächter angehalten, uns der Schuhe zu entledigen, auch meine Kameras mußte ich abgeben. Das Innere bietet sich düster, feucht, heiß und ein wenig unheimlich. Wieder wird der Schweißgeruch der Menge von Sandelholzdüften gnädig überlagert, Moderschwaden werden von Blütenduft atembar gemacht. Von irgendwoher klingt aus dem Dämmer der hohe Ton einer Flöte, begleitet vom rhythmischen Schlag der Sihar, einer Art Laute; diese Art von Musik, erfahre ich, ist an bestimmte Tageszeiten gebunden, weil sie in Intervallen Farben und Stimmungen aufnimmt; es gibt sie seit 500 v. Chr.

Vor Schreinen stehen Gläubige und beten zu Götterfiguren, die in kräftigen Farben bemalt und mit Blumengirlanden geschmückt sind.

Auf der Spitze des Tempelturms das Götterfahrzeug

Kerzen verschiedener Farben flackern. Manche Götterskulpturen sind in kostbare Seiden gehüllt, halten seltsame Utensilien in Händen. In einer löwenzahngelb erleuchteten Nische betet ein Priester im Lotossitz, diesem Schneidersitz, der einer geöffneten Lotosblüte ähneln soll, und der Lotos gilt der Religion als Symbol der Reinheit. Wie von weither nimmt der Priester unsere Anwesenheit wahr, taucht – wie geistesabwesend – die Kuppe des rechten Zeigefingers in eine Schale mit rotem Pulver, betupft unsere Stirnen. Inzwischen informiert, erkenne ich dann im Spiegel auf meiner Stirn ein »Komma«, das von unten nach oben zeigt; der Betende mußte ein Schiwa-Priester sein, er gab uns das Zeichen seines Gottes. – Schiwa ist ein Mehrzweckgott. Zerstörer und Erneuerer, gilt er zugleich als »Vernichter der Zeit« und »Herr des Tanzes«. Die Hindu sind überzeugt, daß Schiwa persönlich ihr Tanzlehrer gewesen ist. Die Schiwa zugeordnete Farbe ist purpurrot; darum gibt es in seinen Tempeln purpurrot leuchtende Plafonds und rote Figuren mit dämonischen Fratzen. Schiwa, der Tanzmeister, wurde mit elegant gespreiztem Bein porträtiert, und mit seinen vier Armen weist er graziös in die vier Himmelsrichtungen. – Ja, mein Gott, ein Gott!

Im Heiligtum, dem Zentrum des Tempels, steht ein *Vimana*, Schiwas Götterfahrzeug, umgeben von 28 Nischen – wie Fensterchen, in jeder

Meine Kameras durften nicht mit in den Schiwa-Tempel

205

Nische Ölpfannen, in denen brennende Dochte schwimmen, die mit warmem Licht die Figuren einhüllen – eine Atmosphäre, die zur Andacht zwingt. Aus den Augenwinkeln beobachtete ich die Hindu in ihrem Gebaren und tat ihnen beflissen gleich, nicht ahnend, was rigorose Gläubige mit einem Ungläubigen tun, der ins Heiligtum einzudringen wagt. Der rote Tupfer auf der Stirn war ein Mimikri, trotzdem machte ich die dosierten Verbeugungen nach, fühlte mich einbezogen und sicher genug, mit dezenten Blicken die herrlichen handwerklichen Leistungen der frühen Künstler zu bewundern. Schiwa und Wischnu, Krischna, Rama und Brahma sind – genau wie in den Mythen abgeschildert – vollendet modelliert, auch die ihnen zugesellten Elefanten, Schwäne und Ochsen, lediglich die grellen Bemalungen wirken auf den ersten Blick etwas kitschig, auf den zweiten Blick fallen einem westliche Wallfahrtsorte ein, an denen es ähnlich ausschaut. Ich denke, daß im Schummerlicht, das an solchen Stätten der vertieften Andacht wegen bevorzugt wird, intensive Farben nötig sind, um den verehrten Gestalten eine wirksame Aura zu verleihen.

Das Sonnenlicht blendete. Vor uns erhoben sich zwei steile, hohe Tempelpyramiden, die – drängte es sich mir auf – Pendants in Zentralamerika haben. Wir passierten ein 15 Meter hohes, in einen Granitmonolithen geschlagenes Tor, auch der Unterbau des Tempels ist Granit, das Bauwerk aus Sandstein errichtet. – Die Besichtigung war anstrengend, denn Professor Mahadevan hatte mir zu jeder Figur deren Bedeutung in der Überlieferung zugeflüstert.

Neben Professor Nagaswamy setzte ich mich auf ein Mäuerchen. – Mir gingen die Parallelen von Kanchipuram zu Zentralamerika nicht aus dem Kopf. Hier wie dort Skulpturen in leuchtenden Farben, Götter im Lotossitz, hier wie dort Vielgötterei, Götter in ähnlich grazilen tänzerischen Posen, hier wie dort Pyramiden ähnlicher Konturen im feuchtheißen Klima. Hier wie dort Menschen, die sich in Hautfarbe, Gesichtern und Bewegungen gleichen, und sogar die modernen Städte sind zum Verwechseln. In Madras kam ich mir oft wie in Merida, Yucatan, vor. Ohne es motivieren zu können, spürte ich, daß die sich aufdrängenden Ähnlichkeiten nicht von ungefähr derart augenscheinlich waren, doch ich hütete mich, laut zu spekulieren, es könnten in Vorzeiten Inder von hier nach Yucatan am Golf von Mexiko ausgewandert sein und die *essentials* ihrer Kultur dort erneuert haben. Heute weiß ich mehr: Sie sind nicht *ausgewandert*, sie sind *ausgeflogen*. Die Belege dafür folgen in diesem Kapitel.

◄ *Unter dem Turm – im Hintergrund - liegt das* Vimana

Professor Nagaswamy beantwortete meine Fragen

Angesichts der 124 Kanchipuram-Tempel drängte sich mir die Frage auf:
»Wie entstehen Tempelanlagen? Wer beschließt ihren Bau – Priester, Herrscher, das Volk oder die Götter? Wer löhnt die Handwerker? Gibt es überlieferte Grundkonzepte?«

Professor Nagaswamy rief einem jungen Mann einige Worte zu; er eilte bald mit zwei Holzstäben herbei, der Archäologe bohrte einen Stab in den Boden, dessen langer Abendschatten nach Osten wies.

»Der Entscheid zum Tempelbau kann verschiedene Anlässe haben. Hier in Kanchipuram waren Herrscher der Pallava-Dynastie die Initiatoren. Es entschlossen sich aber auch Dörfer oder Klosterschulen zum Tempelbau, um ihren Gemeinschaften einen geheiligten Raum zur Meditation, zum Gespräch mit den Göttern zu geben. Oft aber waren Tempel auch Schulen, Universitäten vergleichbar. Doch auch der Wunsch, die Götter anzulocken, kann Grund für den Tempelbau gewesen sein.

Wie wir heute wissen, wurden die Bauplätze nach vorgeschriebenen Fixpunkten festgelegt; der Untergrund sollte hart, möglichst aus Granit sein, die Erde sollte von guter Farbe sein, Trinkwasser in der Nähe eine ausreichende Vegetation bieten. Waren diese Vorraussetzungen gegeben, wurde der Bauplatz planiert, wurden die Himmelsrichtungen festgelegt: Die Priester steckten einen Stab in den Boden, bei Sonnenaufgang wies der Schatten nach Westen, bei Sonnenuntergang nach Osten . . . die Hauptachse des Tempels war bestimmt.

Die Baumeister banden eine Schnur an den Stab und zogen Kreise, legten die Größe des Tempels fest. Parallel zur Ostwestachse wurden Linien gezogen. An den Schnittpunkten von Linien und Kreisen ergaben sich Segmente, die näher oder weiter vom Zentrum, das als Heiligtum angeordnet war, lagen. Das Zentrum war das Allerheiligste, der Sitz des Gottes, dem der Tempel geweiht war. Hier ins Heiligtum, exakt in die Mitte, kam ein *Lingam*, über dem schließlich die Pyramide aufgerichtet wurde. Von der Mitte her strahlte die göttliche Kraft in alle Richtungen. Die Nischen um das Zentrum herum waren – mit Altären – für untergeordnete Götter vorbehalten. Keinen Tempel gibt es ohne die zwölf Kalendergottheiten, Segmente für zwölf Monate, und am Rand der Tempel Andachtsstellen für die verschiedenen Sterngötter, die im Zusammenhang mit dem gestirnten Firmament stehen.«

Ein hellbrauner Bursche, lediglich ein blaues Tuch um die Hüften, gelblackierten Fußnägeln, kurvte mit einem Dreirad auf uns zu, machte mit schriller Glocke auf sich aufmerksam; er offerierte aus einer Kiste unverpacktes Eis, Würfel, in die Fruchtsäfte eingefroren sind. Wir mochten nichts kaufen.

»Ich weiß, wer das ist!« sagte der Bursche provozierend und wies auf eine Skulptur an der Tempelwand.

»Wenn es stimmt, kriegst du zehn Rupien von mir!« sagte Professor Mahadevan.

»Das ist der tanzende Schiwa, die Götter Parvati schaun ihm zu . . .«

»Gut«, anerkannte Mahadevan. »Und welchen Tanz tanzt Schiwa?«

Der Bursche durchwühlte sein Gehirn, spielte verlegen mit seinen Fingern, dann strahlte er:

»Der tanzt den himmlischen Tanz!«

Er kassierte seine Rupien und radelte stolz davon.

»Ist es der himmlische Tanz?« fragte ich.

»Es ist der kosmische Tanz von der Zerstörung und Schöpfung, den die Götter mit Flöten, Zimbeln und anderen Instrumenten begleiten . . . Gleich daneben sehen Sie Indra, den Herrn des Universums mit Matali, dem Kämpfer der Luftschlachten . . .« erläuterte Professor Nagaswamy.

Ich muß wohl bei »Kämpfer der Luftschlachten« meine Ohren sichtbar in den Wind gestellt haben, denn am nächsten Tag gab mir Professor Mahadevan einen auf Gott Matali bezogenen Text aus dem *Ramayana*, neben dem *Mahabharata* das zweite große Epos der Inder[4]. Darin las ich:

»›Schneller Matali!‹ sprach Indra. ›Beeile dich mit meinem Himmelswagen. Der rechtschaffene Rama trifft auf seine Feinde...‹ Matali lenkte den Wagen, der wie die Sonnenstrahlen leuchtete, an den Ort, wo der gerechte Rama auf seine Feinde traf. ›Nimm diesen Himmelswagen!‹ rief Matali Rama zu. ›Die Götter unterstützen den Gerechten. Hierher, steig in diesen goldenen Wagen, die himmlischen Kräfte unterstützen dich. Ich werde dein Wagenlenker sein und den donnernden Wagen beschleunigen.‹

Eingekleidet in himmlische Stoffarten bestieg Rama den Wagen und warf sich in eine Schlacht, wie menschliche Augen sie nie zuvor erblickt hatten. Götter und Sterbliche beachteten den Kampf, sahen bebend zu, wie Rama mit dem himmlischen Streitwagen eingriff. Wolken von tödlichen Geschossen verdunkelten das leuchtende Gesicht des Firmaments. Es wurde düster über dem Schlachtfeld.

Hügel, Täler und der Ozean wurden von schrecklichen Winden aufgerüttelt, die Sonne erschien fahl. Als die Schlacht auch jetzt nicht enden wollte, nahm Rama in seiner Wut Brahmas Waffe, die mit himmlischem Feuer geladen war. Es war die geflügelte Lichtwaffe,

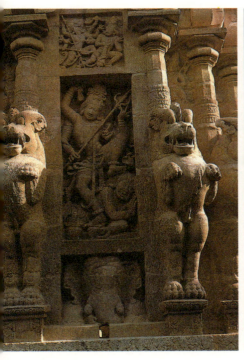 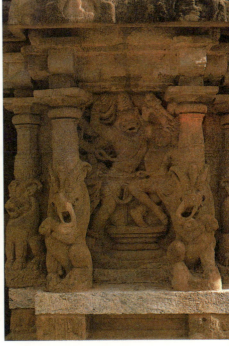

Der tanzende Schiwa   *Beispiel für den Formenreichtum*

211

tödlich wie der Blitz des Himmels. Vom runden Bogen beschleunigt raste diese Blitzwaffe hernieder und durchbohrte das metallene Herz von Ravan. Als es still wurde, regnete es auf die blutige Ebene himmlische Blumen, und von unsichtbaren Harfen erklang aus dem Himmel beruhigende Musik.«

Ich habe zu solchen Texten – außer von *indischen*, modernen und etablierten Akademikern – keine akzeptable Äußerung vernommen. Würden sie einigen meiner Kritiker die Sprache verschlagen, wäre das eine achtbare – und im Hinblick auf den Dünkel ihrer Zunft – verständliche Reaktion. Weil ich nun den »Kämpfer der Luftschlachten« mit seinen Aktionen und Waffen aus dem *Ramayana* charakterisierte, möge hier auch das 5. Buch des *Mahabharata* zu Wort kommen, in dem Götterwaffen aufgelistet sind, mit denen alle Krieger getötet wurden, die Metall am Körper trugen; falls die Krieger zeitig genug vom Einsatz dieser Waffen erfuhren, rissen sie sich jedwedes Metall vom Leibe, sprangen in Flüsse, wuschen sich und alles, was sie berührt hatten. Unter der Wirkung dieser Waffe fielen den Kriegern die Haare aus und die Nägel an Händen und Füßen ab; alles Lebendige verblaßte, denn es war »vom tödlichen Hauch des Gottes belegt«.

Das *Mahabharata*:
»Von der Glut der Waffe versengt, torkelte die Welt in Hitze. Elefanten waren angebrannt und taumelten hin und her... Das Wasser kochte, alle Fische starben... Die Bäume stürzten reihenweise... Pferde und Streitwagen verbrannten... Es bot sich ein schauerlicher Anblick. Die Leichen waren von der fürchterlichen Hitze verstümmelt, sie sahen nicht mehr wie Menschen aus. Niemals zuvor gab es eine derart grauenhafte Waffe, niemals zuvor haben wir von einer solchen Waffe gehört.«

Wie ein Report von Hiroshima nach dem Abwurf der ersten Atombombe am 6. August 1945! Ich möchte nicht wünschen, daß das *Mahabharata* Erinnerungen an die Zukunft enthält...

Es dämmerte. Die Hitze war etwas abgeflaut. Holzkohlenfeuerchen wurden angeblasen. Oben auf der Tempelpyramide flackerte ein Licht.

Diese sich zum Himmel reckenden Türme tragen auf der Spitze tonnenähnliche Gebilde.

»Lebt dort oben wer?« fragte ich.

»Nein, dort wohnte und wohnt niemand. Von Stockwerk zu Stockwerk führen Treppen«, erklärte Nagaswamy. »Sie sollen uns gemahnen, wie steil und mühsam der Weg zum Himmel ist. Das Runde oben, was Sie Tonne nannten, symbolisiert ein Fahrzeug, die Nähe zum Himmel...«

Ramayana, Mahabharata... Machten es die Texte, daß ich beim Anblick der Pyramidentürme von Kanchipuram an eine Raketenbasis denken mußte?

»Darf ich das wörtlich nehmen oder nur als eine allegorische Deutung?«

Professor Nagaswamy hob die Schulter, als wolle er mir bedeuten: »Nehmen Sie das, wie Sie wollen.« Dann lenkte er ab und fragte:

»Wollen Sie Seide kaufen? Südindien ist ein Zentrum der Seidenindustrie, wenn auch die Fabriken im Nachbarstaat Mysore bei Bangalore liegen...« Und er schmunzelte: »Ihr könnt eine Menge, aber Seide machen wie wir...« Er sprach nicht zu Ende.

Warum Seide die Natur schützt

Professor Nagaswamys Ablenkungstrick machte mich mit einer der ältesten Industrien der Welt bekannt. Seide war bereits Jahrhunderte vor unserer Zeitrechnung ein rentabler Exportartikel. Auf der »Seidenstraße«, einer Karawanenstraße von China durch Zentralasien nach

Westasien und Indien, wurde Seide nach dem Westen gebracht – eine
Reise, die vom Aufbruch bis ans Mittelmeer und zurück sechs bis acht
Jahre gedauert hat. Gegen Seide wurden Glas, Edelmetalle und Luxus-
güter eingehandelt – Klee, Pfirsiche und Mandeln gelangten auf dem
Rückweg nach Asien und wurden dort als Kulturpflanzen heimisch.

Vor einem unscheinbaren Haus ließ Professor Mahadevan den Wagen
anhalten, sprach mit dem Inhaber und winkte uns heran; nachdem wir
die Schuhe ausgezogen hatten, führte man uns in einen Raum, dessen
Fußboden so blank poliert war, wie ich noch keinen sah. Zwei Inderinnen
und zwei Inder saßen im Lotossitz darauf, und »meine« Professoren
hockten sich neben sie. Ich folgte der Sitte.

Nach kurzem Wortspiel erhob sich eine Dame und trug einen Seidenballen herbei, hielt den Saum und ließ ihn ausrollen. Wie mit einem
Zauber glänzte der Boden nun in tiefem Meerblau, aufgehellt von
eingewobenen weißen Jasminblüten. Ich flüsterte Mahadevan zu, daß
ich ungemusterte Seide vorziehen würde. Als hätte ich einen Wunsch
erraten, rollte der blaue Bodenbelag zurück, und neue, immer andersfar-
bige Seidenballen ließen die Augen vor soviel Pracht flimmern. Kein
Farbton des Regenbogens fehlte; ich ließ von vier Bahnen einige Meter
für mich abschneiden und sagte, daß ich gern lernen würde, wie diese
Wundergewebe entstünden.

Wir überquerten drei Hinterhöfe. Aus einem Gestell griff der Chef
des Hauses einen flachen Bastkorb: Zwischen Blättern des Maulbeerbaumes krabbelten, emsig knabbernd, aberhunderte zigarettenlange
Raupen. Sie stammen von Seidenspinnern, der Schmetterlingsfamilie
mit 300, meist orientalischen Arten, von denen der Maulbeerspinner –
von weißgrauer bis perlgrauer Farbe, mit gelbbraunen Streifen auf den
Flügeln – die wichtigste ist. Seit über 4000 Jahren in Ostasien domesti-
ziert, kann er nur noch flattern, nicht mehr fliegen. Das Seidenspinner-
Weibchen paart sich kurz nach dem Schlüpfen, legt fast ein halbes
hundert, ein Millimeter große Eier und stirbt eine Woche später. Aus
den Eiern, zu Sommerende abgelegt, schlüpfen zehn Monate später die
Raupen, die Seidenraupen, die fortan reichlich mit frisch gepflückten
Blättern des weißen Maulbeerbaumes gefüttert werden müssen. Fünf
Wochen nach dem Schlüpfen beginnen die Raupen mit der Seidenpro-
duktion im Verpuppungskokon: Die Speicheldrüsen liefern das Sekret
für den Faden, der sich in einer Länge bis zu rund 4000 Metern zum
Kokon windet. Das außen lockere, innen feste Gespinst der gefräßigen
Schnellarbeiter ist in drei bis vier Tagen verarbeitungsreif.

In Tamil hatte Mahadevan mit dem Chef der Spinnerei abgesprochen,
daß er Stufen des Prozesses demonstrieren möge. In einem Raum
hingen aus Bast geflochtene »Spiralen«, in deren Windungen die flocki-
gen Kokons klebten.

214

Typisches Straßenbild: Hütten, Reste eines Tempels

»Würde man die Raupen gewähren lassen«, sagte Professor Mahadevan, »würden binnen zwei Wochen Schmetterlinge schlüpfen. Darum hängt man sie in einen Heißluftofen – dort! –, sie sterben rasch. Der Kokon kommt in heißen Dampf oder Wasser, der Faden wird fest, man muß nur noch den Anfang finden, dann läßt er sich abspulen.«

»Wieviel Seide gibt ein Kokon her?«

Der Chef erklärte:

»Zwei bis vier Kilometer. Die Raupen sind ungeheuer gefräßig, bis zu sechsmal am Tag müssen wir für Nachschub sorgen.«

»Wie viele Kokons geben ein Kilo Rohseide ab?«

»Etwa 10 000 Seidenraupen, die dann gottseidank keine Schmetterlinge mehr hervorbringen. Die würden das Land kahlfressen!«

Während der Rückfahrt nach Madras hing jeder seinen Gedanken nach, der Chauffeur umkurvte Schlaglöcher und somnambul vorsichtighinfahrende, von Indern gezogene Karren.

»Wie viele Namen für Wischnu kennen Sie?« fragte Professor Mahadevan ins Schweigen hinein. – Ich blinzelte ihm zu: »Wie viele gibt es denn?«

215

»Eintausend!«

»Muß man die kennen?«

»Jeder Gebildete kennt sie...« sagte Mahadevan, und eine leichte Kritik an meiner Frage war nicht zu überhören.

»Sagen Sie doch mal Wischnus tausend Namen her!« frozzelte ich.

Professor Mahadevan spulte Namen um Namen ab, nach jedem zehnten setzte er eine Zäsur. Ich hätte es nicht für möglich gehalten – nach einer Weile nahm der Chauffeur an der Wischnu-Litanei teil. Verstohlen drückte ich den Stopper meiner Armbanduhr: nach neun Minuten und 35 Sekunden hatte das Männerduett Wischnus tausend Namen aufgesagt!

»Gibt es kein Synonym, das alle Wischnus erfaßt?«

Professor Mahadevan, dem die präsente Gedächtnisleistung – was ist dagegen ein Rosenkranz! – keine Mühe gemacht hatte, schmunzelte:

»Das Wort ›Rama‹ umfaßt alle tausend Namen Wischnus. Wenn Sie Wischnus Schutz erbitten, können Sie ihn mit Rama anrufen!«

Wir versanken wieder in Schweigen. Mich durch die indische Mythologie lesend, schwirrte mir oftmals der Kopf von Götternamen, zu viele, als daß ein Europäer, der kein studierter Indologe ist, sich zurechtfinden könnte. 40000 Götternamen! Wo anfangen, wo aufhören?

Götter in der Frühgeschichte der Raumfahrt

Meiner Zielvorgabe gemäß muß ich selektieren und möglichst viel von jenen Göttern erfahren, denen auf der Wegstrecke zum Weltall zu begegnen ist: Rama, Indra, Arjuna, die Maruts; es bleibt noch eine kopfstarke Schwadron, die sich im *Mahabharata* und in den Veden am Himmel tummelt.

Da sind die göttlichen Zwillinge Ashwins, die Rosseführer, die die Erde in einem blanken Himmelswagen im Ablauf eines Tages umrundeten. Da ist der freundliche Sonnengott Surya, stets Lotosblumen in Händen, der von seinem Himmelsgefährt aus Kundschafterdienste für die Götter übernahm, der – weil aus weiter Ferne – alles sah und darum als »göttlicher Spion« in die Literatur einging. Da ist der Lotosgeborene Agni, Gott des Feuers, Besitzer von einem »Lichterwagen, golden und leuchtend anzusehen«[4]; er brachte das im Opfer Verbrannte hinauf zu den Göttern, erschien am Himmel als Blitz, auf Erden als Feuer. Da ist Garudah, der adlerartige Fürst der Vögel, der Wischnu zur schnellen Fortbewegung diente, selbständig handelte, Bomben warf, Feuersbrünste löschte, der bis zum Mond flog. Da ist Vishvakarman, Baumeister der

Götter, der Indra nicht nur einen Palast baute, wie er einem Götterkönig würdig war, der auch die schönsten Himmelsfahrzeuge in den Fuhrpark des Gottes einstellte.

Im *Wischnu-Purana*, der ins 4./5. Jahrhundert v. Chr. datierten Überlieferung großer Tradition, ist ein Kapitel den Perioden gewidmet, in denen die Urväter der Menschheit – im eigenen »Flugzeug« – vom Himmel kamen[6]:

»Während Kalki noch spricht, kommen vom Himmel herab zwei sonnengleich strahlende, aus Edelsteinen aller Art bestehende, sich von selbst bewegende Wagen vor ihnen angefahren, von strahlenden Waffen beschirmt.«

Nebenbei. Dieser Kalki benutzte auch einen Himmelswagen, »*der durch den bloßen Willen des Piloten*« gesteuert wurde.

In seinem Werk *The Prehistory of Aviation* – Vorgeschichte der Luftfahrt – berichtete Berthold Laufer, Chikago 1928, von dem *Menschen* Vicvila, der mit seinem Eheweib »durch die Luft« der Inhaftierung in einem Königspalast entfloh, oder vom König Rumanvat, der sich ein so riesiges Himmelsschiff bauen ließ, daß die Bewohner einer ganzen Stadt Raum darin fanden. Darüber berichtet die indische Legende:[5]

»*Also setzte sich der König mit dem Personal des Harems, seinen Frauen, seinen Würdenträgern und einer Gruppe aus jedem Stadtteil in den himmlischen Wagen. Sie erreichten die Weite des Firmaments und folgten schließlich der Route der Winde. Der Himmelswagen umflog die Erde über die Ozeane und wurde dann in Richtung der Stadt Avantis gesteuert, wo gerade ein Fest stattfand. Die Maschine stoppte, damit der König dem Fest beiwohnen konnte. Nach dem kurzen Zwischenhalt startete der König wieder unter den Augen von unzähligen Schaulustigen, die den Himmelswagen bestaunten.*«

Die Göttervielzahl der Sanskrit-Literatur war zu ordnen – nach den Eigenschaften, die eine Gottheit auszeichneten – nach den technischen Geräten, über die die Götter verfügten.

Lektion

D as Bild war zu komisch, aber ich traute mich erst lauthals zu lachen, als meine beiden Professoren selbst, zugleich mit dem Chauffeur, zu lachen anfingen.

Am Straßenrand, unweit eines kleinen Hindutempels, verprügelten

Wenn es auch in den Tempeln keine Tänzerinnen mehr geben darf, werden immer noch alte Tempeltänze zu alten Tempelmusiken an speziellen Schulen nach alten Riten jahrelang studiert. Die Vorführungen finden dann im Vorhof der Tempel statt

zwei leichte Mädchen – sie sind auf der ganzen Welt sofort zu erkennen – einen Soldaten, vielleicht hatte er nicht oder zu wenig gezahlt. Sie machten sich einen Spaß daraus, dem Soldaten die Mütze vom Kopf zu reißen; hatte er sie eben erwischt und wieder aufgesetzt, flog sie sofort neuerlich auf die Straße. Das wiederholte sich einige Male, bis der Soldat der Kopfbedeckung in einem Sprung nachsetzte, sie unter den Arm klemmte und eiligst verschwand. Mit einer mehr geringschätzigen als einladenden Geste hob eins der Mädchen seinen seitlich geschlitzten Sari bis zum Po: Du kannst mich mal! Auch eine internationale Art der sprachlosen Verständigung.

»Waren das Tempelhuren?« fragte ich in schönster Schweizer Arglosigkeit. Mich traf ein zurechtweisender Blick von Professor Nagaswamy, und er sagte:

»Es gibt keine Tempelprostitution. Einstmals wurden Tänze, Gesänge und Musik ins Ritual der Gebete einbezogen wie in vielen anderen großen, nichtmonotheistischen Religionen. Ausgewählte unverheiratete Mädchen wurden über Jahre in der Kunst des Tempeltanzes unterrichtet. Erst im 18. Jahrhundert veränderte sich das tradierte Leben mit der Ankunft der Europäer. Sie waren es, die die Tempeltänzerinnen ihrer Anmut und Schönheit wegen umwarben, außerdem konnten sie sicher sein, daß die Damen ledig waren. Die Briten wußten überhaupt nichts von den Tempelriten, sie nahmen an, die Tänzerinnen wären Prostituierte der Priester. Ein absurder Gedanke, Prostitution an einem heiligen Ort! Es ist kein Fall bekannt, daß es im Tempel Sex gegeben hätte. Vor 30 Jahren wurde der Tempeltanz per Gesetz verboten, recht unsinnig und grundlos. Altehrwürdige Familien, die 1800 Jahre lang, über zahlreiche Generationen hinweg den Tempeltanz kultiviert hatten, wurden brotlos. Schade.«

Vimanas überall

Vor meinem Abflug nach Kalkutta führte Professor Nagaswamy mich ins Staatsmuseum an der Pantheon-Road, das in mehreren Gebäuden die archäologische Sammlung der südindischen Kulturentwicklung aus der Frühzeit über die Pallava-Chalukya-und Chola-Dynastien birgt.

Vimanas, fliegende Residenzen himmlischer Wesen, eine Phalanx steinerner Götter, *Lingams*. – Vor der Bronzeplastik des tanzenden Schiwa erklärte Nagaswamy:

Ein Vimana   *Ein* Lingam

219

Schiwa   *Ganescha*

»Schiwa tanzt, mit einem Fuß steht er auf dem Rücken eines Menschen, was in der Symbolsprache Unwissenheit aussagen soll. In der Linken schwingt er eine Glocke, sie symbolisiert Tonwellen, die Schwingungen des Universums. In der Rechten hält er eine Flamme, sie steht für Illusion – der Kosmos wird in Flammen aufgehen und neu wiederentstehen. In der Gestik der mittleren, der dritten Hand ist das Zeichen für universellen Schutz zu verstehen.«

Professor Nagaswamy war Direktor dieses Museums, er kennt sich in jedem Winkel wie in seiner Westentasche aus. Die Museumswächter grüßten ihn mit Respekt. Mit erkennbarer Genugtuung beobachtete er Lehrerinnen und Lehrer, die ihre Klassen – leise unterweisend – durch die riesigen Sammlungen führten.

Ich stolperte fast über die Bronzegestalt eines Menschen mit Elefantenrüssel, ich kannte ähnliche Ungetüme aus Zentralamerika – 20 000 Luftkilometer von hier entfernt.

»Wie nennen Sie diese Rüsselwesen?«

»Das ist eine Darstellung von Ganescha, einem der fünf großen Götter des Hinduismus, einer, der Schiwa diente. Ganescha gilt als Beseitiger von Hindernissen und Hüter der Gelehrsamkeit.«

Gruppenbild mit »meinen« Professoren vor dem Götterwagen, der um 100 v. Chr. zu Ehren des Gelehrten Thiruvalluvar erbaut wurde

»Ist er von kontrollierbar alter Tradition?«
Der Professor wägte den Kopf:
»Mindestens zweitausend Jahre, wahrscheinlich älter. Dieser Sohn Schiwas wird schon in den *Weden* angerufen.«
»Was bedeutet sein Name?«
»Ganescha ist ein zusammengesetztes Sanskritwort. ›Ganas‹ sind die Scharen, ›isa‹ ist der Herr, es heißt also sinngemäß: Herr der Scharen.«
Über den »Beseitiger von Hindernissen«, nahm ich mir vor, wollte ich alles erreichbare Material sammeln. Ich erwartete keine Hindernisse.

Noch einer von vielen imposanten Götterwagen

Überraschung in Kalkutta

Kalkutta. Hauptstadt des ostindischen Unionsstaates Bengalen, die schmutzigste Stadt der Welt. Im Flugzeug hatte ich gelesen, daß eine Ruhr-Epidemie die Stadt heimsuchte; wer sich dadurch von einem Besuch abhalten läßt, kann Kalkutta vom Fahrplan streichen: Irgendeine Epidemie gibt es immer. Wer Kalkutta überlebt, ist fürderhin immun gegen Dreck. Soviel über Kalkutta.

Am Flughafen wurde ich von meinem bengalischen Verleger Ajit Dutt und dem Sanskritforscher Professor Kanjilal empfangen, wir kennen uns von früheren Begegnungen, stehen in Korrespondenz.

Vor zehn Jahren – so lernte ich Kanjilal kennen – hielt ich einen Vortrag an der Universität über mein Lebensthema. Unter den Zuhörern saß Professor Kanjilal und attackierte mich in der Diskussion aus seinem profunden Sanskritwissen, dem ich nicht gewachsen war. Längst erfuhr ich – von anderen Professoren –, daß Kanjilal einen besonderen Rang einnimmt: Er ist sozusagen mit Sanskrit groß geworden, so klein der dunkelhaarige Mann mit seinen dicken Brillengläsern geraten ist; er wurde am Sanskrit College von Kalkutta ausgebildet, studierte in Oxford, war Rektor des berühmten Victoria College von Coochbehar in Westbengalen. Heute ist er Delegierter des Staates für Sanskritfragen, Ehrenmitglied der Asiatischen Gesellschaft und amtierender Professor an der Universität Kalkutta. Sein Wort als Sanskritfachmann hat Gewicht.

Wir hatten uns eben in ein Taxi gequetscht, da sagte Professor Kanjilal ohne Einleitung:

»Ich fürchte, Sie haben recht!«

»Wie soll ich das verstehen?«

»Das hier erklärt alles«, sagte er und drückte mir 321 eng beschriebene Maschinenseiten in englischer Sprache in die Hand. Ich las den Titel des Manuskripts:

FLIEGENDE MASCHINEN IM ALTEN INDIEN.

In der Nacht verschlang ich den Text. Was Professor Kanjilal in mehrjähriger Arbeit seit unserem Renkontre entdeckt und kommentiert hat, ist – hierher gehört das Wort: sensationell, so sensationell, daß meine akademischen Kritiker in die Behauptung flüchten werden, diesen Professor Kanjilal gäbe es nicht, es könnte ihn nicht geben, und die Texte seien eine Erfindung von mir. Darum gebe ich, mit Zustimmung des Gelehrten, hier die komplette Adresse:

Professor Dr. Dileep Kumar Kanjilal

›Nishi-Saran‹

223

Railpukur Road
Deshbandhunagar
Calcutta – 59

Professor Kanjilal erlaubte mir, einen Auszug seines Werkes, den er selbst auswählte, in diesem Buch abzudrucken. Bleibt mir noch zu sagen, daß der Autor einleitend feststellt, daß er die ganze wedische Literatur, die klassischen Sanskrittexte, auch die buddhistische Sanskritliteratur nach Spuren Außerirdischer durchforscht hat, Kollegen zu Rate zog, mit Priestern diskutierte.

Das Resultat ist niederschmetternd – für die Gegner meiner Hypothese.

»Es gehört oft mehr Mut dazu, seine Meinung zu ändern, als ihr treu zu bleiben.«

Friedrich Hebbel
1813-1863

Fliegende Maschinen im Alten Indien

Von Professor Dr. Dileep Kumar Kanjilal

Im *Rigveda* gibt es bekannte Hymnen, die an die göttlichen Zwillinge »Asvinas«, die »Rbhus« und andere Gottheiten gerichtet sind. In diesen Hymnen tauchen die ersten Hinweise auf Fahrzeuge auf, welche fähig waren, mit lebenden Wesen an Bord durch die Lüfte zu fliegen. Diese fliegenden Vehikel werden in der *Rigveda* zuallererst als »Rathas«[1] bezeichnet. (Das Wort ist sinngemäß übersetzbar mit »Fahrzeuge« oder »Wagen«.) Die »Rbhus« konstruierten einen fliegenden Wagen für die Zwillinge »Asvinas«, die als Ärzte unter den Göttern galten.[2] Dieser Flugwagen war äußerst komfortabel. Man konnte mit ihm überall hinfliegen, sogar über die obersten Wolkenschichten und in den »Himmel«.[3] In den Hymnen wird erwähnt, dieser Flugwagen sei schneller gewesen als der Gedanke.[4] Der Flugapparat sei groß gewesen, habe aus drei Teilen bestanden und war dreieckig. Mindestens drei Personen waren zu seiner Bedienung notwendig. Das

Vehikel verfügte über drei Räder, die während des Fluges eingezogen wurden.[5] Zusätzlich wird erwähnt, der Flugwagen habe drei »Pfeiler« besessen.[6] Üblicherweise wurden fliegende Fahrzeuge im *Rigveda* aus den Metallen Gold, Silber oder Eisen hergestellt, doch ist das meist verwendete Metall in den vedischen Texten Gold, das wunderbar glänzte.[7] Nagel- oder nietenartige Gebilde hielten das Fahrzeug zusammen.[8] Der beschriebene, himmlische Streitwagen wurde durch Flüssigkeiten betrieben, die heute nicht korrekt übersetzbar sind. Die Worte »madhu« und »anna« bedeuten am ehesten »Honig« und »Flüssigkeit«. Der Wagen bewegte sich leichter als ein Vogel am Himmel, kurvte Richtung Sonne und gar zum Mond, und landete auf der Erde mit großem Getöse.[9]

Bemerkenswert ist die Tatsache, daß im *Rigveda* verschiedene Treibstoffarten erwähnt werden, die sich in unterschiedlichen Behältern befanden.[10] Dabei wird ausdrücklich klargestellt, das Fahrzeug habe sich am Himmel ohne irgendwelche »Zugtiere« bewegt.[11] Wenn das Fahrzeug aus den Wolken herniederstieg, versammelten sich am Boden große Menschenmengen, um der Landung beizuwohnen. Außer den drei erwähnten Piloten bot das himmlische Gefährt Platz für den aus Seenot geretteten König Bhujyu, für Suryas Tochter, für Frau Chandra sowie zwei bis drei weitere Personen. Demnach konnte der Wagen mit insgesamt sieben bis acht Personen besetzt sein. Zusätzlich muß er amphibische Eigenschaften besessen haben, da er schadlos auf dem Meer landen konnte und von dort aus die Küste erreichte.

Im *Rigveda* 1.46.4 werden gar drei fliegende Streitwagen erwähnt, die für verschiedene Rettungsoperationen zum Einsatz gelangten. Über 30 Heldentaten werden aufgelistet, darunter Rettungsoperationen aus dem Meer, aus Höhlen, aus feindlichen Schlachtordnungen und aus Folterkammern. Gemäß der Beschreibung im *Rigveda* sollen diese speziellen Streitwagen sehr geräumig gewesen sein, die verschiedensten Operationen ausgeführt haben und beim Start einen großen Lärm verursacht haben. Sie waren prachtvoll in ihren Erscheinungen[12].

In diesem schwierigen Zusammenhang verlangen einige Worte in den vedischen Texten spezielle Aufmerksamkeit. Diese Worte sind »madhu«, »anna«, »trivrt«, und »tribandhura«. Das Wort »madhu« bedeutet im klassischen Sanskrit soviel wie »Honig«, doch wird es im Lexikon auch mit »Soma«, einer »flüssigen Substanz« verglichen.[13] »Anna«, welches sich üblicherweise auf gekochten Reis bezieht, steht hier als gegärter Reissaft. Gemeint ist vermutlich eine gemischte Flüssigkeit aus Alkohol und Somasaft, die in Tanks aufbewahrt und als Treibstoff verwendet wurde. Bemerkenswert ist hier noch, daß die fliegenden Fahrzeuge Radspuren hinterließen, wenn sie sich auf der Erde bewegten. Gewisse Flugapparate starteten und landeten nach einem festgelegten Fahrplan: dreimal täglich und dreimal nachts.[14]

In der *Rigveda*-Passage 1.166.4-5,9 wird der Flug der »Maruts« wirklichkeitsnah. Gebäude wackelten, kleinere Bäume und Pflanzen wurden umgerissen, das Echo des Startlärms wurde von Höhlen und Hügeln zurückgeworfen, der Himmel schien ob dem lauten Getöse des fliegenden Fahrzeuges aufgewühlt und in Stücke gerissen.[15]

An dieser Stelle möchte ich als Fachmann etwas zum Wort »Vimana« sagen. »Vimana« im Sinne eines fliegenden Fahrzeuges taucht zuerst im *Yajurveda* 17.59 auf. Vorher wurde das Wort verschiedenartig verwendet, etwa als »Luftfeuer«, »Berechner des Tages« oder als »Erschaffer des Himmels«. In all diesen Ableitungen wird das Wort mit der Ausdehnung des Firmaments und seinen Abmessungen in Verbindung gebracht. Doch im *Yajurveda* 17.59 und den ihm nachfolgenden Textpassagen wird »Vimana« eindeutig als fliegendes Fahrzeug dargestellt.

Das Wort, das in diesen Versen im Nominativ verwendet wird, steht für etwas, »das das Firmament mit Glanz (Pracht) erfüllt«, das »die ganze Region erleuchtet«, das eine »flüssige Substanz enthält« und das dem Auf- und Niedergang von Sonne und Mond zu folgen vermag. In der gesamten klassischen und puranischen Literatur ist der Gattungsname für ein fliegendes Fahrzeug ein »Vimana«.

Nachfolgend einige Textauszüge, die belegen sollen, wie im Heldenepos des *Ramayana* die Worte »Vimana« und »Ratha« als fliegende Objekte verwendet wurden:

— Gemeinsam mit Khara bestieg er das fliegende Fahrzeug, das mit Juwelen und Gesichtern von Dämonen geschmückt war. Es bewegte sich mit Lärm, der dem Donner aus den Wolken glich. (3.35.6-7)
— Besteige dieses Fahrzeug, das mit Juwelen besetzt ist und in die Luft steigen kann. Nachdem Du Sita (die Gemahlin eines Königs) verführt hast, magst Du hingehen, wohin Du willst, ich werde sie auf dem Luftwege nach Lanka (heutiges Ceylon) bringen ... So bestiegen Ravana und Maricha das Luftfahrzeug, das einem Palast (»Vimana«) glich ... (3.42.7-9)
— Du Schurke, glaubst Wohlstand zu erlangen, indem Du dieses Luftfahrzeug beschaffst? (3.30.12)
— Dann erschien das selbständige Luftfahrzeug, das die Geschwindigkeit des Gedankens hat, wieder in Lanka mit der armen Sita und Trijata. (4.48.25-37)
— Dies ist das vorzügliche Luftfahrzeug, das Puspaka genannt wird und wie die Sonne glänzt. (4.121.10-30)
— Das fliegende Objekt, das mit einem Schwan geschmückt war, erhob sich mit lautem Getöse in die Lüfte. (4.123.1)
— Alle Haremsdamen des Affenkönigs Sugriva beendeten eiligst die Dekorationen und bestiegen das Flugzeug ... (4.123.1-55)

Die Texte im *Ramayana* beschreiben himmlische Fahrzeuge, die vorn spitz zuliefen, sich außerordentlich schnell bewegten und einen Rumpf aufwiesen, der wie Gold glänzte. Die himmlischen Fahrzeuge enthielten verschiedene Kammern und kleine, mit Perlen besetzte Fenster. Im Innern befanden sich bequeme, reich dekorierte Räume. Die unteren Stockwerke waren mit Kristallen verziert und der gesamte Innenraum mit Belägen und Teppichen ausgelegt. Die Fahrzeuge waren sehr geräumig und enthielten alle Arten von Luxus. Die im *Ramayana* beschriebenen Luftfahrzeuge konnten zwölf Personen transportieren. Sie starteten am Morgen in Lanka (Ceylon) und erreichten Ayodhaya am Nachmittag, nach zwei Zwischenlandungen in Kiskindhya und Vasisthasrama. Damit bewältigten die Fahrzeuge eine Distanz von rund 2880 Kilometern in neun Stunden. Dies entspricht einer Stundengeschwindigkeit von 320 Kilometern.

Mit Ausnahme von zwei Fällen wird in allen vorstehend genannten Passagen stets das Wort »Vimana« zur Beschreibung des fliegenden Fahrzeuges verwendet.

Die bis hierher aufgeführten Textpassagen lassen nicht darauf schließen, daß »göttliche« oder »himmlische« Wesen mit den himmlischen Vehikeln gefahren wären. Die fliegenden Konstruktionen wurden von auserlesenen Menschen, etwa Herrscherfamilien oder Heerführern, benutzt. Doch wird in der gesamten Sanskritliteratur immer wieder darauf hingewiesen, die Technik zur Konstruktion der fliegenden Objekte stamme von den Göttern. Auch gibt es klare Unterscheidungen zwischen Göttern in ihren riesigen Weltraumstädten und ausgesuchten Menschen, die derartige Städte in Einzelfällen besuchen durften.

So wird in der Beschreibung von Arjunas Reise zum Himmel berichtet, Arjuna habe viele Himmelsregionen durchqueren müssen und Hunderte von anderen Luftfahrzeugen beobachtet. Einige dieser Luftfahrzeuge befanden sich im Fluge, andere am Boden, und wieder andere waren eben dabei, abzuheben.[16]

In den Texten des *Sabhaparvan* werden detaillierte Hinweise über diese »Himmelswesen« geliefert. Sie sollen in früheren Zeiten auf die Erde gekommen sein, um die Menschen zu studieren. Diese »Himmelswesen« bewegten sich nach Belieben im Weltraum und auf der Erde.[17] Verschiedene Konstruktionen, sogenannte Sabha, werden beschrieben, die ruhig am Himmel ihre Bahnen zogen wie heutige Satelliten.[18] Aus dem Innern dieser gigantischen Satelliten, die man heute als Raumkonstruktionen oder Weltraumstädte beschreiben müßte, flogen verschiedene Arten von »Vimanas«. Die Weltraumkonstruktionen selbst waren riesig und glänzten wie Silber am Himmel. Sie enthielten Nahrung, Getränke, Wasser, alle Annehmlichkeiten des Lebens, sowie schreckliche Waffen und Munition.

Eine dieser sich stets um die eigene Achse drehenden Weltraumstädte hieß Hiranyapura, was etwa mit »Stadt aus Gold« übersetzbar wäre. Sie wurde von Brahma für die Dämoninnen Pulama und Kalaka erbaut. Die Weltraumstadt war uneinnehmbar, und die beiden Dämoninnen waren bei ihrer Verteidigung derart erfolgreich, daß selbst Götter von der Weltraumstadt fernblieben.

Trotzdem kam es später zur Schlacht. Sie ist in den Kapiteln 168, 169 und 173 des Vanaparvan (einem Bestandteil des Mahabharata) beschrieben. Arjuna, der göttliche Held des Mahabharata, hatte etwas gegen die Dämonen in der Weltraumstadt, die sich in erschreckendem Maße vermehrten. Als sich Arjuna dem Weltraumgebilde näherte, verteidigten sich die Dämonen mit unvorstellbaren Waffen. Zitat:

»Eine fürchterliche Schlacht entbrannte, während welcher die Luftstadt hoch in den Himmel geschleudert wurde, dann sich wieder der Erde näherte. Sie kippte von einer Seite auf die andere. Nachdem der Kampf lange hin und her getobt hatte, feuerte Arjuna ein tödliches Geschoß ab, das die ganze Stadt in Stücke riß und sie auf die Erde stürzen ließ. Die überlebenden Dämonen erhoben sich aus den Trümmern und kämpften hartnäckig weiter.«

Schließlich wurden alle Dämonen vernichtet, Indra und die anderen Götter priesen Arjuna als Helden.

Im Vanaparvan gibt es noch andere Weltraumstädte, die sich um ihre eigene Achse drehen.[19] Sie tragen die Namen Vaihayasi, Gaganacara und Khecara. Im Sabhaparvan[20] werden gar eigenartige Gebilde beschrieben, die vom Gott Maya konstruiert und dann in diese Weltraumstädte transportiert wurden. (Der Begriff dieser Gebilde ist nicht klar übersetzbar. Aus dem Wortstamm könnte man »gefüllte Räume« ableiten.) Bedeutend in diesem Zusammenhang ist die Tatsache, daß regelrechte Orbitalstationen um die Erde kreisten, deren Hangaröffnungen breit genug waren, um kleineren fliegenden Objekten den Eintritt zu erlauben. Die alten Beschreibungen nähern sich den heutigen Überlegungen und zeichnerischen Konstruktionen von Weltraum-Habitaten.

Aus diesen Weltraum-Habitaten starteten einerseits fliegende Objekte zur Erde, und andererseits wurden auf der Erde selbst fliegende Fahrzeuge gebaut. Der größte Teil von ihnen trägt den Namen »Vimana«. Allein im Mahabharata gibt es 41 Textstellen, in denen fliegende »Vimana« erwähnt werden. Es ist oft schwer, Unterschiede zwischen den aus den Weltraumstädten startenden Vimanas und den auf der Erde konstruierten zu ziehen. Nachfolgende Sätze mögen diese Feststellung belegen:[21]

— Die Götter schufen jene mechanische Vorrichtung für einen bestimmten Zweck[22].
— Die großzügige Person, die das himmlische Fahrzeug bestieg, wurde von den Göttern bewundert.[23]

- Oh Du, Uparicara Vasu, die geräumige, fliegende Maschine wird zu Dir kommen und Du wirst der einzige Mensch sein, der wie eine Gottheit aussieht, wenn Du in diesem Fahrzeug sitzest.[24]
- Durch den Zauber eines Gebetes kam Gott Yama in einem Luftfahrzeug zu Kunti.[25]
- Oh Du, Abkömmling der Kurus, jener böse Mensch kam auf dem selbständig fliegenden Gefährt, das sich überall fortbewegen kann und als Saubhapura bekannt ist...[26]
- Als er aus dem Blickfeld der Sterblichen entschwunden war, hoch oben im Himmel, bemerkte er Tausende seltsamer Luftfahrzeuge.[27]
- Er betrat Indras göttlichen Lieblingspalast und sah Tausende von fliegenden Fahrzeugen für die Götter, einige nur abgestellt, andere in Bewegung.[28]
- Die Gruppen von Maruts kamen in göttlichen Luftfahrzeugen, und Matali, nachdem er so gesprochen hatte, nahm mich (Arjuna) mit in sein fliegendes Gefährt und zeigte mir die anderen Luftfahrzeuge.[29]
- Auch Menschen bewegen sich am Himmel in Luftfahrzeugen, die mit Schwänen dekoriert sind und so komfortabel wie Paläste.[30]
- Der große Herr übergab ihm ein sich selbständig fortbewegendes Luftfahrzeug...[31]
- Die Götter erschienen in ihren eigenen, fliegenden Fahrzeugen, um dem Kampf zwischen Kripacarya und Arjuna beizuwohnen. Selbst Indra, der Herr des Himmels, kam mit einem speziellen fliegenden Objekt, das 33 göttliche Wesen aufnehmen konnte.[32]

In den umfangreichen Texten der *buddhistischen* Literatur findet sich der Begriff »Vimana« im Sinne eines Luftfahrzeuges an verschiedenen Stellen. So werden im *Vimana Vatthu*, das zum *Mahavamsa* gehört, die herrlichen Orte »Vimanas« genannt, die den glücklichen »Geistern« als Wohnstätten dienten.[33]

Dort wird von einem glänzenden Palast gesprochen, der in der Luft schwebte. Einige Gelehrte neigen dazu, den Begriff »Vimana« in der buddhistischen Literatur als Paläste auszulegen, die Göttern und glücklichen Geistern als Wohnstätten dienten. Das Wort »Vimana« wird jedoch höchst selten im Zusammenhang mit menschlichen Wohnstätten verwendet. So bezeichnet der Ausdruck »Vimana« im ersten Teil der *Sulavamsa* eindeutig ein Luftfahrzeug. Die genaue Textbeschreibung lautet wie folgt:[34] »...Die riesige Stadt war voll mit Hunderten von Luftwagen aus Gold, Juwelen und Perlen und sah deshalb aus wie das Sternenfirmament.«

Der Großteil der buddhistischen Literatur versteht den Begriff »Vimana« in der Bedeutung eines beweglichen, himmlischen Luftpalastes oder Luftwagens. In diesem Sinne wurde er sowohl in der vedischen und puranischen

Literatur verwendet und später mehrmals in der klassischen Literatur gebraucht. Drei Beispiele genügen zur Illustration:[35]

– Die große Gottheit stieg vom Luftwagen herab.
– Das göttliche, von Matali gesteuerte Luftgefährt traf vom Himmel ein.
– Wenn König Suparna zum Würfelspiel ging, stieg seine Frau Susroni vom Luftfahrzeug hernieder.

Einen anderen, authentischen Bezug auf fliegende Fahrzeuge im alten Indien findet man in den Werken von Kalidasa. So beschreibt er in anschaulichen Details und mit wissenschaftlicher Genauigkeit die verschiedenen Phasen von Ramas Luftflug von Lanka (Ceylon) nach Ayodhaya.[36] Als er in die Höhe flog, eröffnete sich ihm der panoramische Überblick auf das wogende Meer, auf Meerestiere und Unterwasserformationen. Die Meeresküste glich der Kante eines dünnen Eisenrades.[37] Der Luftwagen bewegte sich auf und ab, manchmal zwischen den Wolken, dann in tieferen Schichten, in denen Vögel fliegen, und dann wieder auf den »Straßen der Götter«.[38] Nach einer Fahrt über Teile des Ozeans, einige Flüsse, Seen und einer Einsiedelei landete der himmlische Flugwagen in Uttarakosala. Die Menschen, die sich an der Landungsstelle versammelten, betrachteten das Gefährt mit großem Erstaunen. Rama verließ es über eine elegante, aus glänzendem Metall bestehende Treppe.[39]

Nach dem Treffen bestieg Rama mit Bharata und anderen das mit Fahnen dekorierte himmlische Fahrzeug über die gleiche Treppe. Bharata huldigte Sita, die im Innern des Flugzeuges saß.[40] Das Gefährt flog ungefähr eine Meile mit langsamer Geschwindigkeit, beschleunigte dann und erreichte Ayodhaya, Ramas Hauptstadt.[41]

Alles in allem eine sehr anschauliche Beschreibung einer Luftreise, die über ca. 2900 Kilometer führte. Und zwar von Lanka (Ceylon) nach Ayodhaya über Setubandha, Mysore und Allahabad.

Kalidasa erwähnt einige verblüffende Einzelheiten, die uns nachdenklich stimmen sollten. Als König Dusyanta aus Indras Luftfahrzeug stieg, bemerkte er zu seinem Erstaunen, daß die Räder des Luftfahrzeuges weder Staub aufwirbelten noch Geräusch verursachten, obschon sie sich drehten. Verblüfft registrierte er, daß die Räder den Boden nicht berührten. Matali erklärte, dies sei auf die überlegene Qualität von Indras Luftwagen zurückzuführen. Der Hinweis bestätigt, daß es Flugzeugarten gab, die von Göttern hergestellt und benutzt wurden und solche, die aus irdischen Werkstätten stammten.[42,43,44]

Ein Beispiel für eine irdische Flugzeugkonstruktion ist die Geschichte der beiden Brüder Pranadhara und Pajyadhara. Sie lernten vom Dämon Maya, wie sich selbständige, mechanische Luftapparate herstellen ließen. Das von ihnen konstruierte Gefährt konnte 3200 Kilometer nonstop zurücklegen, und die beiden Heldenbrüder verließen ihr Land in diesem Flugapparat, um einen fernen Kontinent zu erreichen.[45] In derselben Geschichte sind gar mechanische, menschenähnliche Robotergestalten aufgeführt. Schließlich wird – in derselben Überlieferung – die Reise von König Narabahanadutta in einem riesigen Luftgefährt geschildert. Dieses gigantische Himmelsfahrzeug konnte ca. 1000 Personen transportieren und brachte viele Männer nach Kausambi.

Das *Kathasaritsagar* ist eine Sammlung von Geschichten aus verschiedenen Epochen, die geschichtliche Überlieferungen und Sagen vergangener Zeit enthält. Dort wird auch von einem Luftfahrzeug gesprochen, das »nie auftanken mußte« und Menschen in ein fernes Land jenseits der Meere transportierte. Aus diesen Überlieferungen und Sagen läßt sich ableiten, daß fliegende Maschinen in verschiedenster Form den Menschen des alten Indiens bekannt waren. Nicht nur dies: Es gibt auch zahllose Hinweise auf technische und mechanische Vorrichtungen wie zum Beispiel Wasseruhren, künstliche Puppen, mechanische Bewässerungsvorrichtungen, künstliche Vögel und künstlich herbeigeführte Regenwolken.[46]

Auf der Suche nach dem Ursprung dieser uralten Wissenschaft des Fliegens vermerkt das *Mahabharata*, Viswakarma und einige andere, namentlich genannte Götterabkömmlinge hätten als »Chefarchitekten der Götter« fungiert und fliegende Wagen hergestellt. Ein Teil dieses Wissens gelangte zu den Menschen.[47] Im *Sabhaparvan* des *Mahabharata* wird auf eine zusätzliche Überlieferung angespielt, die besagt, Maya, der Chefarchitekt der »Dämonen«, habe nicht nur fliegende Maschinen entworfen, sondern auch gigantische Weltraumstädte, bekannt unter dem Namen Gaganacarasabha. Zudem tragen erstaunliche Paläste den Stempel seines planerischen Könnens. Verfolgt man diese Spur noch weiter zurück, findet sich in den Texten des *Samaranganasutradhar*, selbst Brahma habe in altersgrauen Zeiten fünf geräumige Luftschiffe erschaffen, die sogar namentlich benannt werden. (1. Vairaja, 2. Kailasa, 3. Puspaka, 4. Manika, 5. Tribistapa.)[48] Die Besitzer dieser gewaltigen Luftschiffe oder Luftstädte waren Brahma, Siva, Kuvera, Yama und Indra. Im selben Werk wird sodann ein Grundprinzip für den Palastbau formuliert, das für indische Tempel von entscheidender Bedeutung ist. Es wird nämlich kategorisch die Auffassung vertreten, Tempel und Paläste seien als architektonische Kopien von himmlischen Flugwagen erbaut worden.[49] In verschiedenen Werken, beispielsweise in der *Manasara* aus dem 7. nachchristlichen Jahrhundert, wird diese uralte Überlieferung bestätigt. Paläste und Tempel entsprachen in ihren Grundrissen und Aufbauten den alten, fliegenden Fahrzeugen. Riesige Tempel waren Verkleinerung von mächtigen Weltraumgebilden, kleine, lokale Tempelchen stellten symbolisch die fliegenden Gefährte von untergeordneten Wesen dar. Dabei wurde eine sehr klare Abgrenzung gezogen zwischen den von den Göttern benutzten himmlischen Fahrzeugen und denjenigen der Sterblichen.

Bei diesen altindischen Überlieferungen stellt sich die Frage, ob die göttlichen Wesen, die fliegende Apparaturen bestiegen, körperlich waren oder nicht. Betrachtet man nämlich Götter als abstrakte Konzepte oder als Personifizierungen von Naturgewalten, so widerspricht dies der Vorstellung von leibhaftigen Wesen in flugzeugähnlichen Gebilden, die zwischen der Erde und dem Weltraum verkehren. Schreibt man den Göttern hingegen menschliche Aktivitäten und einen menschlichen Charakter zu, werden Widersprüche laut. Nun versichern die vedischen Texte aber ausdrücklich, es habe 35 dieser himmlischen Götter gegeben. Die puranischen Texte hingegen halten die Anzahl der himmlischen Ashuras mit 100 fest. In vedischen Texten werden die göttlichen Zwillinge »Asvinas« als sehr jugendlich beschrieben.[50] Sie haben menschliche Gestalten und besitzen menschliche Qualitäten. Zudem hält Sayana in einem Kommentar zum *Rigveda* klipp und klar fest, die Götter seien von einem entfernten Ort »im Himmel« gekommen und zur Erde zurückgekehrt.[51]

Im alten Gelehrtenstreit um die Frage, ob Götter geistiger oder körperlicher Natur waren, nimmt Yaska, der Autor des *Nirukta,* eine Kompromißlösung ein. Er vertritt nämlich die Auffassung, beides sei richtig. Götter waren sowohl körperlich als auch geistig. Zeitgemäße Untersuchungen der Hauptmerkmale der vedischen Gottheiten unterstützen hingegen die Auffassung, die Götter seien körperliche Wesen gewesen, die vor langer Zeit in unserem Sonnensystem eintrafen. Das *Mahabharata*, das sich seinerseits auf ältere Quellen stützt, beschreibt diese Götter als körperliche Wesen, die nicht schwitzen, deren Augen nicht blinzelten, die ewig jung aussehen und deren »Kränze« (vermutlich gemeint die Strahlen um den Körper) nie verwelken.

Bei der Vielzahl der beschriebenen, verschiedenartigen fliegenden Objekte kann man sich logischerweise fragen, wie ein derartiges, wertvolles Wissen je in Vergessenheit geraten konnte und warum nie konkrete archäologische Relikte von fliegenden Apparaten gefunden wurden. Bei näherer Untersuchung stellt sich aber heraus, daß es nur wenige Pioniertechniker gab, welche die Wissenschaft der fliegenden Apparaturen beherrschten. Visvakarma und Maya waren zwei davon. Zudem war der Gebrauch dieser Technologie nur auf die Elite beschränkt und unter dem gemeinen Volk nicht verbreitet. Es ist selbst heute noch so, daß Flugreisen nur von Wohlhabenden oder Geschäftsleuten genossen werden können, während die große Masse in Entwicklungsländern sich derartiger Transportmittel kaum je erfreuen kann. Die Flugtechnologie des Altertums war ein wohlbehütetes Geheimnis. Zudem war es eine Angewohnheit der alten Inder, entscheidende Aspekte des Wissens nur auf einen engen Kreis von Lehrern und Schülern zu beschränken. Die Götter selbst erlegten ihren menschlichen Schülern die Pflicht auf, die Geheimnisse der fliegenden Apparaturen keinen unwissenden Personen anzuvertrauen. Der Mißbrauch dieses alten Wissens war unter schrecklichen Strafandrohungen verboten. Im *Samaranganasu-*

tradhar wird eindeutig festgehalten, die Enthüllung von technischen Einzelheiten oder Teilen von Maschinen müsse ein Geheimnis bleiben. Der *Bodhananda*-Kommentar des Vaimanika Sastra definiert, nur ein Mann, der alle Geheimnisse der Vimanas beherrsche, sei berechtigt zum Flugführer. Bevor ein zukünftiger Pilot irgendeine Fliegerei praktizieren durfte, mußte er sämtliche 32 Arten der Geheimnisse von Vimanas erlernen. Da Vimanas nicht nur als Transportmittel, sondern auch als strategische Waffen verwendet werden konnten, war die Verschwiegenheit bezüglich ihrer Zusammensetzung und Herkunft sehr wohl verständlich.

Ein weiterer Grund, weshalb die Kunst des Fliegens von Menschen und Göttern in Vergessenheit geriet, sind die verschiedenen Schlachten und Katastrophen, die Jahrtausende vor Christi Geburt ausgetragen wurden. So ist eine Gruppe indischer Astronomen der Meinung, die Schlacht von Khuruksetra habe um 3102 vor Christus stattgefunden. Dieses Datum ergibt sich aus astronomischen Beobachtungen, die in den alten Texten im Zusammenhang mit dieser Schlacht erwähnt werden. Eine andere Gruppe von Astronomen datiert die Schlacht des Bharata-Krieges auf 2449 vor Christus, während europäische Gelehrte glauben, das Ereignis habe sich um 1000 vor Christus abgespielt.[52] Die konservativen indischen Gelehrten setzen die Entstehung der vier Veden, *der Brahmanas* und der *Upanischaden* zwischen 6000 und 2000 vor Christus fest, einige unter ihnen sogar in eine noch fernere Vergangenheit.[53] Selbst so ein gründlicher und weiser westlicher Gelehrter wie H. Jacobi datierte die Entstehung der *Veden* auf 4500 vor Christus.[54]

Im *Mahabharata* werden gewaltige Zerstörungen beschrieben, hervorgerufen durch mächtige Waffen der Götter. Die Ungeheuerlichkeit der beschriebenen Situationen ist nur noch mit derjenigen heutiger Atomkriege vergleichbar. Die Zerstörungen waren derart schrecklich, daß die Überlebenden eine lange Zeit benötigten, um eine neue Gesellschaft zu organisieren. In dieser Zwischenzeit oder dunklen Periode des Wissens ging der Gebrauch von fliegenden Maschinen aller Art verloren.

Weltumfassende Vernichtungen sind in den verschiedenen Sanskrittexten belegt. Die Katastrophen, welche die menschliche Zivilisation in Mitleidenschaft zogen, sind nicht nur in den *Veden* und den *Puranas* erwähnt, sondern auch in der späteren klassischen indischen Literatur. Die verschiedenen Zerstörungswellen hatten verschiedene Ursachen, von denen folgende in der Sanskritliteratur vermerkt sind:

– kosmischer Umsturz (Götterkriege).
– natürliche Katastrophen wie Überflutungen und Erdbeben.
– Regionale- und weltumfassende Kriege.

Nach den indischen Überlieferungen ist die menschliche Zivilisation sehr alt und kann nicht in die von der modernen Forschung gesetzten Zeitlimiten eingeordnet werden. Aus all diesen Gründen sollte es nicht sonderlich verwundern, wenn keine Relikte fliegender Apparaturen an archäologischen Fundstellen auftauchen. In Europa findet man heute schon wenige Relikte aus dem Ersten Weltkrieg, und Gegenstände vom Dreißigjährigen Krieg sind bestenfalls noch in Museen zu bestaunen.

In den indischen Sanskrittexten geht es aber nicht um einige Jahrhunderte, sondern um einige Jahrtausende. Es darf daher nicht erstaunen, wenn das Wissen vom Gebrauch der fliegenden Maschinen ins Zeitalter der *Veden* übernommen und oft in Legenden verwoben wurde. Die kriegerischen Zerstörungen und nachfolgenden Katastrophen hatten zwar das Wissen, die Bauweise und Planung uralter Fluggeräte verwischt, doch blieb die Erinnerung daran in epischer Form am Leben. Teile dieser uralten Erinnerung leben heute noch in der Folklore, etwa bei den chinesischen Drachenfliegern oder den indischen Götterkarren.

Es bleibt die Frage, warum Menschen in ihren Tempelbauten göttliche Fahrzeuge imitierten.

Diese himmlischen Gebilde waren für die Menschen vor Jahrtausenden etwas Unbegreifliches, Göttliches, das ihre Vorstellungskraft tief beeindruckte. Man errichtete diesen Göttern Paläste mit Dienerschaften (Priestern) und allen Annehmlichkeiten. Diese Paläste werden im religiösen Bereich »Tempel« genannt. Bei der Konstruktion wurde versucht, die diversen fliegenden Gebilde der himmlischen Wesen nachzuahmen, damit sich die Götter auf Erden genausowohl fühlen sollten wie in ihren himmlischen Residenzen. Die ursprünglichen Götter kamen aus riesigen Distanzen des Weltalls.[55] Wie im *Vanaparvan* nachzulesen ist, wohnten sie in außerordentlich großen und komfortablen Städten außerhalb der Erde. Von einer derartigen Stadt ist nachzulesen, sie sei leuchtend, sehr schön und voller Häuser gewesen. Es habe Bäume und Wasserfälle in ihr gegeben. Sie besaß vier Eingänge, die alle von Wächtern bewacht wurden, welche mit den verschiedensten Waffen ausgerüstet waren. Im 3. Kapitel des *Sabhaparvan* (Bestandteil des *Mahabharata*) werden derartige Weltraumstädte behandelt. Dort ist überliefert, Maya, der Architekt der Asuras, habe für Yudhisthira, den ältesten der Pandavas, einen herrlichen Versammlungssaal aus Gold, Silber und anderen Metallen entworfen, der mit 8000 Arbeitern bemannt in den Himmel gebracht wurde. Als Yudhisthira den Weisen und Gelehrten Narada fragte, ob je zuvor ein derartig wunderbarer Saal konstruiert worden sei, berichtete Narada, ähnliche Himmelshallen gebe es für jeden der Götter Indra, Yama, Varuna, Kuvera und Brahma. Diese Weltraumstädte befanden sich permanent im All. Sie waren mit allen Vorrichtungen für ein bequemes Leben ausgestattet. Über Yamas Weltraumstadt ist nachzulesen, sie sei von einer weißen Wand umgeben gewesen, die strahlend glitzerte, wenn das Gebilde am Himmel seine Bahn zog. Sogar die Ausmaße dieser himmlischen Gebilde sind in der Sanskritliteratur überliefert. Kuveras Weltraumstadt soll die schönste der ganzen Galaxis gewesen sein. Sie maß (auf heutige Maße

umgerechnet) 550 × 800 Kilometer, hing frei in der Luft und war mit goldglän-
zenden Gebäuden ausgefüllt.

Die Beschreibungen derartiger fliegender Städte sind seit Urgedenken
fester Bestandteil altindischer Epen, deren Echtheit nicht angezweifelt werden kann. Die Schwierigkeit lag nur darin, daß wir erst in neuerer Zeit die
exakte Bedeutung von Ausdrücken wie »Vaihayasi« (= fliegen), »gaganacara« (= Luft) oder »Vimana« (= fliegender Apparat) erfassen können. Erst
das Wissen um die moderne Technik erlaubte eine vernünftige Interpreta-
tion.

Konsequenzen

Professor Kanjilals akademische Arbeit* klärt manche bisherige Ungereimtheiten auf. Es gibt offensichtliche Übereinstimmungen mit Darstellungen im Buch *Dzyan*; die dortige Feststellung, der »Samen« sei aus dem Universum gekommen, wird in den Sanskrittexten bestätigt; hier wie dort ist von »großen Rädern« die Rede, mit denen die Wesen aus dem All kamen. – Kanjilal stieß auf ein riesiges Raumschiff, »das nie auftanken« mußte; für diese reale Möglichkeit zeugt die Gegenwart: Techniker von Lockkeed haben einen zivilen Luftgiganten auf den Reißbrettern, der, mit Kernkraft betrieben, 10 000 Flugstunden ohne nachzutanken fliegen soll. – Menschen wären, steht in Sanskrittexten, in ein fernes Land jenseits des Meeres transportiert worden. Vielleicht war Zentralamerika das Reiseziel? Dann hätte man eine Erklärung für die merkwürdigen Parallelen zwischen Indien und Zentralamerika. Archäologen haben bewiesen, daß es in Nord-, Zentral- und Südamerika Völkerwanderungen von Norden nach Süden gegeben hat. Aber im Süden wurden Funde gemacht, die viel älter sind als das, was die Völker aus dem Norden mitgebracht haben können; es hat deshalb nicht ausschließlich Nord-Süd-Bewegungen gegeben.

Die Angelegenheit wird noch komplizierter: Es wurden Relikte von Kulturen entdeckt, deren Träger nicht »eingewandert« sind! Sie waren plötzlich und ohne Ahnenreihe da. Mit Hilfe der Sanskrittexte ist das Problem lösbar geworden: Menschengruppen – oft tausend auf einmal! – können eingeflogen worden sein, können die Kulturen ohne Vorläufer erklären.

Licht bringen Kanjilals Enthüllungen auch in die Motivation der himmelwärts gerichteten Markierungen, Signale, auf unserer Erde, für die Nazca nur der prominenteste Vertreter ist. Es hat zwei Typen von Flugapparaten gegeben, solche, die von Menschen gesteuert wurden, und andere, die den »Göttern« vorbehalten waren. Damit wird endlich auch das Cargo-Kult-Verhalten unserer frühen Vorfahren begreifbar: Sie setzten Zeichen für die von Menschen beschriebenen Flugapparate aller Art, haben aber gewußt, daß es noch einen höheren Bereich gab, der den Menschen vorenthalten war: das Weltall der »Götter«. – Oft wurde ich gefragt, warum es denn unbedingt Außerirdische gewesen sein müßten, die am Himmel geflogen seien, ob denn nicht vielleicht Menschen des Altertums auch hätten fliegen können. Nun, in geschichtlich

---

* Professor Kanjilal gab mit Ziffern die genauen Textstellen an. Deshalb der Hinweis, daß ein großer Teil der zitierten Sanskritliteratur in englischer Sprache vorliegt.

verifizierten Zeiten haben die Menschen die Kunst des Fliegens nachweisbar nicht beherrscht, doch noch viel früher – davon war ich stets überzeugt – muß es von Menschen geflogene Flugapparate gegeben haben. Ich habe schon früher auf die steuerbaren Heißluftballone des König Salomon* hingewiesen. Erst mit dem Wissen um die von Menschen betriebenen und gesteuerten Flugapparate läßt sich begreifen, weshalb wortwörtlich ganze Volksstämme in den Untergrund gingen, sich dort eingruben und auf langes Verbleiben einrichteten: Sie hatten Angst vor Luftpiraten, die Bomben warfen und Menschen drangsalierten. Diese alten unterirdischen Zufluchtsorte – gegen die alle Luftschutzbunker der Moderne dürftig sind! – kann man in Derinkuyu und Kaymakli (Türkei), in San Agustin (Kolumbien), bei Kahnheri (Indien) aufs komfortabelste besichtigen. – Soweit war die Mutmaßung meiner Fragesteller, es könnten auch Menschen flugtüchtig gewesen sein, akzeptabel. Indessen argwöhnte ich, daß eine vorgeschichtliche menschliche Fliegerei nicht *alles* erklären könne, dazu gibt es in den Überlieferungen zu viele Hinweise auf nichtirdische Wesen. Ich möchte Professor Kanjilal einen Jasminblütenkranz umhängen für die Entdeckung im Buch *Sabhaparvan*:

»Sie kamen von einem weit entfernten Ort am Himmel, um die Menschen zu studieren.«

Galaktische Ethnologen waren unterwegs!

Eine Sache, die der Professor erwähnte, aber meines Erachtens nicht vollends klärte, möchte ich aufgreifen, weil sie mit absoluter Sicherheit – wieder – aufs Tapet gebracht werden wird: Wo sind denn all diese Flugapparate – Kanjilal zitierte abertausende – geblieben?

Vor 40 Jahren ging der Zweite Weltkrieg zu Ende. Wie viele Flugzeuge der Deutschen, Amerikaner, Polen, Engländer, Russen, Franzosen, Kanadier und Japaner verdunkelten den Himmel wie Hornissenschwärme? Aberaberabertausende. Eine Vielzahl stürzte ab, verbrannte, eine Vielzahl wurde nach Kriegsende abgewrackt, zu Schrott gemacht. Einige wenige Kampfflugzeuge stehen in Museen. Wie viele wird es in hundert, in tausend Jahren davon noch geben? Vielleicht finden Bauern beim Pflügen, Kinder beim Spielen ein verrostetes Teilstück, ob sie es mit einem Flugzeug in Verbindung bringen, ist die Frage, keinesfalls wird sich dermaleinst vom Teil aufs Ganze schließen lassen. Wie soll, wie kann es bei den in der Sanskritliteratur geschilderten Flugapparaten, die ja vor Jahrtausenden benützt wurden, anders gewesen sein? »Nichts ist unvergänglich«, sagte schon Heraklit, der Philosoph aus Ephesos. Auch die Flugzeuge unserer Zeit werden in »Überlieferungen« erwähnt sein – in Jahrtausenden, doch mehr bleibt auch von ihnen nicht übrig.

---

* In *Prophet der Vergangenheit*

In voluminösen Weltraumstädten kamen die »Götter« in unser Sonnensystem. Wer weder Zeit noch Gelegenheit hat, dieses Statement in der Vielfalt der Sanskritliteratur nachzulesen, möge sich in einer gutbestückten Universitätsbibliothek den Band *Drona Parva* aus dem *Mahabharata*[7] geben lassen, ich fand ihn in der Baseler Universitätsbibliothek. Wo diese 1888 erschienene Ausgabe nicht greifbar ist, kann man sie sich im Leihverkehr unter Bibliotheken bestellen. Auf der Seite 690 des *Drona Parva* ist im Vers 62 zu lesen:

»Die Götter, die geflohen waren, kehrten zurück. Tatsächlich fürchten sie sich bis auf den heutigen Tag vor Mahecwara. Ursprünglich verfügten die tapferen Asuras über *drei Städte im Himmel*. Jede dieser Städte war groß und vorzüglich gebaut. Eine bestand aus Eisen (sah wie Eisen aus), die zweite aus Silber und die dritte aus Gold. Die goldene Stadt gehörte Kamalaksha, die silbrige Tarakaksha und die dritte, die aus Eisen, hatte Vidyunmalin als Gebieter. Trotz all seiner Waffen gelang es Maghavat nicht, diese *Himmelsstädte* irgendwie zu beeindrucken. Bedrängt suchten die Götter Schutz bei Rudra. Alle Götter mit Vasava als Sprecher gingen zu ihm und sagten: ›Diese schrecklichen Bewohner der (Himmels-) Städte erhielten Unterstützung von Brahman! Als Folge dieser Unterstützung bedrohen sie das Universum. Oh Herr der Götter, niemand außer dir ist fähig, sie zu schlagen. Deshalb, oh Mahadeva, vernichte diese Feinde der Götter!‹«.

In Vers 77, Seite 691, wird die Vernichtung der himmlischen Städte beschrieben:

»Civa, der diesen vorzüglichen Wagen flog, der aus all den himmlischen Kräften zusammengesetzt war, bereitete sich für die Zerstörung der drei Städte vor. Und Sthanu, dieser erste (vorderste) der Vernichter, dieser Zerstörer der Asuras, dieser stattliche Kämpfer von unermeßlicher Tapferkeit, der von den Himmlischen bewundert wird... befahl eine ausgezeichnete, einzigartige Kampfposition... Als dann *die drei Städte am Firmament zusammentrafen* (in günstige Schußposition gerieten), durchbohrte sie der Gott Mahadeva mit seinem schrecklichen Strahl aus dreifachen (Angriffs-)Gürteln. Die Danavas waren unfähig, diesem Strahl, der mit Yuga-Feuer beseelt und aus Wischnu und Soma zusammengesetzt war, entgegenzusehen. Während die drei Städte zu brennen begannen, eilte Parvati dorthin, um sich das Schauspiel anzusehen.«

Dazu nochmal die 6. Strophe aus dem Buch *Dzyan*:
»Es fanden Kämpfe statt zwischen den Schöpfern und den Zerstörern, und Kämpfe um den Raum.«

So tönt es durch die menschliche Frühgeschichte. Und ein Hauch von derartigen Kämpfen geistert sogar durch das christlich-jüdische Abendland. Wurde uns im Religionsunterricht nicht gelehrt, der Erzengel Luzifer sei mit seinen »Heerscharen« mit der rebellischen Aussage »im Himmel« vor den Allmächtigen getreten: »Wir dienen dir nicht«? Und befahl der Allmächtige nicht dem Erzengel Gabriel, die Heerscharen des Luzifer zu bekämpfen? In mythologischer Verbrämung wurde dann aus den »abtrünnigen Engeln« die Heerschar Luzifers.

Nach Kanjilals gewichtigen Entdeckungen wird versucht werden, die klaren Konturen der Textaussagen – es wäre nicht das erste Mal! – hinter religiös-psychologischem Nebel verschwinden zu lassen. Im *Drona Parva*, wird es heißen, sei vom »Himmel«, nicht vom »Weltall« die Rede. Sanskritkenner sagen mir jedoch, daß »Himmel« keineswegs als Synonym für »Glückseligkeit« stände; der Sanskritwortstamm meint »dort oben« und »über den Wolken«. – Als Professor Protap Chandra Roy[7], berühmtester Sanskritexperte seiner Zeit, in den 80er Jahren des vorigen Jahrhunderts das *Mahabharata* ins Englische übertrug, ahnte er nichts von den Zukunftsperspektiven der Weltraumstädte; er übersetzte »im Himmel drei Städte« – *in heaven three cities*. Tatsächlich meinte er drei Städte im *Weltall*, denn er übersetzte den Vers 50 so: *The three cities came together in the firmament* – »Die drei Städte kamen am Firmament zusammen.«

Jeder Versuch, die unbequemen Weltraumstädte in den religiösen Himmel der allgemeinen Glückseligkeit verpflanzen zu können, muß scheitern, denn mit deren Vereinnahmung müßte akzeptiert werden, daß im »Himmel« mit fürchterlichen Waffen gestritten wird, daß der Himmel ein *Raum*, kein Gedanke, ist, kein Jenseits der fortdauernden Beglückung und Seligkeit, sondern ein Schlachtfeld von Widersachern. Wäre ein solcher Himmel noch ein Wunschziel fürs ewige Leben?

Mit zeitgenössischem Wissen bereitet mir die Vorstellung von Weltraumstädten und ihrer Zerstörung keine Schwierigkeiten. Man wird nie erfahren, was man sich konkret unter »Yuga-Feuer«, das aus »Wischnu und Soma« bestand, vorstellen darf, doch ohne sich einen Knoten ins Gehirn zu grübeln, läßt technische Kombination an den Strahl eines *Exzimer-Lasers* mit dem eines »nukleargepumpten Röntgen-Lasers« und einem Partikelstrahl denken.

Das Alte Testament überliefert den Gott der Israeliten als einen eifersüchtigen Gebieter: »Du sollst keinen anderen Gott neben mir haben!« (2. Mos., 20,3 + 5. Mos., 5,7 + 2. Mos., 33,16) – Dieser Gott hat sich ein Volk »auserwählt«, obwohl er wußte, daß es auch »andere Völker auf dem Erdboden« gab (2. Mos., 33,16). Gott ließ mit sich handeln, bereute sogar seine Maßnahmen: »Da ließ sich der Herr das Unheil gereuen, das er seinem Volk angedroht hatte.« (2. Mos., 32,14)

Unterwegs in einem riesigen Weltraum-Habitat

Zieht man die Sanskrittexte hinzu, wird erahnbar, warum der gar nicht so göttliche Gott des Alten Testaments so handelte, wie er handelte. Gott und die Götter waren Außerirdische und sich untereinander nicht grün, in verschiedenen Habitaten bildeten sie verschiedene Parteien. Eine Göttergruppe studierte und unterwies die Menschen, eine lebte in Saus und Braus in den Tag und die Ewigkeit, eine aber experimentierte mit einem »auserwählten Volk« in einem biologischen Großversuch: Es bekam eine künstlich – chemisch? – hergestellte Spezialnahrung, das Manna[8].

Internationale der Götter

Die so ausführlich und vielfach dokumentierten indischen Gottheiten flossen in die Mythenwelt anderer Völker ein – manchmal verzerrt, oft nur in Rudimenten, sind sie in allen Menschheitsüberlieferungen aufzuspüren. Ich liste eine kleine Schar aus der internationalen Götterprominenz auf:

– Viracocha, der inkaische Schöpfergott, war ein Lehrmeister, der im »Himmel« lebte.
– Die vier Urgötter der Maya stiegen aus der Schwärze des Universums zu den Menschen hernieder.
– Alle Götter des pazifischen Raumes – Tagaloa, Samoa – Kane, Hawaii, Ta'aroa, Gesellschaftsinseln – Maui, Raivavae – Rupe, Neuseeland – und viele andere stiegen, wie beschrieben wird, unter Donner, Blitz und Getöse aus dem Weltall nieder.
– Die Katchina-Götter waren die himmlischen Lehrmeister der Hopi-Indianer, Arizona.
– Der vorsintflutliche Prophet Henoch nennt Namen und Tätigkeiten jener »Himmelssöhne, die auf den Berg Hermon herniederfuhren«.
– Die Chinesen verehrten P'n-ku, den Bezwinger des Alls. Seit Urzeiten ist der fliegende Drache das Symbol für Göttlichkeit und Unsterblichkeit.
– Sumerer, Babylonier, Perser und Ägypter verehrten »Himmelsgötter«, die als »fliegende Genien«, geflügelte Räder oder Kugeln oder »Barken am Himmel« bildlich dargestellt wurden.
Ich versichere, daß ich die Liste zum Umfang eines mittleren Telefonbuchs erweitern könnte.

Kronzeuge Hesiod

Ein »Fall« muß gesondert erwähnt werden:
Um 700 v. Chr. lebte in Griechenland der Dichter Hesiod. In seiner *Theogonie* ordnete er die verwirrende Fülle von Götterabstammungen in einem System, stellte die Liebesverbindungen von Göttern mit irdischen Frauen dar, aus denen die Heldengeschlechter hervorgingen. Im »Mythos von den fünf Menschengeschlechtern«[9] schrieb er:

»Anfangs machten das goldene Geschlecht hinfälliger Menschen die Unsterblichen, welche olympische Häuser bewohnen. Dies sind Kronos' Genossen, als er in dem Himmel regierte.«

Als früher Kronzeuge für die Ereignisse, um die es uns geht, stellte Hesiod fest, daß sie lange vor *seiner* Zeit geschahen und berichtete, daß Menschen von Göttern in weit entfernte Erdteile verschickt worden waren, und bestätigt – wie im Sanskrit – stattgefundene Schlachten:

»Jener Heroen erhabenes Geschlecht, Halbgötter geheißen, die in der Zeit vor uns die unendliche Erde bewohnten. Diese verdarb unseliger Krieg und furchtbare Schlachten.«

In der Vorgeschichte bis in die klassische Zeit der Griechen und Römer dominieren Radsymbole in Konnex mit Göttergestalten. Ahnten die frühen Erdenbewohner, daß im Weltall himmlische Wesen in Riesenrädern residierten? – Himmelsräder befanden sich auf Felszeichnungen, den ersten optisch-künstlerischen Überlieferungen, an Altären, die Jupiter, Zeus, Baal und anderen Göttern gewidmet waren; auf persischen und babylonischen Tempelfriesen, auf keltischen Münzen; im ganzen römisch-keltischen Europa sind Himmelsräder zu bestaunen. So spricht denn auch die Archäologin Jane Green[10] von einem »dominanten Himmelskult« und von rätselhaften »Räder-Göttern«.

Stonehenge

Allein in Europa existieren noch über 200 steinerne Monumente in Rund-oder Räderform; sie wurden Zeus, dem »Gott der Höhe«, dem »Wolkenballer«, der die Elementargewalten meisterte, gewidmet. – Auch Stonehenge, England, ist dem Spurenfeld zuzurechnen. Der Hofarchitekt Inigo Jones (1573-1652) beschäftigte sich als erster im Auftrag seines Königs Jakob I. (1603-1625) gründlich mit den »hängenden Steinen«, den fast konzentrischen Steinkreisen bei Salisbury, Wiltshire. – Jones versicherte dem König in seiner Expertise, alte Chroniken sprächen davon, Stonehenge sei zu Ehren des Gottes Coelus (lat. der Himmlische) erbaut worden, »den andere Uranus* nennen«. Jones schrieb dem König[11]:

---

* Sohn der Erdgöttin Gaia, von der Hesiod sagte, sie habe nach dem Chaos aus sich den Himmel und Uranus geboren, der sie befruchtete.

»Ich unterstelle, es sei nicht impertinent, in diesem Zusammenhang mitzuteilen, was die Vorfahren über diesen Coelus überlieferten. Insbesondere der Historiker Diodorus Siculus schreibt: Der, welcher zuerst über die Atlantiden herrschte, war Coelus ... Er brachte den Menschen bei, gemeinsam zu leben, Felder zu bebauen, Städte zu erstellen. Er erzog die Wilden zu einem zivilisierten Leben mit Konversation ... Er herrschte über einen großen Teil der Erde von Osten nach Westen. Er war ein brillanter Beobachter der Sterne und erklärte den Menschen, was kommen würde. Gemäß dem Stand der Sonne teilte er das Jahr in Monate ... Wegen seinem großen Wissen über den Sternenhimmel überschütteten ihn die Menschen mit unsterblichen Ehrungen und verehrten ihn als Gott. Sie nannten ihn Coelus und bezogen dies auf sein Wissen über die himmlischen Körper ... Alle in dieser Antiquität aufgerichteten Steine sind wie symbolische Flammen ... mit denen der Himmel verehrt wird ... In dieser Antiquität sind viele Steine in einer Imitation zu einem gesamten Werk von verschiedenen Sternen zusammengestellt worden, die uns am Himmel in Form eines Kreises, genannt die himmlische Krone, erscheinen ... Stonehenge wurde erbaut, weil es eben diesem himmlischen Gott Coelus gewidmet war ...«

Hofarchitekt I. Jones benannte die Quellen, aus denen er zitierte und resümierte aus allen, die Steinkreise wären als großes Denkmal für Coelus angelegt worden, damit alle Zeitalter sich an den »Himmlischen« erinnern würden. – Feuersteine *(Lingams)* als Erinnerung an die Götter, Steinkreise zum Gedenken an den »Himmlischen«, der den Kalender brachte – es gibt viele Schnittpunkte des Rätselhaften, aus denen wir – falls gründlich untersucht – lernen könnten.

Mißachtete Urgeschichte

Weshalb kommen Ethnologen und Archäologen nicht darauf, sichtbare Deponate auf unserer Erde, die wie Fragezeichen auf Antwort drängen, zu vergleichen? Es handelt sich ja nicht um verborgene Texte, um Monumente ohne Ortsangabe, alles ist allen zugänglich. Vermutlich ist *ein* Grund die hochgradige Spezialisierung auf Fachgebiete. Gibt es, frage ich mich dauernd, Archäologen, die sich mit den Aspekten künftiger Weltraumfahrt und Waffentechnik wenigstens peripher befassen? Wird irgendwo vergleichende Archäologie unter Beiziehung überlieferten mythischen Schrifttums betrieben? Ägyptologen beackern ihren Raum, Amerikanisten ihr Terrain, Indiologen den Subkontinent usw. Tauschen sie ihre Erkenntnisse aus?

Ein anderer Grund für unterlassene Forschung ist sicherlich dieser: Kein Wissenschaftler, der auf seine Reputation hält, will sich ernsthaft mit den in Mythen überlieferten Fakten beschäftigen. Dabei hätten die Ethnologen eine Legitimation dafür: Vor 120 Jahren schrieb einer der ersten, hochgeachteten Männer ihrer Zunft, Professor A. E. Wollheim da Fonseca[12] – der sich der Mythen des alten Indien annahm:

»Derjenige hat keine Ahnung von ihrer Bedeutung (der Mythen, EvD), der hier nur unsinnige Fabeln und schöne Allegorien erblickt. Die Mythologie ist etwas ganz anderes: *Sie ist der erhabenste Ausdruck der erhabensten Wahrheiten* ... aber sie ist weit mehr: *sie ist auch die Urgeschichte der Menschheit.*«

Wie recht Wollstein hatte, daß Mythen Wahrheiten beinhalten, belegt auch das *Samarangana Sutradhara von Bhoja;* darin finden sich »230 Linien (= Zeilen), die den grundsätzlichen Konstruktionsprinzipien von fliegenden Maschinen gewidmet sind. Dabei wird speziell erwähnt, wie sich sichtbare und unsichtbare Objekte angreifen lassen.«[13]

In Zusammenarbeit mit Archäologen könnten Ethnologen auf das Alter der mythischen Überlieferungen rückschließen. Südlich von Bhopal liegt das Felslabyrinth Bhimsbetka mit vielen guterhaltenen Felszeichnungen – darunter ein großes Rad, daneben eine Göttergestalt, die

Felszeichnungen nahe der Stadt Ghatsila zeigen riesige behelmte Gestalten. Leider konnten Vandalen sich nicht versagen, ihre total unwichtigen Namen einzukratzen

als Lord Krischna geführt wird. Die Symbolik Himmelsgott/Rad reicht also Jahrtausende, vermutlich bis in die Steinzeit, zurück; so alt dürften denn auch die Krischna-Mythen sein. – Westlich von Kalkutta, nahe bei Ghatsila, entdeckten Arbeiter in einer Uranmine eine Wand mit Felszeichnungen, darunter große menschenähnliche Gestalten mit runden behelmten Schädeln – wie Illustrationen zu den Mythen. (Vor 25 Jahren wurden verwandte Figuren der »Rundkopfepoche« auch im Tassili-Gebirge in der Sahara gefunden.) – Selbst Gott Ganescha [14] taucht – in Menschengestalt mit Elefantenkopf – in der indischen Felsbildkunst bereits auf. Über diesen »Vernichter der Hindernisse« habe ich mich in Indien, Java und in unseren heimischen Universitätsbibliotheken aktenkundig gemacht. Eine erstaunliche Begabung, dieser Ganescha.

Der populäre Ganescha

Steckbrief: Ganescha war ein Sohn Schiwas; sein Name bedeutet im Altindischen »Herr der Ganas«, dienender Geist des Schiwa. Ganescha galt auch als Verbindungsmann zwischen Mensch und Allmacht, wurde darum oft am Anfang von Sanskrit-Werken angerufen; er wurde als dicker Mann mit Elefantenkopf (und einem Stoßzahn), mit vier Armen und auf einer Ratte reitend, versinnbildlicht.

Bis heute ist Ganescha der populärste Hindugott geblieben. Das erstaunt nicht, denn Beseitiger von Hindernissen sind auf der ganzen Welt begehrt – beispielsweise beim Hausbau: »Wenn ein Hindu ein Haus baut, stellt er zuerst ein Ganescha-Bild auf die Baustelle. Wenn er ein Buch schreibt, wird zuerst Ganescha begrüßt. Ganescha fungiert als Briefkopf, er wird auch zu Beginn einer Reise angerufen.« [15]

Bei indischen Verkehrsverhältnissen eine verständliche Prophylaxe. Bild oder Skulptur des »Entferners von Hindernissen« mahnen an Wegkreuzungen, grüßen in Bahnhöfen und Geschäften, sorgen auch an Portalen von Banken für reibungslosen Zahlungsverkehr. An Ganeschas Popularität reicht von Indien über Nepal bis China, Java, Bali, Borneo, bis Tibet, Siam und Japan kein einheimischer oder internationaler Filmstar heran.

Wie kam der Dickbäuchige zu seinem Renommee?

Ältester Sohn von Gott & Göttin Schiwa & Parvati steht im Steckbrief, doch die Angabe ist unkorrekt: Er wurde nicht vom Elternpaar gezeugt, vielmehr aus dem Gehirn erschaffen. Die himmlischen Wesen beratschlagten vor ihrem Erdenbesuch, wie die Hindernisse in dieser

Wandlungen der Darstellung des Elefanten-Gottes Ganescha: Links – die plumpe menschliche Gestalt mit Elefantenkopf und seitwärts geschlagenem Rüssel (Museum von Denpasar, Bali/Indonesien) – Mitte: Aus dem Rüssel ist ein schlauchähnliches Gebilde geworden – Rechts: Der Rüssel ist endgültig zum Schlauch geworden

fremden Welt ausgeräumt werden könnten, sie hatten ja Landeplätze für die Götterfahrzeuge auszumachen, unangreifbare Felsdepots anzulegen. Die Versammlung bat Schiwa um Beistand[16]: »O Gott der Götter, Dreiäugiger, Benutzer des Dreizacks, nur du bist in der Lage, ein Wesen zu schaffen, das fähig ist, alle Hindernisse wegzuräumen...« Schiwa & Parvati erdachten ein Wesen mit Menschenkörper und Elefantenkopf, das in alle Richtungen blicken, mit Händen, Füßen und Rüssel zupacken konnte: Ganescha, der aus dem Gehirn seiner Konstrukteure erschaffene Vielzweckgott. Frühe Darstellungen zeigen den quasi synthetischen Göttersproß mit einem Heiligenschein, »wie er vom Himmel fliegt«[17], in den Hindutempeln ist er auch eng mit den neun Planeten verbunden.

Auf der Insel Bali, der westlichsten der kleinen Sunda-Inseln, besuchte ich die sogenannte Elefantengrotte, die Ganescha gewidmet ist; dort heißt unser Hindernisentferner Gana, der »Gott mit dem Rüssel«.

Dabei hat es auf Bali nie lebendige Elefanten gegeben![18]. Und so wird in balinesischen Tempeln die Ankunft von Gana besungen[19]:

> Vergib mir, Ehre gebührt Schiva.
> Deiner Diener bietet dir die Essenz
> von heißem und wohlriechendem Rauch
> aus Sandelholz und Weihrauch.
> Lasse den Gott Gana herniedersteigen,
> den Helfer der Götter,
> herniedersteigen aus den göttlichen Himmeln . . .

In einer deutschen Dissertation[20] wurden mit wissenschaftlichem Eifer Namen und Eigenschaften zusammengestellt, die Ganescha über die Zeitläufe beigemessen wurden: Lenker, Hindernis-Besieger, Erfolg-Geber, der mit dem Hängebauch, der mit dem gedrehten Rüssel. Wie ein Roboter wird er als »Wächter vor Türen und Eingängen« postiert, wo er jeden zusammenschlägt, dem der Zutritt verboten ist – darum auch *ein* abgebrochener Stoßzahn. (Ein Roboterwächter ähnlicher Begabung geistert auch durch das sumerische Gilgamesch-Epos. Dies für Akademiker, die Parallelen suchen!)

Was macht den Elefanten-Gott zum Unikat? Ich hoffe, man wird mir nicht widersprechen, wenn ich die Existenz von Menschen mit Elefantenrüsseln für alle vergangenen Zeiten abstreite. Da allerorten anzutreffen, kann die Figur keine Wahnsinnsidee eines surrealistischen Künstlers gewesen sein. Gestalten mit menschlichen Körperteilen und einem dem Elefanten nachgebildeten Rüsselkopf, erscheinen ebenso rätselhaft wie die »fliegenden Genien«, Menschen mit Flügeln, Löwen mit Flügeln, von denen es in den Museen wimmelt. Warum, sinniere ich, bekommt ein Zwitterwesen einen Rüssel, warum zieren erdverhaftete Tiere Flügel? Und ich spekuliere, daß stets Vorbilder nachempfunden wurden – Cargo-Kult! –, die die frühen Zeitgenossen nicht begriffen hatten.

Ich appelliere an den aufmerksamen Blick meiner Leser: Sind heutzutage nicht Menschen mit »Rüsseln« unter uns? Der Soldat mit Gasmaske, der Astronaut mit Sauerstoffschlauch, der Roboter mit Kabel zum Energietornister. Zum Beispiel.

War Ganescha eine Spezialität der alten Inder? Mitnichten. Auch andere Völker hatten ihre Rüsselwesen:

– Im Diquis-Delta von Costa Rica zeigt eine Steinplastik ein menschliches Wesen mit auffallend großen Augen und einem seltsam abgeflachten Schädel. Aus dem Riesenmaul, von Ohr zu Ohr, tritt ein Schlauch – ein Rüssel? – hervor, der über die Schultern in einem tankähnlichen Kästchen auf dem Rücken endet.

»Fliegende Genien« –
eine Auswahl aus dem Türkischen Museum, Ankara

250

251

In Costa Rica ein Kollege Ganeschas

Eine Ganescha-Version auf dem Monte Alban in Mexiko

– Unter Steinen der Mayaruinen von Tikal, Guatemala, fotografierte ich eine ziemlich ähnliche Figur, die über die Jahrtausende verwitterte: auf dem Rücken ein gezahnter Kasten, von dem aus ein Schlauch von zehn Zentimeter Durchmesser in den Helm des Wesens führt.[21]
– Im Anthropologischen Museum von Mexico-City betrachtete ich eine massive kniende Figur mit breitem flachem Schädel und mit weitauseinanderliegenden Augen. Hier drang der Rüssel aus der Mitte des Schädels und endete in einer »Geschwulst« auf der Brust.
– Eine sozusagen klassische Ganescha-Gestalt fotografierte ich an einer Tempelwand auf dem Monte Alban in Mexiko. Diesen Ganescha ziert ein strahlenbekränzter Elefantenkopf, freilich mit Rüssel. Der übrige Körper hat menschliche Proportionen, sogar Hosen über beschuhten Füßen. Hände bedienen ein Gerät.
Laßt Bilder sprechen!
Archäologen meinen, es könnte vor 12 000 Jahren in Zentralamerika Elefanten gegeben haben, und die sollen über die zugefrorene Bering-Straße eingewandert sein. Okay. Wenn dem so ist, müßten die Herren für Klarheit in ihrem Kodex sorgen: Der läßt nämlich für die Zeiten von vor 12 000 Jahren in ganz Zentralamerika kein Volk zu, das imstande gewesen wäre, Tempel und Pyramiden zu bauen. Ja, wie haben wir's denn?
1972 fotografierte ich aus einer Sammlung kurioser Metallplatten – vom verstorbenen Pater Crespi in der Kirche Maria Auxiliadore in

Der Haupttempel von Prambanan ist Schiwa geweiht

Cuenca, Ekuador, gehütet – Elefanten von Metallplatten und Folien, auf denen Menschen mit Schläuchen dargestellt waren, die aus den Mündern hingen. Ich knipste auch eine Metallplatte mit 56 eingestanzten Schriftzeichen, mit denen niemand etwas anzufangen wußte[22]. Moderne Fälschungen! sagten Fachleute. Seitdem identifizierten Sanskritgelehrte 52 der 56 Zeichen als altbrahmanische Schriftzeichen[23]. Auch nur ein »Wunder« für jene, die nicht wahrhaben mögen, daß einst Außerirdische *und* Menschen fröhlich die Welt umflogen.

Professor Kanjilal schrieb, viele Tempel wären in Grundriß und Aufbau Kopien von himmlischen Fahrzeugen. Dafür nannte er mir als Beispiele die Tempel von Vrhadiswaw, Tanjore, Udayeswara, Gwaliar, und Virupaska, Bombay. Aber, sagte er, es gäbe in jedem großen Tempel Abbildungen von »himmlischen Residenzen«, aus deren Stukkaturen sich ableiten ließe, welcher Gott mit welchem himmlischen Vimana angesprochen würde.

Götterfahrzeuge in Tempelstein

Im großen Schiwa-Tempel von Prambanan auf Java fand ich die Auskunft bestätigt. Diese Anlage wurde im 19. Jahrhundert von Königen der Sailendra-Dynastie errichtet. Archäologen fanden aber, daß es an gleicher Stelle ein Bauwerk gegeben hat, das viel älter gewesen sein muß.

Innerhalb der hinduistisch-buddhistischen Anlage mit weit über 100 Tempeln – unweit von Djogjakarta – besteht der Haupttempel, Schiwa geweiht, aus einem mächtigen Turm, flankiert von zwei kleineren Türmen, die Brahma und Wischnu zugeeignet sind. Drei nochmals kleinere Tempel liegen davor, sie waren als »Fahrzeuge der Götter« bestimmt. Um die in toto sechs Türme herum sind 156 symmetrische, gleichgroße Schreine für die begleitenden Götter quadratisch zugeordnet. Vier ziemlich schmale Treppen mit geschwungenen Geländern münden in dunkle Portale. Die Erhabenheit des Baus macht Gott Schiwa vorstellbar, wie er mit seinen Begleitern in den Tempel einzieht.

Die steinerne Statue des vierarmigen Schiwa – sein Kopf in ovalem Heiligenschein – steht im zentralen Vimana; er trägt eine Tiara, Armbänder an den Handgelenken. – Nebenan, in einer Kammer, lauert Ganescha. 24 Wächter beschützen die Szene, von den Balustraden sorgen 22 Musiker und Tänzer für Unterhaltung während der langen Reise.

Jeder Musikgruppe ist ein himmlischer Betrachter, jeder in graziöser

156 Symmetrische Schreine umgeben den Tempel

Drei kleine Türmchen werden als »Fahrzeuge der Götter« bezeichnet

Aus dem Relief des Ramayana

Engelgleiche Wesen der indischen Mythologie

Position, zugeordnet. Die Balustradenmauer erzählt in steinernen Bildern die ganze indische Geschichte, wie sie im *Ramayana* überliefert ist. Die Gesichter der Götter zeigen Wut und Hoffnung, Zorn und Freude, sie spiegeln sich in den Mienen der Helden, Diener und Bösewichter wider.

Dargestellt ist das fliegende Fahrzeug, in dem die Königin Sita entführt wurde, und das, mit dem König Bhima sie befreite. Wischnus komischer Vogel Garudah fehlt im *comic strip* ebenso wenig wie der Affenkönig Hanuman, der mit seinem Flugapparat von Indien nach Ceylon geflogen sein soll.

Rüsselwesen wachen an den Treppen

Der Borobudur

Der Borobudur

Nahe der Provinzhauptstadt Djogjakarta in Mitteljava gibt es das bedeutendste und größte Monument der südlichen Hemisphäre, den Borobudur. Vor nun über 20 Jahren, 1963, kam das buddhistische Heiligtum in die Schlagzeilen der Weltpresse. Dem Tempel drohte – wie dem Felsentempel Abu Simbel aus vorchristlicher Zeit am Westufer des Nils in Oberägypten – der Zerfall. Abu Simbel wurde im Auftrag der UNESCO von 1964 bis 1968 gut 65 Meter über die das Bauwerk zerfressenden Nilwasser gehievt und am neuen Platz originalgetreu wieder zusammengesetzt. – Auch der Hilferuf »Rettet Borobudur!« fand Echo. Wieder stellten 28 Staaten im Rahmen der UNESCO Geld, Fachkräfte und Geräte bereit, und IBM stiftete einen Computer. Stöhnten Archäologen: »Wir brauchen Fachkräfte und Geld und Arbeiter, um den Untergrund des Tempels, Steine und Skulpturen zu sanieren, aber keinen Computer!« – IBM-Fachleute überzeugten die indonesische Regierung und auch die Archäologen von der Unersetzlichkeit ihres stummen Dieners. Ohne Computer hätten die 55 000 Kubikmeter Andesitblöcke, 1460 Reliefs an den Terrassen, die in ein wirres Puzzle zerlegt worden waren, nach der Restaurierung nie mehr ihren alten Stammplatz wiedergefunden. Der Computer nahm die abgetragenen, zersägten, gereinigten Steine in sein unbeirrbares Gedächtnis und lieferte alles in der richtigen Reihenfolge für den Zusammenbau wieder an. So gab es trotz der Arbeit von über 10 000 Arbeitskräften kein Durcheinander.

Borobudur wurde um 800 unserer Zeitrechnung erbaut, vergessen und 1835 neu entdeckt. Hätte es keine Wiederinstandsetzung gegeben, wäre es bei der Annahme geblieben, der Tempel stünde auf einer natürlichen geologischen Hügelkuppe. Heute weiß man: Der Hügel wurde ad hoc aufgeschaufelt. Schon eine Leistung!

Ursprünglich war die Tempelpyramide 42 Meter hoch, jetzt hat sie noch stattliche 35 Meter Höhe. Neun Terrassen sind wie eine steinerne

Borobudur – ein mystisches Diagramm

Der Aufstieg zum Borobudur

Ganz oben: der steinerne Kreis mit dem Stupa

1300 Reliefs = 2,5 Kilometer Bildfläche

1472 Stupas schmücken den Borobudur

Torte aufgeschichtet: Über fünf quadratischen Terrassen steigen drei runde Plattformen auf, die in einem Steinkreis mit einem Stupa* abschließen.

Neun Abstufungen wie bei Maya-Pyramiden. Architekten aus der gleichen Schule?

Das Quadrat an der Basis mißt eine Seitenlänge von 123 Metern, die folgenden sind um einige Meter zurückgesetzt, so daß ein Gang entstanden ist, der ringsum abgeschritten werden kann. Die Mauern der Gänge zeigen beidseitig 1300 Reliefs, die das Leben Buddhas – des im Kathmandutal Nepals geborenen Religionsstifters – darstellen; aneinandergereiht ergäbe sich eine Bildfläche von zweiundeinemhalben Kilometer. Nicht genug! Es gibt noch 1212 Tafeln mit Ornamenten aller Art, 1740 dreieckige Abschlußtafeln, 100 Wasserspeicher in Form monströser Köpfe, 432 Buddhafiguren und 1472 Stupas – eine bestürzende Orgie an Phantasie, Reichtum und handwerklicher Kunst, »eine Hymne in Stein zu Buddhas Weg der Erlösung«[24]. – Borobudur heißt etwa »Berg der Akkumulation«, auch »Herren des Heiligen Berges«.

Buddha und seine Götter

Der Hinduismus entstand aus einer Symbiose von Wedisch-brahmanischer Religion und vorarischen Religionen des drawidischen Südindiens und Glaubensformen von Einwanderern. Im Unterschied zu anderen Religionen kennt der Hinduismus – dem 300 Millionen Gläubige der Indischen Union angehören – keinen Stifter: Er ist die »Ewige Religion«, die es seit eh und je gibt; jeder kann ihr angehören, sofern er sich zum Weda und dem umfangreichen Pantheon der Gottheiten bekennt.

Buddha (560-480) bedeutet im Altindischen »der Erwachte«, »der Erleuchtete«. Anfänglich hieß er Siddhartha – Altindisch: einer, der das Ziel erreicht hat –, entstammte einer adligen Familie, wuchs im fürstlichen Palast seines Vaters im Vorland des nepalesischen Himalaya mit üppigem Luxus auf. Im Alter von 29 Jahren empfand er die Nutzlosigkeit seines Daseins, verließ seine Heimat, suchte einen Weg der Erkenntnis, übte sich sieben Jahre lang in der Kunst der Meditation, erreichte – wie es Buddhisten nennen – den »mittleren Pfad«. Längst gab es die unzähligen Götter des Firmaments in Sagen, Mythen und Legenden, und Buddha lebte in ihnen und mit ihnen. In geistiger Sammlung

---

* Stupa: Halbkugelförmiger Sakralbau für die Aufnahme von Reliquien, heiligen Schriften, oft auch reines Kultmal.

262

kam er zu der Überzeugung, daß die Gottheiten der Frühzeit den Menschen nicht mehr unmittelbar, sondern nur noch über Meditation helfen könnten, jeder Mensch müsse durch eigene Bemühung zur Erlösung gelangen; sich selbst als Inkarnation eines Himmelswesens empfindend, predigte er seinen Jüngern die »vier Wahrheiten«, jenen Weg, auf dem jeder ein Buddha, ein Erleuchteter, werden könne.

Buddha bestimmte keinen Nachfolger, nur die reine Lehre sollte sein Erbe sein. Welche überlieferten Worte sein Copyright haben, ist unbekannt, doch wird angenommen, daß die Sentenzen der »heiligen Sprache«, Buddha-O-Ton sind, denn es lag in der Tradition seines Landes, mündlich überlieferte Texte wortgetreu zu bewahren und sie irgendwann aufzuzeichnen – wie in den *Weden* und im *Mahabharata*. Gleichwohl entstanden »Schulen«, die Buddhas Wort verschieden interpretierten, und jede Schule setzte »ihre« Götter dazu.

So sind denn im Borobudur außer dem Leben und den Göttern Buddhas auch die viel älteren Götter der Religionsschulen verewigt. Man sieht die Himmelsregionen, die Buddha bereist haben soll – den Sonnengott Surya, den Mondgott Agni, den Feuergott und viele Vimanas, die als himmlische Paläste dargestellt sind. Buddha in Konferenzen mit Göttern, hinauf in den Himmel, zurück zur Erde fahrend, wehende Fahnen und Fähnchen am fliegenden Apparat deuten an, daß er sich im

Stationen aus dem Lebensweg Buddhas

265

Luftraum aufhielt. Das Vehikel, in dem Buddha den Gefilden der Erleuchtung und Glückseligkeit zustrebte, ist ein Stupa – eine Art Glocke, eine Halbkugel mit spitzen Türmchen; Stupas haben unterschiedliche Formen, doch alle einen »Griff«. Buddhisten verleihen den Stupas vielfache Sinngebungen – als Symbol für das Ende der Lebensreise, es ist Grab wie Zentrum schöpferischer Kräfte, es spiegelt in seiner Dreiteilung – Basis, Dom, Turm – die buddhistische Dreieinigkeit wider; die »drei« gilt als »die charakteristische Dimension des Raumes«[25]. Auch ist der Stupa Beförderungsmittel zur Götterwelt und »die Fortsetzung einer uralten Tradtition« als Götterfahrzeug, in dem rituelle Bewegungen zu vollziehen waren.

In seiner ganzen überwältigenden Masse ist Borobudur in seiner Grundform ein kolossaler Stupa. »Als Stupa gehört der Borobudur in die Kategorie der heiligsten Bauwerke des Buddhismus. Die Stupaform wiederholt sich am Borobudur nicht weniger als 1500mal.«[26] Oben, allein auf der dritten Terrasse, stehen 32 Stupas, darüber, auf der zweiten 24 und dann auf der obersten 16 – in toto 72. Und der Abschluß-Stupa, ganz oben, setzt mit seiner zum Himmel weisenden Spitze allem die Krone auf.

In den Stupas sitzt Buddha als Steuermann

267

Der Philosoph Karl With [27] schrieb:

»Was also im Bau als Verwirklichung sichtbar wird, ist ein gewaltiger Bogen, eine große Kuppel von Raumbrechungen, die an den kristallisierten Formen der Masse sichtbar werden. Von allen Horizonten rauscht der gestaltete Raum heran ... Der Raum lockert die gewaltigen Massen auf, ohne sie zu zersprengen, gibt der Baumasse die schwingende Elastizität, die tiefe Weichheit, die mächtige Spannung, Bewegtheit und überwirkliche Erregtheit... All diese Massenformen drücken die Potenz des Gesamtraumes, Raum und Masse dringen ineinander... Diese Masse schwillt und glüht von Expansion.«

Indien war auch meine vierte Reise wert. Die Air India machte auf dem Heimflug in Madras noch eine Zwischenlandung. Professor Mahadevan begrüßte mich mit einem Packen Zeitungen und Magazinen; ich konnte – bis auf die englischsprachigen Blätter – nur an den Fotos erkennen, daß sie alle Berichte über meine Vorträge an den Hochschulen von Madras und Kalkutta und Reportagen von meinen Visiten vor Ort enthielten.

Das farbige Titelblatt eines Magazins aus Sri Lanka stach mir in die Augen: Es zeigte – aufrechtstehend wie Archäologen es fordern! – die

Titelblatt des Magazins aus Sri Lanka

268

Die originale Palenque-Grabplatte

berühmte Grabplatte von Palenque*, die tief unter einer Maya-Pyramide liegt.

Um es salopp zu sagen: Die Zeichnung haute mich um! Sie zeigte, senkrecht stehend, den dreistufigen Aufbau des Stupa! Der »Buddha« darin – mit nackten Füßen, graziösen Handreichungen, die Tiara auf dem Haupt – war, wie in Borobudur hundertfach gesehen, dargestellt.

Was ist zuerst da – das Ei oder die Henne? Was steht allemal am Anfang: Die geistige Vorstellung eines Objekts oder die Wiedergabe? Fraglos entsteht kein Kunstwerk ohne die konkrete Vorstellung vom Dargestellten. Was für aberwitzige Vorstellungen sich in Menschengehirnen zusammenbrauten, beweist der – heute noch für Überraschungen gute – Cargo-Kult.

»In einem glocken-halbkugeligen Gerät mit einer ins All weisenden Spitze ist der Himmel, ist die Residenz der glücklichen Götter zu erreichen!« mögen sich die vorzeitlichen Inder gesagt haben... und bauten ihre Stupas.

Derzeit sind auf der Welt rund 2400 elektronische Informationsbanken mit – geschätzten – fünf Milliarden Fakten aus allen Wissensgebieten, Technik, Medizin, Geisteswissenschaften, Sport, Kunst, Religion, Wirtschaft usw. gefüttert. Binnen Minuten können Basisinformationen abgerufen werden, liegen ausgedruckt auf dem Tisch.

Warum bedienen sich Archäologen und Ethnologen dieses Geschenks der Technik nicht, um Nachrichten zu erhalten, sie zu vergleichen, um über den Gartenzaun des monomanen Eigenbaus zu klettern?

»JEDE GENERATION HAT IHREN TAGESMARSCH AUF DEM WEGE DES FORTSCHRITTS ZU VOLLENDEN. EINE GENERATION, DIE AUF SCHON GEWONNENEM GRUND WIEDER RÜCKWÄRTS SCHREITET, VERDOPPELT DEN MARSCH FÜR IHRE KINDER.«
David Lloyd George (1863-1945)

---

* Ausführlich behandelt in meinem Buch *Der Tag an dem die Götter kamen.*

Anhang

Bibliographie

I. Neue Erinnerungen an die Zukunft

1 Bethe, Hans A.; Garwin, Richard L.; Gottfried, Kurt; Kendall, Henry W.: Raketenabwehr im Weltraum, in: SPEKTRUM DER WISSENSCHAFT, Dezember 1984, Heidelberg.

2 Wolf, Dieter O. A.; Hoose, Hubertus M.; Dauses, Manfred A.: Die Militarisierung des Weltraums – Rüstungswettlauf in der vierten Dimension, Koblenz 1983.

3 Kielinger, Thomas: Sieg der Sterne – »Abwehr einer Bedrohung – das ist der Kern«, in: DIE WELT, Nr. 282 vom 1. Dezember 1984.

4 Fernsehdiskussion im WDF 3 vom 6. September 1984, 23.00 Uhr.

5 Rosen, C.; Burger, R.; Sigalla, A.: »Aeronautical Technology 2000: A Projection of Advanced Vehicle Concepts«, Vortrag-Nr. AIAA-84-2501 gehalten am AIAA/AHS/ASEE Aircraft Design Systems and Operations Meeting vom 31. Oktober – 2. November 1984 in San Diego, California.

6 Steinbuch, Karl: Die rechte Zukunft, München 1981.

7 Tremaine, S. A.; Arnett, Jerry B.: »Transatmospheric Vehicles – A Challenge for the next Century«, Vortrag-Nr. AIAA-84-2414 gehalten am AIAA/AHS/ASEE Aircraft Design Systems and Operations Meeting vom 31. Oktober – 2. November 1984 in San Diego, California.

8 Skudelny, Heide: Unterwegs mit Mach 29, in: HOBBY, Magazin der Technik, Nr. 12/Dezember 1984.

9 Kline, Richard L.: Space Commercialization as viewed by Grumman Aerospace Corporation, Hearings of the U.S. House of Representatives Committee on Science and Technology, Washington, D.C. 19. Juni 1984.

10 Kline, Richard L.: Grumman Aerospace; HORIZONS, Vol. 19 No. 2, special reprint.

11 MBB-ERNO space special, 9th Vol. Issue No. 2, July 1984, Bremen/Ottobrunn.

12 Lemke, Dietrich: Die Raumstation kommt! In: STERNE UND WELTRAUM, 23. Jahrgang, August/September 1984, Heidelberg-Königstuhl.

13 The Columbus Dispatch vom 12. August 1984: Reagan article extols manned space station.

14 David, Leonard W.: Space as motivational propulsion, Vortrag-Nr. IAF-84-407 gehalten am 35. Kongress der INTERNATIONAL ASTRONAUTICAL FEDERATION vom 7.-13. Oktober 1984 in Lausanne, Schweiz.

15 Eldred, Charles H.: Shuttle for the 21st century, in: AEROSPACE AMERICA, Vol. 22, No. 4, April 1984, New York.

16 O'Neill, Gerard K.: Unsere Zukunft im Raum, Bern/Stuttgart 1978.

17 Koelle, Heinz-Hermann u. a.: Entwurf eines Projektplanes für die Errich-

tung einer Mondfabrik, ILR Mitt. 123/1983 (15. 8. 1983) des Instituts für Luft- und Raumfahrt, Technische Universität Berlin, Salzufer 17-19, Berlin.

18 Nozette, S.; Duke, M.; Mendell, W.: What the Moon Offers Mankind – A Review of the Lunar Initiative, Vortrag-Nr. IAF-84-197, gehalten am 35. Kongress der INTERNATIONAL ASTRONAUTICAL FEDERATION vom 7.-13. Oktober 1984 in Lausanne, Schweiz.

19 Broschüre der TRANSRAPID INTERNATIONAL, Steinsdorfstr. 13, 8000 München 22.

20 Vajk, Peter J.: Industrien in der Erdumlaufbahn, in: AUF INS ALL – Unsere Zukunft im Weltraum, hrsg. von Larry Geis und Fabrice Florin, Basel/ Schweiz 1980.

21 Ehricke, Krafft A.: Mehr Mut, die Brücke in eine große Zukunft zu betreten, in: DIE WELT, Nr. 304, 31. Dezember 1982.

22 Interview mit Prof. Dr. Hermann Oberth, in: HOBBY, Magazin der Technik, Nr. 6/Juni 1984, Hamburg.

23 TIME Magazine, No. 48, November 26, 1984: Roaming the High Frontier.

24 Ruppe, Harry O.: Die grenzenlose Dimension Raumfahrt, Band I+II, Düsseldorf 1980+1982.

25 Forward, Robert L.: Das Paradoxon des interstellaren Verkehrs, in: DIE STERNE, 60. Band, Heft 4, 1984, S. 237-245, Leipzig/DDR.

26 Papagiannis, Michael D.: The importance of exploring the asteroid belt, in: ACTA ASTRONAUTICA Vol. 10, No. 10, S. 709-712, 1983, Pergamon Press Ltd.

27 Papagiannis, Michael D.: Bioastronomie – Herausforderungen und Gelegenheiten bei der astronomischen Suche nach außerirdischem Leben, in: DIE STERNE, 60. Band, Heft 4, 1984, S. 201-211, Leipzig/DDR.

28 Oberg, James Edward: New Earths – Restructuring Earth and Other Planets, New York 1981.

29 Oberg, James Edward: Paradiese vom Reißbrett, in Magazin OMNI, Nr. 4/ April 1984, Zürich/Schweiz.

30 Crick, Francis: Das Leben selbst, München 1983.

31 Ball, John A.: The Zoo Hypothesis, in: ICARUS 19, S. 347-349, 1973.

32 Vogt, Nikolaus: Gibt es außerirdische Intelligenz? in: NATURWISSEN-SCHAFTLICHE RUNDSCHAU, 36. Jahrg., Heft 5/Mai 1983, Stuttgart.

33 Stanek, Bruno L.: Kommerzielle Raumfahrt-»Ölboom« des 21. Jahrhunderts? J. Vontobel, Januar 1985, Zürich.

II. Phantastische Wirklichkeit

1 Fernsehsendung vom 4. Januar 1985 DRS: ALS DIE WEISSEN GEISTER KAMEN (Wie die Papuas vor 50 Jahren ihre Entdecker erlebten), Film von Bob Connolly und Robin Anderson.

2 Steinbauer, Friedrich: Die Cargo-Kulte – Als religionsgeschichtliches und missionstheologisches Problem, Erlangen 1971.

3 Zeitschrift: CASA Y COSAS DE LA MISION DE KAMARATA, Jg. XXII, No. 252, Februar 1960, S. 46-47.

4 Eibl-Eibesfeldt, Irenäus: Sie hielten uns für Geister, in: GEO, Nr. 1/Januar 1984, Hamburg.

5 Aram, Kurt: Magie und Zauberei in der alten Welt, Berlin 1927.

6 Kosok, Paul and Reiche, Maria: Ancient Drawings on the Desert of Peru, ARCHAEOLOGY II, 1949.

7 Reiche, Maria: Geheimnis der Wüste, Stuttgart 1968.

8 Mason, Alden J.: Das alte Peru, Zürich 1965.

9 Woodman, Jim: Nazca, München 1977.

10 Waxmann, Siegfried: Unsere Lehrmeister aus dem Kosmos, Ebersbach/Fils 1982.

11 Ditfurth, Hoimar von: Warum der Mensch zum Renner wurde, in: GEO, Nr. 12/Dezember 1981, Hamburg.

12 Hawkins, Gerald S.: Beyond Stonehenge, London 1973.

13 Isbell, William H.: Die Bodenzeichnungen Alt-Perus, in: SPEKTRUM DER WISSENSCHAFT, Dezember 1978.

14 Tributsch, Helmut: Das Rätsel der Götter – Fata Morgana, Frankfurt 1983.

15 Stierlin, Henri: Nazca, la clef du mystère, Paris 1983.

16 Baumann, Peter: Mysterien Alt-Amerikas – Spurendeutung in den Anden, in: DER TAGESSPIEGEL, Nr. 11589 vom 6. 11. 1983 und Nr. 11595 vom 13. 11. 1983, Berlin.

17 Ist das Liniensystem in der Nazca-Ebene eine Landkarte? In: VORARLBERGER NACHRICHTEN, 16. Mai 1981, Bregenz/Austria.

18 Blumrich, Josef F.: Da tat sich der Himmel auf, Düsseldorf 1973.

19 Stingl, Miloslav: Die Inkas, Düsseldorf 1978.

20 Die geheimnisvollen Pfeile von Ustjurt, aus: SOWJETKULTUR vom 11. August 1981.

III. Indien – Land der tausend Götter

1 Bopp, Franz: Ardschuna's Reise zu Indra's Himmel, Berlin 1824.

2 Geldner, Karl Friedrich: Der Rig-Veda, II. Teil, Wiesbaden 1951.

3 Blavatsky, Helena P.: Die Geheimlehre, Band I Kosmogenesis, A, Kosmische Evolution, Den Haag o. J.

4 Ramayana: The War in Ceylon, o. A.

5 Laufer, Berthold: The Prehistory of Aviation, in: Field Museum of Natural History, Anthropological Series Vol. XVIII, No. 1, Chicago 1928.

6 Abegg, Emil: Der Messiasglaube in Indien und Iran, Berlin 1928.

7 Roy, Chandra Protap: The Mahabharata, Drona Parva, Calcutta 1888.

8 Sassoon, George u. Dale, Rodney: Die Manna-Maschine, Rastatt 1979.

9 Roth, Rudolf: Der Mythos von den fünf Menschengeschlechtern bei Hesiod, in: Verzeichnis der Doktoren,»Die Philosophische Fakultät«, Tübingen 1860.

10 Green, Miranda Jane: The Wheel as a Cult-Symbol in the Romano-Celtic World, in: Collection Latomus, Vol. 183, Bruxelles 1984.

11 Jones, Inigo: The most notable Antiquity of Great Britain vulgarly called Stonehenge, 1655, reprinted in London 1973.

12 Wollheim da Fonseca, A. E.: Mythologie des alten Indien, Berlin 1856.
13 Dikshitar, V. R. Ramachandra: War in Ancient India, Madras/London 1944.
14 Wanke, Lothar: Zentralindische Felsbilder, Graz 1977.
15 Thomas, P.: Epics, Myths and Legends of India, Bombay 1973.
16 Rao, T. A. Gopinatha: Elements of Hindu Iconography, Vol. I-Part I, Madras 1914.
17 Getty, Alice: Ganesa – A Monograph on the elephant-faced God, Oxford 1936.
18 I Gusti Agung Gede Putra u. Stuart-Fox, David J.: The Elephant Cave – Goa Gajah Bali, Denpasar 1977.
19 Hooykaas, C.: A Balinese Temple Festival, Den Haag 1977.
20 Rassat, Hans-Joachim: Ganesa, eine Untersuchung über Herkunft, Wesen und Kult der elefantenköpfigen Gottheit Indiens, (Dissertation) Tübingen 1955.
21 Däniken, Erich von: Reise nach Kiribati, S. 267 u. 265, Düsseldorf 1981.
22 Däniken, Erich von: Meine Welt in Bildern, S. 157 u. 161, sowie Farbtafel S. 228, Düsseldorf 1973.
23 Kanjilal, Dileep Kumar: Decipherment of the Quenca Script – Revisited, in: Ancient Skies, Vol. 9, Nr. 3, Highland Park, Ill./USA 1982.
24 Holt, Claire: Art in Indonesia – Continuities and Change, Ithaca, N. Y. 1967.
25 Govinda, Lama Anagarika: Der Stupa – Psychokosmisches Lebens- und Todessymbol, Freiburg i. Br. 1978.
26 Theisen, Heide: Borobudur, Ausstellung im Kunsthaus Zürich vom 21. Oktober 1977 bis 8. Januar 1978.
27 With, Karl: Geist, Kunst und Leben Asiens, Band I Java, Hagen 1920.
28 Däniken, Erich von: Der Tag an dem die Götter kamen, München 1984.

Für indische Götternamen, Orte und Tempelanlagen gibt es in der Literatur unterschiedliche Schreibweisen. Bis auf die Zitate habe ich für alle Begriffe die Schreibweisen des GROSSEN BROCKHAUS, Ausgabe 1983, übernommen.

Zum Beitrag von Professor Kanjilal

1   Veda Yo Vinam padam antariksena gahatam Rigveda 1.25.6.
2   Rigveda 1.111.1.
3   Rigveda 1.20.3.
4   Rigveda 1.25.111.
5   Rigveda 1.30.18-20.
6   Rigveda 1.34.8-9; 1.47.1-42; 1.47.6-7; 1.52.1-2; 1.111.1; 1.157.3.
7   Rigveda 1.182.4-9; 1.182.1-2; 4.44.1-5.
8   Rigveda 5.62.7; 5.73.3.
9   Rigveda 1.117.1-25; 1.119.3.
10 Rigveda 4.45.1; 4.43.1-5; 4.44.1-5 etc.
11 Rigveda 4.36.1-2; 1.12.1.
12 Rigveda 5.73.6; 1.181.3-4; 1.180.2.
13 Matsya Madva Udake Syandante 6.5.27 Nighantuvivrti.
14 Rigveda 1.34.1-2; 1.66.4-5,9; 1.183.1.
15 Rigveda 1.116.3; 7.4.68.
16 Mahabharata, Bhandarkar Oriental Research Institute, Edn. Vana-parva
    Ch. 43, Vss. 8-10,28.
17 ib. Sabha-parva Ch. 11, Vss. 1-4.
18 ib. Vana-parva Ch. 9, Vss. 25-61; Ch. 3, Vss. 168-170; Ch. 181, Vss. 33-38;
    Ch. 200, Vss. 50-60; Ch. 207, Vss 6-8; Adiparvan Ch. 43, Vss. 8-10, 28;
    Ch. 134 f. n. 301; Ch. 57, Vss. 13-14 etc.
19 ib. Vanaparvan Chs. 168, 169, 173.
20 ib. Sabhaparvan Chs. 3, Vss. 6-10.
21 O'Neill, Gerard K.: The High Frontier.
22 Mahabharata, Bhandarkar Oriental Research Institute, Edn. Adi-parva
    Ch. 33, Vss. 2-4.
23 ib. Adiparva Ch. 56, Vss. 8-12.
24 ib. Adiparva Ch. 63, Vss. 11-16, 21-24.
25 ib. Adiparva Ch. 122, Vss. 2-6.
26 ib. Vanaparva Chs. 14.15-22.
27 ib. Vanaparva Ch. 42, Vss. 30-34.
28 ib. Vanaparva Ch. 43, Vss. 7-12.
29 ib. Vanaparva Ch. 168, Vss. 10-11.
30 ib. Vanaparva Ch. 200, Vss. 52-56.
31 ib. Vanaparva Ch. 207, Vss. 6-9.
32 ib. Vanaparva Ch. 274, Vss. 15-17; Ch. 275, Vss. 32-35. Abh. Sak, Act VII,
    7.
33 Vimana Vatthu belongs to Khuddakanikaya of the Suttanipata M.V.XIV.59.
34 Sulavamsa Part I, Ch. 78 106.
35 Jataka story No. 488. Visajataka No. 494 Swadhinajataka. No. 360 Susroni
    jataka and No. 489 Suruci jataka.
36 Raghuvamsam N.S.P. Edn. Canto 13.1-79.
37 ib. Canto 13.18.
38 ib. Canto 13.19.
39 ib. Canto 13.69.

40 ib. Canto 13.77.
41 ib. Canto 13.79.
42 Abh. Sakuntala Skt. College. Res. Series No. 90, Page 336 of sk. meghapada-
    vim avatirnah smah.
43 ib. Act 7, Page 335.
44 ib. Page 334 ayameva satakratostava ca rathasya visesah.
45 Kathasaritsagar. Lambhaka 7 Ch. 43, Vss. 21-40.
46 Kadambari Ed. H. Bhattacharya P. 122 . . . Divyavimanasatairalamkrta.
47 Mahabharata, Bhandarkar Oriental Research Institute, Edn. Adiparva
    Ch. 66.
48 Samaranganasutradhar, Gaekwad Oriental Series Edn. Ch. 49.1-15.
49 ib. Ch. 49, 10-20.
50 Rigveda 1.181.8.
51 Rigveda 5.61.1-4; 7.24.3; 5.2.11; 6.40.5.
52 The wonder that was India, by Prof. A. L. Basham, page 690.
53 The Orion or Researches into the antiquity of the Vedas – B. G. Tilak,
    Bombay 1893.
54 History of Indian literature, by V. M. Winternitz, page 294.
55 Rigveda 5.61; 4 Sayana's commentary thereon.

Bildquellennachweis

I. Neue Erinnerungen an die Zukunft

Bilder S. 16–22	US Air Force, SPACE COMMAND, Colorado Springs
Bilder S. 33, 43	McDonnell Douglas, St. Louis
Bild S. 46	MBB-ERNO, Bremen
Bild S. 48	General Dynamics, San Diego
Bild S. 49	Lockheed, Sunnyvale, California
Bilder S. 63, 65, 67	Hans Peter Portmann, Zug/Schweiz
Bild S. 64	Transrapid International, München
Bild S. 28/29	Ralf Lange, Zuchwil/Schweiz

Alle anderen Bilder und Skizzen: NASA Washington, D. C.

II. Phantastische Wirklichkeit

Bilder S. 116, 164, 165	Constantin-Film, München
Bild S. 121	Aus: Recueil de voyages en Amérique et aux Indes Orientales, 1590-1605
Bild S. 122	Aus: Jules Verne, Die grossen Seefahrer und Entdecker, Zürich 1974
Bild S. 124 oben	Kupferstich von Th. de Bry, 1590
Bild S. 124 unten	Aus: Frank Hurley, Perlen und Wilde, Leipzig 1926
Bild S. 127	Johnny Bruck, mit freundlicher Genehmigung des Moewig-Verlages, Rastatt
Bild S. 129	Irakisches Museum Bagdad
Bild S. 134	Museo Nacional de Antropologia y Arqueologia, Lima, Peru
Bilder S. 135, 166	Dorling Kindersley Ltd., London
Bild S. 154	NASA, Washington D. C.
Bild S. 167	Andy Lambrigger, St. Cergue/Schweiz
Bild S. 168	unbekannt

Alle anderen Bilder: Erich von Däniken

III. Indien – Land der tausend Götter

Bilder S. 176–178	Jaya Photo Stores and Studio, Madras
Bild S. 220	Archäologisches Museum Madras
Bild S. 241	National Aeronautics and Space Administration, Washington, D. C. 20546

Bild S. 245	Mr. Somnath Chakraverty, Kalkutta
Bild S. 252 links	Collection Musée de l'Homme, Paris
Bild S. 256 oben	Therese Bach, 8575 Bürglen/Schweiz
Bild S. 270	Dorling Kindersley Ltd., London

Alle anderen Bilder: Erich von Däniken

Register

Aborigines 121
Abrahamson, General James A. 35
Abu Simbel 258
Advanced Fighter 33
Adyar 194
Agni 216, 263
Alexander der Große 128
Alpha Centauri 38, 86, 104
Anderson, Robin 106
Anna University (Madras) 173
Antofagasta 161
Apollo 26, 81, 149
Apuleius, Lucius 130
Aralsee 163, 169
Ariadne 146
Aristarchos aus Samos 98
Arjuna 180 ff., 216
Arnett, Dr. Jerry 41
Artificial Intelligence 40
Ashoka 202
Ashwin 216
»Astronomischer Kalender« 139, 143
»Astronomisches Bilderbuch« 139
Asuras 239
Atlantis, Kontinent 132
Atlantis, Raumtransporter 51
Awesta, 130
Awinski, Dr. Wladimir Iwanowitsch 170
Aymara 141

Babylonika 128
Badbury Hill (Shapwick, Dorset) 162
Bainings 112 ff.
Bali 247
Ball, John A. 104
Bangalore 213
Barcelo, L. 119
Barnard 104
Bengalen 223
Beringstraße 252
Berossus 128
Bertram, Hans 120 f.
Bhima 257
Bhimsbetka 245
Bigler, Rolf 7
Bihar 177
Billingham, John 86
Blavatsky, Helena Petrowna 194 f.
Blumrich, Josef F. 9, 149
Blythe 161
Boing 43
Borobudur 258 ff.
Brahma 201, 208, 211, 239, 254
Braun, Wernher von 75
Breschnew, Leonid 45
Breunig, Georg A. von 142
Buddha 202, 262 f., 270

Cabral, Pedro Alvares 120
Cahuachi 141, 156

California Institute of Technology 97
Cargo-Kulte 109 ff., 126, 130 ff., 152, 171, 186, 237, 248, 270
Cäsar, Julius 132
Challenger 51
Chandrasekharan, Prof. Sri K. 176
Cheyenne Mountain Complex 15 ff.
Chiricavai 119 f.
Chiselbury Camp (Fovant, Wiltshire) 162
Chola 219
Chou-Chou (China) 9
Civa 239
Club of Rome 71
Coelus 243 f.
Columbia 51
Connolly, Bob 106
Cook, James 120
Cormier, Mrs. K. 15, 19
Cortez, Hernando 120
Crespi, Pater 252
Crick, Francis 93, 103

David, Leonard W. 48
Deimos 97
Derinkuyu (Türkei) 238
Diquis-Delta 248
Discovery 51
Ditfurth, Prof. Hoimar von 142
Djogjakarta 254, 258
Dopatka, Ulrich 13, 118
Drake, Francis 122
Drake, Frank 86
Draupadi 185
Drona Parva 239 f.
Duke, M. 60
Dünnenberger, Willi 13
Dutt, Ajit 223
Dzyan 194 f., 237, 239

Eagle 149
Eckermann, Johann Peter 126
Edison, Thomas Alva 98
Ehrike, Krafft A. 73
Eibl-Eibesfeldt, Prof. Irenäus 124
Einstein, Albert 86
Eldred, Charles H. 51
Elektrodynamische Schleuder 65
Elephantine 9
Elisabeth I. von England 123
Erythräisches Meer 129
Europäische Weltraumbehörde (ESA) 46
European Retrievable Carrier (EURECA) 46 f.
Exzimer Laser 30 f., 240
Ezechiel 10, 118, 149

F-15 33
Fata Morgana 145 f., 153
Figsbury Rings (Winterbourne, Dauntsey) 162

283

Flavius Josephus 128
Forward, Robert L. 85
Friedrich II., der Große, König v. Preußen 54
Frum, John 110 ff.

Iounhanas 123
Ironggali 128
Isbell, Prof. William H. 143
Iyer, Dr. U. V. Swaminatha 197

Gagarin, Jurij 35
Gaia 244
Gana 247
Ganescha 186, 220 f., 246 ff., 254
Garudah 186, 216, 257
Geheimprojekt LM 27
General Dynamics 43
Genesis 103
George, David Lloyd 270
Ghatsila 246
Gilgamesch-Epos 9, 248
Global 2000 71
Goethe, Johann Wolfgang von 13, 126, 171
Golf von Bengalen 173, 180
Gopis 183
Govardhana 183
Grand, Mahmud 9
Gran-Sabana-Gebiet (Venezuela) 119
Green, Jane 243
Grumman 43
Guareschi, Giovannino 133
Gujarat 177
Gusmão, Bartolomeo Lauranco des 141
Gussage Cowdown (Gussage St. Michael, Dorset) 162
Gutmann, Peter 12
Gwaliar 254

Habitate 76 ff., 84, 86 ff., 101 f., 195
Hambledon Hill (Cild Okeford, Dorset) 162
Hamshill Ditches (Barford St. Martin, Wiltshire) 162
Hanuman 257
Hawaii 242
Hawkins, Prof. Gerald S. 143
Hebbel, Friedrich 224
Henoch 94, 132, 242
Heraklit 238
Hesiod 242
Hinduismus 262
Hiroshima 212
Hod Hill (Stourpaine, Dorset) 162
Hollandia 117
Hoyle, Sir Fred 93
Huantar, Chavin de 147
Hughes Forschungslaboratorien (Houston) 85
Hugo, Victor 15
Hurley, Frank 119, 123

Ikelan, Plateau von 111
Imwegen, Brigade-General Earl S. van 25
Indian Mounds 161
Indra 180, 190, 210 f., 216
Inka 135 ff.
Insel I 76 ff., 92
Insel II 77, 82
Insel III 80
Institut für Luft- und Raumfahrt der Technischen Universität Berlin 56
Institute of Space-Studies 54
International Astronautical Federation 60
Internationale Astronomische Union (IAU) 86
International Explorer Society (Florida) 141

Jagodin, Weswolod 163
Jakob I., König v. England 243
Jalasyana-Tempel 180
Java 254
Jensen, Wilhelm 104
Johnson, Lyndon B., US-Präsident 123
Johnson-Kult 123
Jones, Inigo 243 f.
Joubert, Joseph 173
Jupiter, Planet 55

Kahuheri (Indien) 238
Kaimari 119
Kalapani 195
Kalki 217
Kalkutta 223, 268
Kamalaksha 239
Kanchipuram 200, 202, 208 f.
Kandschur 194, 199
Kanjilal, Prof. Dr. Dileep Kumar 12, 223 ff., 237 ff., 254
Kant, Immanuel 93
Kap Duan 163
Kaschmir 177
Katchina-Götter 242
Kauffmann-Doig, Prof. Frederico 147
Kaurawa 185
Kaymakli (Türkei) 238
Kennedy, John F., US-Präsident 26, 81
Kepler, Johannes 100
Kernforschungszentrum CERN (Genf) 85
Khuon, Prof. Ernst von 8, 12
Kilenge 112
Kline, Richard L. 44 f.
Koelle, Prof. Heinz-Hermann 56 f.
Kolumbus, Christoph 120
Kommission 51 86
Kondor I 141
Kopernikus, Nikolaus 100
Kosmische Evolution 195
Kosmos 1402 20
Kosok, Dr. Paul 134 ff.
Krischna 183, 208, 246
»Kulturatlas der Menschheitsgeschichte« 142
Kuppuswami Sastri Research Institute 173, 175

L-4-Punkte 55
L-5-Punkte 55, 66, 69, 76 f.
L-5-Society 54 f.
Ladakh (Kleintibet) 199
Lagrange, Joseph Louis 54 f.
Lagrangesche Punkte 55
Landonnière 123
Landsat 81
»Lange Mann von Wilmington« 162
Laptamo 115
La Rochefoucauld 44
Laufer, Berthold 217
Lavater, Johann Kaspar 95
Lawrence Livermore Laboratory 72
Leahy, Benjamin 106 ff.
Leahy, James 106 ff.

Leahy, Michael 106 ff.
Lem, Stanislaw Jerzy 68
Librationspunkte s. Lagrangesche Punkte
Lima 133 f.
Linear-Motor 62
Lingam 191, 200, 202, 210, 219, 244
Lockheed Aircraft (Burbank) 43 f., 237
Luna 9 26

Maclay 114 f.
Madras 173, 178, 193 f., 197, 208, 215, 268
Maghavat 239
»Magische Linien« 139, 147
Magnetbahn Trans-Rapid 65 f.
Mahabalipuram 179 f., 185
Mahabharata 180, 185, 210, 212, 216, 239 f., 263
Mahadeva 239
Mahadevan, Prof. 173, 178, 197, 208, 210, 214 ff., 268
Mahalingam, Dr. 178 ff., 191, 197
Mahecwara 239
Majes 161
Mandapams 182
Manna 241
Marduk 128
Maria Auxiliadore (Cuenca) 252
Mark Aurel 130
Markhamtal 113
Mars, Planet 97 f.
Maruts 186 f., 216
Mason, Prof. Aldon 140
Matali 210 f.
Maya 95
McDonnell Douglas Corporation (St. Louis) 42 f.
McNamara, Robert S. 87
Mek 124
Mendel, Gregor Johann 89
Mendell, W. 60
Meng-ho 130
Menhir-Gehege (Bretagne) 94, 145
Merida (Yucatan) 208
Metamorphosen 130
Minuteman-Rakete 32
Mojawe-Wüste 152 ff.
Mollendo 161
Mondfabrik 56 ff.
Monte Alban (Mexiko) 252
Morrison, Philip 86
Müller, Prof. Max 194 f.
Mysore 202, 213

Nagaswamy, Prof. R. 179 f., 197, 199 ff., 208 ff.
Nakula 185
Namucha 112
NASA 9, 21, 38, 47 f., 52 ff., 72, 75, 80 ff., 153
National Space Institute (NSI) 48
Nazca 133 ff.
Neloiag 111
Neue Hebriden 110
Neuguinea 106 ff.
Neuseeland 242
New Britain 112
New Hannover 123
Newton, Isaac 55, 100
Newtonsches Gravitationsgesetz 55, 100
Northrop 43
Nott, Julian 141
Nozette, Mr. S. 60

Oannes 130
Oberg, James Edward 95 ff.
Oberth, Prof. Hermann 74 f.
Ogbury (Durnford, Wiltshire) 162
Okhee Math 195
O'Neill, Prof. Gerard K. 52 ff., 61 ff., 76 ff.
OPEC 71

Palenque, Grabplatte von 270
Pallavas 202, 209, 219
Palpa 134, 146
Panamericana 134, 140
Pandava 185
P'an-ku 242
Papagiannis, Prof. Michael D. 86 f.
Papuas 117
Paracas 146, 155
Parvati 239, 246
Pascal, Blaise 105
Pemon 119
Philip, Prinz, Herzog von Edinburgh 123
Phobos 97
Pioneer X 84
Pioneer XI 84
Pizarro, Francisco 120
Plejaden 143
Prambanan 254
Proxima Centauri 87
Ptolemäus aus Alexandria 98
Purcell, Edward 86

Quetzalcoatl 120, 132

Raivavae 242
Rajasimha 180
Raleigh, Walter 120
Rama 208, 211, 216
Ramayana 210, 212, 257
Ramspeck, Jürg 7
Randow, Dr. Thomas von 7
Rathas 185 ff.
Reagan, Ronald, US-Präsident 25 f., 47
Reiche, Dr. Maria 138 ff., 155
Reis, Piri 8
Ribault, Jean 123
Rigweda 176, 190
Rio Grande de Nazca 156, 158
Rio Ingenio 158
Rockwell 43
Rongo 120
Rousseau, Jean-Jacques 70
Roy, Prof. Protap Chandra 240
Rudra 239
Rumanvat 217
Ruppe, Prof. Dr. Harry O. 12, 84
Russell, Bertrand Earl 35

Sacaton (Arizona) 161
Sagan, Prof. Carl 86, 97
Sahadeva 185
Sailendra 254
Saint-Exupéry, Antoine de 56
Saljut 6 19
Salomon, König 94, 238
Salomon-Inseln 128

285

Salvay, Melvin 43
Samarangana Sutradhara 245
Samoa-Kane 242
San Agustin (Kolumbien) 238
Sänger, Eugen 85
San José 161
Sarasvati, Svama Dayanand 194
Schienengewehr 27
Schiwa 178, 186, 191, 203 ff., 210, 219 f., 246 ff.,
254
Seide 213 ff.
Seneca, Lucius 128
Sepik 115
Siculus, Diodorus 244
Siddhartha s. Buddha
Sihuas 161
Sirius 104
Sita 257
Skriperumpudur 192
Skylab 81
Söhne der Sonne s. Inka
Sokrates 132
Soma 239 f.
Sonne 98
Sonnentor in Tiahuanaco 9
Sonora-Wüste 161
Space Catalogue 19 f.
Space-Shuttle 21, 42, 44 ff., 61, 68, 149, 152
Sputnik 87
Sri Lanka 268
Stanek, Dr. Bruno L. 80
Star Wars-Rede 26, 36
Steinbauer, Friedrich 112
Sthanu 239
Stierlein, Henri 146 f.
Stonehenge (England) 94, 145, 243
Strategic Defense Initiative 25 f.
Strong, Duncan 156
STS 4 21
STS 9 21
Stupa 266, 270
Supersonic Combustion Ramjet Engine (SCRAM)
42
Surya 216, 263
Syavasva 190

Ta'aroa 242
Tagaloa 242
Tahiti 120
Tamil 176, 197, 214
Tamil Nadu 173, 177, 179
Tamo Anut 114
Tandschur 194, 199
Tanjore 254
Tanna 110 ff., 123
Tarakakhsa 239
Tarapacar 161
Tasaday 118
Taut 130
Teilchenstrahl-Waffen 32
Teller, Prof. Eduard 36 f.
Terraforming 95 f.
Theseus 146
Thomas, Apostel 193
Tici Viracocha 120
Tikal (Guatemala) 252
Titicaca-See 141, 148

Topkapi-Palast (Istanbul) 8
Torre, Eduardo Gomez de la 161
Transatmospheric Vehicle (TAV) 41
Tributsch, Prof. Helmut 144 f.
Trojaner 55

Udayeswara 254
Ulbrich, Prof. Rolf 12, 166
Universities Space Research Association 54
Uranus 243
US-Space-Command 15 ff.
Ustjurt 163, 169 f.

Vajk, Peter 72
Valle de Zana 161
Vasava 239
Venus, Planet 96 ff.
Vicvila 217
Vidyunmalin 239
Vimana 202, 205, 219, 254, 263
Viracocha 132, 242
Virupaska (Bombay) 254
Vishvakarman 216
Vogt, Prof. Nikolaus 104
Voltaire 186
Voyager I 84
Voyager II 84
Vrhadiswaw 254

Wadscha 180
Waxman, Siegfried 142
Weden 216, 221
Wehrenalp, Erwin Barth von 7
»Weiße Pferd von Uffington« 162
»Weltraum-Rasse« 48
Weltraumstädte 51 ff.
West-Bengalen 177
West-Neuguinea 124
Wewak 115
Wickert, Erwin 126
Wilder-Smith, Prof. 12
Wischnu 178, 183, 186, 191, 201, 208, 215 f., 239 f.,
254
Wischnu-Purana 217
With, Karl 268
Wollheim da Fonseca, Prof. A. E. 245
Woodman, Jim 140

Yaleenye 124
Yamapuri Mandapam 182
Yma 130
Yoni 191
Young Astronaut Programm 48
Yudhishtira Bhima 185
Yuga-Feuer 239 f.

Zaire 118
Zelko, Zoltan 148
Zwickly, Prof. Fritz 97

Liebe Leserin,
Lieber Leser,

zu guter Letzt möchte ich Ihnen die ANCIENT ASTRONAUT SOCIETY vorstellen – abgekürzt AAS. Das ist eine gemeinnützige Gesellschaft, die keinerlei Gewinn anstrebt. Sie wurde 1973 in den USA gegründet. Inzwischen hat sie Mitglieder in über 50 Ländern.
Zweck der Gesellschaft ist das Sammeln, Austauschen und Publizieren von Indizien, die geeignet sind, diese Theorien zu unterstützen und zu festigen:
– In prähistorischen Zeiten erhielt die Erde Besuch aus dem Weltall... (oder)
– Die gegenwärtige, technische Zivilisation auf unserem Planeten ist nicht die erste... (oder)
– Beide Theorien kombiniert.

Die Mitgliedschaft in der AAS steht jedermann offen. Sie gibt im Zwei-Monats-Rhythmus ein Mitteilungsblatt in Deutsch und Englisch für ihre Mitglieder heraus. Die AAS beteiligt sich an der Organisation von Expeditionen und Studienreisen an archäologische und für die Beweislegung der Theorie wichtige Fundplätze. – In jedem Jahr findet ein Weltkongreß statt. Orte der bisherigen Kongresse waren: 1974: Chicago – 1975: Zürich – 1976: Crikvenica, Jugoslawien – 1977: Rio de Janeiro – 1978: Chicago – 1979: München – 1980: Auckland, Neuseeland – 1982: Wien – 1983: Chicago – 1985: Zürich.
Der Jahresbeitrag zur AAS beträgt SFR. 25,- oder DM 30,-. Im deutschsprachigen Raum gibt es zur Zeit rund 1700 Mitglieder.
Ich würde mich freuen, wenn Sie weitere Auskünfte über die AAS erbitten bei:
Deutschsprachige Sektion:
ANCIENT ASTRONAUT SOCIETY
CH-4532 Feldbrunnen/SO

Herzlich Ihr
ERICH von Däniken